DES
ASSURANCES
SUR LA VIE

DANS LEUR RAPPORT AVEC LES PRINCIPES DU DROIT CIVIL, DU DROIT

COMMERCIAL ET LES LOIS DE L'ENREGISTREMENT

PAR

Léon-Adrien DE MONTLUC

LICENCIÉ ÈS-LETTRES

Docteur en droit, Avocat à la Cour impériale de Paris

OUVRAGE COURONNÉ PAR LA FACULTÉ DE DROIT DE PARIS

(Concours de doctorat : Première médaille d'or)

PARIS

TYPOGRAPHIE ALCAN-LÉVY, BOULEVARD DE CLICHY, 62

1870

On lit dans *The Albion*, April 19, 1869.

L'esclavage à Cuba et la Révolution d'Espagne, is the title of a small pamphlet first written in Spanish by Jose Antonio Saco, a celebrated Cuban writer and politician, and now translated into French by M. Adrien de Montluc, M. A., and barrister at the Imperial Court at Paris. In this essay M. Saco explains very clearly the present difficult position of Cuba, and advocates for the abolition of slavery a very plausible mode of gradual redemption of the slaves. He says also that, should not the Spanish Government act in this matter in accordance with the wishes of the Cubans, there is to be feared that, in order to protect their own interests and avoid an immediate and complete liberation of the slaves, they may seek protection under a neighbour flag, and thus Spain would lose the richest and most productive of her colonies. Altogether, the pamphlet is written with a deep sense and a calm and practical view of the question, and it well deserves the attention of persons who take interest in this matter. There is a very good preface by the translator, M. A. de Montluc. The pamplet is published by E. Dentu, of Paris, and sold in Liverpool by Messrs. Rockliff Brothers, Castle-street. Price 6d.

DES ASSURANCES SUR LA VIE

DES
ASSURANCES
SUR LA VIE

DANS LEUR RAPPORT AVEC LES PRINCIPES DU DROIT CIVIL, DU DROIT

COMMERCIAL ET LES LOIS DE L'ENREGISTREMENT

PAR

Léon-Adrien de MONTLUC

LICENCIÉ ÈS-LETTRES

Docteur en droit, Avocat à la Cour impériale de Paris

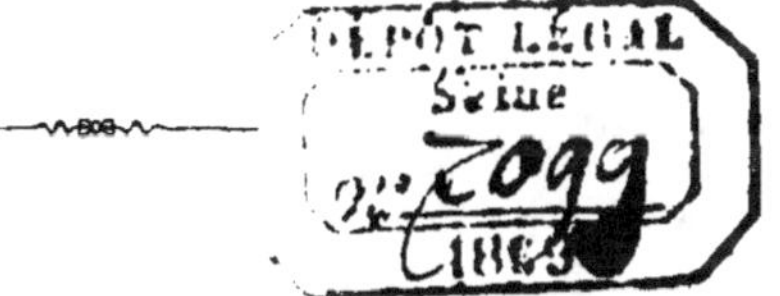

OUVRAGE COURONNÉ PAR LA FACULTÉ DE DROIT DE PARIS

(Concours de doctorat : Première médaille d'or)

PARIS

TYPOGRAPHIE ALCAN-LÉVY, BOULEVARD DE CLICHY, 62

1870

A

MONSIEUR HYACINTHE MÉAULLE

ANCIEN DÉPUTÉ D'ILLE-ET-VILAINE

ANCIEN BATONNIER DE L'ORDRE DES AVOCATS DE RENNES

Cet ouvrage est respectueusement dédié par l'auteur, son petit-fils,

en témoignage de profonde affection filiale

PRÉFACE

Nous osons espérer que le lecteur trouvera dans cet ouvrage, sous une forme que nous aurions voulu rendre moins aride et moins abstraite, un exposé assez complet des différentes questions de droit que peuvent soulever dans leur application les nombreuses combinaisons de l'assurance sur la vie.

Un point, que le caractère purement juridique de ce travail nous interdit d'examiner dans le corps de l'ouvrage et dont nous voulons cependant dire un mot dans cette préface, mérite non moins que la question de droit proprement dite l'attention de tous ceux qui tiennent à se faire une juste idée des opérations que cette étude a pour objet : c'est la question pécuniaire, c'est le côté financier de l'institution.

De violentes attaques ont été sur ce point dirigées contre les Compagnies d'assurances; on a prétendu établir mathématiquement que leurs annonces étaient trompeuses; on n'a pas craint de prononcer le mot de charlatanisme, et, prenant à contre-pied un axiome désormais célèbre, on a entrepris la démonstration de la proposition directement inverse : « Qui assure s'enrichit, » a-t-on dit, en parodiant le mot d'un publiciste connu.

Que l'assureur s'enrichisse, c'est possible et empressons-nous d'ajouter : Ce n'est que juste! Il est évident que, lorsqu'on engage ses capitaux dans une opération qui n'est pas sans présenter ses dangers, on n'a pas le dessein de faire œuvre de charité pure et simple : on demande et on a le droit d'obtenir la juste rémunération du péril volontairement couru.

Est-il vrai que cette rémunération soit souvent excessive et parfois scandaleuse ? Pour chercher à l'établir on aligne des chiffres : mais ces chiffres démontrent précisément le contraire de ce qu'on voudrait leur faire dire : plus la somme des bénéfices bruts réalisés par l'assureur sera considérable, plus les conditions du contrat seront, en définitive, avantageuses pour l'assuré, car il aura lui-même une part de 50 0|0, quelquefois de 80 0|0 dans ces mêmes bénéfices ; quelle est, en effet, la Compagnie qui n'offre à sa clientèle de participer dans la plus large mesure aux bénéfices probables de l'opération ?

Prétendre que ces promesses sont illusoires, insinuer que la répartition ne se fait pas comme elle devrait se faire, ce n'est plus de la discussion, ce n'est plus combattre tel ou tel mode d'organisation des Compagnies, c'est mettre en doute la probité des organisateurs. Qu'on les attaque ; il leur sera facile de se défendre [1] ! Mais qu'on ne fasse pas intervenir dans le débat le nom même de l'Assurance sur la vie : elle n'y est absolument pour rien ! Une pareille institution ne saurait avoir d'ennemis, et, si elle en avait, leurs attaques ne serviraient qu'à en faire ressortir d'une manière plus éclatante le caractère moral et les nombreux avantages : du choc des idées jaillit la lumière ; or, la lumière, voilà ce qu'il faut à l'assurance sur la vie ; car il ne lui manque qu'une chose, c'est d'être suffisamment connue de tous.

Puisse ce travail contribuer en quelque mesure à faire apprécier, comme elle le mérite, une institution que nous n'hésitons pas à placer au premier rang parmi les instruments du progrès dans nos sociétés modernes !

---

(1) Toutes nos préférences (et nous ne cherchons pas à le dissimuler) sont acquises au système de l'absolue mutualité ; or ces attaques ne sont dirigées que contre les Compagnies à Actionnaires ; néanmoins, par esprit d'impartialité, nous n'avons pas voulu les laisser passer sans réponse. D'ailleurs, si elles étaient en quoi que ce soit fondées, la cause de la Mutualité s'en trouverait fort compromise aussi, attendu que le double argument tiré du taux trop élevé des primes et des inconvénients pratiques de la répartition, aurait une bien autre portée en matière d'assurances mutuelles, où, d'une part, les primes à payer sont nécessairement fort élevées et où, d'autre part, les répartitions de bénéfices sont, non plus l'accident, non plus l'accessoire, mais le principal, mais la base même de l'opération.

ASSURANCES SUR LA VIE

CHAPITRE PRÉLIMINAIRE

L'Assurance sur la vie dans le passé

L'idée qu'il faut réparer le préjudice causé dans une famille par le décès de celui qui en était le soutien, est aussi vieille que le monde, et nous en trouvons des applications à toutes les époques.

C'est ainsi qu'à Athènes nous apprenons, par le témoignage d'Eschine (*in Ctesiphontem*), que l'Etat prenait soin de l'éducation des enfants de ceux qui avaient fait le sacrifice de leur vie à la gloire et au salut de l'Etat ; leur éducation terminée, on les dotait d'une armure complète et on les amenait devant le peuple : là un héraut s'écriait en présence de tous : « Jusqu'à ce jour, en sou- « venir des services de leurs parents, la République a élevé ces « jeunes gens ; aujourd'hui elle leur donne ces armes et les aban- « donne à eux-mêmes. Qu'ils aillent et, s'ils veulent lui prouver « leur reconnaissance, qu'ils suivent l'exemple de leurs pères ! » Une loi de Solon, rapportée par Diogène Laërte (*Vie de Solon*), établissait que les ascendants de ceux qui seraient morts à la guerre seraient, comme leurs enfants, entretenus aux frais de l'Etat. Et cette sollicitude de l'Etat ne s'arrêtait pas à ceux qui étaient morts sur le champ de bataille; c'était une récompense qu'il accordait à tous ceux qui avaient bien mérité, en temps de paix comme en temps de guerre : témoins les trois enfants du sage Aristide; témoin Polycrite, fille de Lysimache. Athènes, en un mot, assurait la vie des bons citoyens au profit de leurs parents pauvres, en considération des services qu'ils avaient rendus!

A Rome même, il n'est pas impossible de trouver quelque chose qui ressemble à l'assurance sur la vie! En effet, les textes nous montrent que la stipulation « *Cum moriar* » était parfaitement valide; or, supposons que pareille stipulation ait été, comme toute stipulation l'était en général, soit précédée, soit suivie de la dation d'un équivalent : je me demande quelle différence elle présenterait, au fond, avec un contrat d'assurance sur la vie? Toute la différence c'est que, n'étant pas à Rome plus usitée que toute autre stipulation « *Cum die incerto,* » elle n'y avait pas reçu de nom particulier.

L'opération était rare, très rare, je le veux bien; rien ne nous dit même qu'elle ait jamais été pratiquée en fait, je le veux encore : mais il n'en est pas moins vrai qu'elle aurait pu se présenter, sans étonner en rien l'esprit des jurisconsultes. J'ajoute que, pour eux, le calcul de la proportion qui doit exister entre le montant de la somme stipulée en cas de décès et l'équivalent à fournir par le stipulant n'aurait rien eu de nouveau non plus : car nous trouvons dans la loi 68 *ad Legem Falcidiam* [1], les chances de la mortalité humaine appréciées, non pas sans doute avec toute la rigoureuse exactitude d'une opération mathématique, mais au moins par un procédé d'approximation dont les résultats sont encore aujour-

---

[1] Liv. **XXXV**, tit. **II**, au *Digeste* de Justinien.

d'hui à peu près d'accord avec les savants travaux des Pascal, des Halley et des Deparcieux.

Plus tard, sous le Bas-Empire, nous voyons se former des *sodalitates* ou εταιριαι qui présentent de l'analogie avec de grandes associations mutuelles. Voici comment : les membres d'une même corporation, *curiales, fabricenses*, etc., étant solidaires de tout ce dont chacun pourrait être tenu, la mort d'un d'entre eux aurait eu pour résultat d'aggraver la charge, au préjudice des survivants : eh bien, pour compenser ce préjudice, on leur attribuait les biens de ceux qui étaient décédés sans héritiers, au lieu de les attribuer au fisc. C'est ce qui ressort de deux Constitutions des empereurs Théodose et Valentinien III, insérées au Code de Justinien :

« Intestatorum curialium bona, si sine herede moriantur, ordi-
« nibus patriæ eorum adipisci præcipimus » (loi 4). « Fabricen-
« ses collegarum suorum solatiis perfruantur qui damnis et detri-
« mentis retinentur obnoxii » (loi 5 de her., decur.).

Au moyen âge nous retrouvons l'institution des sodalitates bien mieux développée encore parmi les peuples barbares ; je veux parler des Ghildes, qui ne sont autre chose que de vastes associations d'assurances générales et mutuelles : assurances maritimes, assurances contre l'incendie, assurances contre certaines peines pécuniaires, enfin assurances contre la mort. Pour faire partie de ces associations il y avait une prime à payer, laquelle consistait, non pas en argent seulement, mais aussi en denrées ; c'est ce que nous montrent les statuts d'une Ghilde établie à Exeter au neuvième siècle ; je me contenterai d'en rapporter quelques lignes, en mettant sous chaque mot l'expression correspondante en anglais moderne :

(Ang.-sax.) *And habbe ale Gegilda II sesteras mealte and ale cnith anne. And a*
huniges.

(Anglais.) And have each member of the Guild II bushels of meal and each knight one. An
cot of honey·

Ce qui veut dire :

« Que chaque membre de la Ghilde apporte avec lui deux
« setiers de farine, et chaque serf (c'est là le sens primitif du mot
« knight, *knecht*) un setier. Et de plus un écot de miel. »

En retour de cette cotisation, le membre de la Ghilde, le « Gegilda, » devait être enterré aux frais de l'association. C'est ce que
je trouve dans le statut d'une Ghilde établie à Cambridge au
neuvième siècle; je traduis en anglais, puis en français :

(Ang.-sax.) *Gif hwilc Gegilda forthfœre, gebringe hine Ealgegildscipe thœr he to wilnie.*

(Anglais.) If any member of the Guild die, bring him all the Guild where-to he will.

« Si un « Gegilda » vient à mourir, que tous les membres de la
« Ghilde l'enterrent là où il l'a demandé. »

En même temps il est dit (et ici je prie qu'on veuille bien me
croire sur parole, afin de ne pas multiplier les citations) que le
repas funéraire sera fait aux frais de l'association, sur le produit
formé par la masse des amendes qu'auront à payer ceux qui ne
se seront pas rendus à la cérémonie. Il y a plus; la Ghilde devait
encore, à la mort d'un de ses membres, faire dire des messes
pour le repos de son âme et acquitter les frais que cela pouvait
occasionner : c'est ce qui résulte des statuts de la Ghilde d'Exeter
déjà citée. Tout cela se retrouve dans une Ghilde plus moderne,
qui date du douzième siècle et qui fut rédigée en latin par les soins
du roi danois Eric. Article 25 :

« ...Unusquisque in missa defunctorum denarium sacerdoti
« pro anima fratris sui offerat, et antequam sepultus fuerit nullus
« recedat. Qui vero ista non servaverit, testimonio convictus
« oram persolvat. »

Enfin, d'après les règlements de ces Ghildes, celui qui avait
causé, même par imprudence, la mort d'un Gegilda, était tenu de
payer une certaine compensation dite « bote » aux parents du
défunt.

Il est impossible de méconnaître qu'il y ait, dans tout cela, quelque chose qui ressemble beaucoup, au fond, à l'assurance, et spécialement à l'assurance sur la vie. Mais poursuivons nos recherches.

Dès le seizième siècle, il fut formé à Florence des associations sur les risques de vie et de mort, dont nous parle Scipione Ammirato ; voici comment il s'exprime à ce sujet dans ses « Istorie Fiorentine, » livre XIX : « La Signoria per trovar danari da « mantener la guerra fece due monti, uno per le fanciulle, et « l'altro per i fanciulli, che s'havessero à maritare. Et questi « erano che mettendovi sopra cento fiorini, in capo di quindici « anni essendo la fanciulla maritata, o il giovane preso moglie ne « dovesse havere per capitali e interessi cinquecento, et cosi per « rata di maggiore o minor somma ; et morendo avanti detto « tempo il tutto restasse al Monte. »

Voilà bien une association mutuelle sur les chances de mortalité ! Nous verrons plus tard si ce sont là de véritables assurances sur la vie.

Ce qu'il y a de sûr c'est que Scaccia, dans son Traité *de Commerciis,* antérieur à 1620, expose, tout au long, la théorie du contrat d'assurance sur la vie proprement dit.

Cependant c'est en Angleterre que l'opération a pris le plus tôt un développement considérable ; et il n'est pas impossible que ce n'y fût autre chose que la continuation des vieilles traditions des Ghildes danoises et saxonnes ; en effet, sous le règne d'Edouard III, nous trouvons, dans les statuts de la Société de Sainte-Catherine, fondée à Coventry, la clause suivante : « Ceux « qui viennent à décéder sans laisser de quoi subvenir aux frais « de leurs funérailles doivent être ensevelis aux frais de la So- « ciété, » et aujourd'hui même pareille clause se retrouve encore dans tous les statuts des sociétés ou corporations de métiers qui couvrent tout le territoire de l'Angleterre : *Sodalitates* à

Rome; *Guilds* sous l'heptarchie saxonne; *Trades' Unions* ou *Friendly societies* de nos jours. C'est en 1698, dans une de ces corporations de métiers, que l'idée de l'assurance sur la vie se dessine plus nettement ; la compagnie des merciers s'engage à verser tous les ans une somme de 7,200 francs comme fonds destiné à garantir le paiement annuel de 750 francs, la vie durant, à toute veuve dont le mari aurait versé 2,500 francs au fonds commun pendant son existence, et ainsi proportionnellement à toute contribution plus ou moins considérable.

Le premier établissement de ce genre qui reçut une consécration légale fut autorisé en 1706 par charte de la reine Anne, sous la dénomination de Société amicale ou Assurance perpétuelle, sur la demande de Thomas Allen, évêque d'Oxford ; cette Société fonctionne encore et prospère aujourd'hui. Ainsi, en Angleterre, le contrat d'assurance sur la vie a toujours été admis par la jurisprudence. Et cela n'est pas étonnant ; c'est qu'en effet les Anglais ont, depuis les temps les plus reculés, connu et pratiqué une sorte d'opération qui tient de très près à l'assurance sur la vie, je veux parler des *annuities for lives,* qui consistent à constituer des rentes viagères sur la tête du débiteur de ces rentes. Or, si l'on analyse cette opération, on trouve qu'elle se décompose en un prêt accompagné d'une assurance sur la vie du débiteur, de même que le prêt à la grosse se résout en un contrat d'emprunt compliqué d'une assurance maritime : dans « l'annuity » le rentier est à la fois prêteur et assureur à l'égard de l'emprunteur ; dans l'assurance sur la vie, il n'y a pas de prêteur, il n'y a qu'un assureur. Mais, du reste, il peut y avoir à côté de l'assurance et par contrat distinct, un prêt dont l'assurance sera la garantie : « Dans un prêt, dit Blackstone (II, 459), si la probabilité du rem- « boursement dépend de la vie de l'emprunteur, il arrive sou- « vent (outre le taux légal de l'intérêt), que l'on assure la vie « de l'emprunteur jusqu'à l'époque de l'échéance ; pour cela on

« lui fait payer une prime supplémentaire, calculée d'après son
« âge et son état de santé. »

A la différence de l'Angleterre, la plupart des nations de l'Europe
moderne bannirent d'abord de leurs législations l'assurance sur
la vie. Je citerai le statut de Gênes de 1588; l'ordonnance d'Ams-
terdam, art. 25, de 1578; celle de Rotterdam, art. 10, de 1604;
l'art. 2 de celle de Middelbourg, de 1600; le Code suédois, chap. V,
de 1666; l'ordonnance de Pays-Bas, chap. II, 1570; enfin l'ordonnance de 1681, art. 10, pour la France.

En ce qui concerne cette dernière ordonnance, elle ne faisait
que confirmer une règle qui se trouvait déjà formulée en 1589
dans *le Guidon de la mer;* voici en effet ce qu'on lisait dans
le chapitre XVI, v, du Guidon :

« Autre sorte d'assurance est faite par les autres nations sur la
vie des hommes, en cas qu'ils décédassent estant sur leur voyage,
de payer telles sommes à leurs héritiers ou créanciers; mesme les
créanciers pourront faire assurer leurs dettes, si leur débiteur
passait de pays en autre : le mesme feraient ceux qui auraient
rentes ou pensions, en cas qu'ils décédassent, de continuer pour
telles années à leurs héritiers telle pension ou rente qui leur estait
deue, qui sont toutes pactions réprouvées par les bonnes mœurs
et coutumes dont il arrivait une infinité d'abus et de tromperies
pour lesquelles ils ont été contraints abolir et défendre ledit
usage, qui sera aussi prohibé et défendu en ce pays. »

Valin, II, 51, et Emerigon, I, 198, reproduisent la prohibition
du Guidon et de l'ordonnance de 1681; de même Pothier,
lequel s'exprime ainsi au n° 27, de son *Traité du Contrat
d'assurance :*

« L'ordonnance de la marine, titre des assurances, art. 10,
défend de faire aucune assurance sur la vie des personnes.

« Par exemple, si des assureurs, pour une certaine somme
que je leur donnerais, convenaient avec moi que si mon fils, que

j'envoie à la Martinique, périssait dans le voyage par quelque fortune de mer, comme dans un combat ou par un naufrage, ils me paieraient une somme de cent pistoles pour me dédommager de la perte que j'aurais faite de mon fils : un tel contrat serait nul. Suivant cette disposition de l'ordonnance, les assureurs ne peuvent exiger de moi la prime convenue entre nous et ils doivent me la rendre *condictione sine causa,* s'ils l'ont reçue, et de mon côté je ne puis exiger la somme stipulée dans le cas de la perte de mon fils. »

L'assurance sur la vie n'a pas été même mentionnée dans le Code Napoléon; la prohibition de l'ordonnance de 1681 n'y a pas été reproduite, mais il semble bien pourtant que dans l'esprit du législateur elle doit être maintenue : voici, en effet, comment s'est exprimé à cet égard M. Corvetto dans l'Exposé des motifs :

« L'ordonnance, en défendant, en général, l'assurance sur la vie des hommes, paraissait ou supposer que les nègres ne l'étaient pas, ou proscrire l'assurance sur leur vie. La rédaction adoptée écarte toute équivoque. »

Toutefois, M. Vincent a fait observer (dans son *Exposé de la lég. com.,* app., section 194) que « la défense d'assurer la vie des hommes ne s'entendait que de la défense de confondre dans les risques maritimes, les individus avec les marchandises de la cargaison. » A l'appui de cette explication on peut remarquer que l'ordonnance de 1681 n'est en effet qu'une ordonnance de marine, et que les passages que nous avons cités, soit du Guidon, soit de Pothier, supposent tous les deux qu'il s'agit d'assurer une personne contre les périls d'un voyage.

En tout cas j'ajoute que l'ordonnance n'avait pour but de frapper qu'une spéculation immorale, qu'une loterie sur la vie des hommes : elle n'attaquait, en un mot, que l'assurance sur la vie telle qu'elle était généralement considérée alors, soit en Angleterre (par lord Mansfield), soit en Italie (par Casa-Regis), l'assurance sur

la vie telle que la décrit Roccus, Reip, lig. 74 : « Vita hominis
« assecurari etiam potest, utputa, si talis dominus moriatur in
« hoc anno promittis mihi decem ; et si non moriatur ego pro-
« mitto tibi centum. » Une pareille opération de la nature d'une
gageure ou d'un pari pur et simple, voilà tout ce qui pouvait être
prohibé par l'ordonnance ; voilà, par conséquent, tout ce qui peut
être prohibé encore aujourd'hui par notre législation! Mais une
assurance sur la vie qui est une assurance véritable, celle-là je la
crois parfaitement valable. Ainsi l'a pensé le Conseil d'État, en
réponse à une question qui lui fut soumise (Instruction du 11 juillet
1818); ainsi l'ont jugé définitivement et sans appel les législateurs postérieurs, puisqu'ils ont, tant dans la loi sur le timbre des
effets de commerce que dans la loi de 1867 sur les sociétés, spécialement mentionné le contrat d'assurance sur la vie.

Après cela il serait puéril de vouloir nier encore la parfaite
légalité de ces opérations dans notre droit [1]. Quoi qu'il en soit,
elles ont été universellement admises dans les législations étrangères, et après avoir pris dans la pratique soit en Angleterre et
aux États-Unis, sous le nom de « Life Insurance », soit en Allemagne, sous celui de « Lebens Versicherung », les proportions les
plus considérables, elles sont enfin parvenues, non sans peine, à
vaincre chez nous les résistances, et elles y font de jour en jour
de plus importantes conquêtes.

---

[1] Depuis la loi du 15 juillet 1868, dont il sera parlé plus en détail dans les chapitres suivants, la question ne pourrait même plus se poser, puisque par cette loi, non-seulement le
législateur tolère les conventions d'assurances sur la vie entre particuliers, mais il se fait
lui-même assureur sur la vie, en créant deux caisses, l'une d'asssurance en cas de décès,
l'autre d'assurance contre les accidents, sous la garantie de l'État.

PREMIÈRE PARTIE

DIVERSES COMBINAISONS DE L'ASSURANCE SUR LA VIE

GÉNÉRALITÉS — DÉFINITION

CHAPITRE PREMIER

Opérations improprement dites
Assurances sur la vie

On trouve souvent confondues sous la dénomination commune d'Assurances sur la vie, et
les opérations qui seules méritent à proprement
parler ce nom, et certaines autres qui, tout en
présentant avec elles des rapports sérieux d'analogie, soit par la base sur laquelle elles s'appuient, soit, pour quelques-unes même, par le
but vers lequel elles tendent, ne s'en distinguent
pas moins, comme aussi elles se distinguent entre
elles en plus d'un point essentiel de divergence.

Je veux parler de l'assurance d'un capital différé et du contrat de rente viagère, qui tous deux
se fondent bien sur la même base, mais en sens
directement inverse : — l'assurance d'un capital
différé avec le même but que l'assurance sur la
vie : sacrifier le présent dans l'intérêt de l'avenir
en aliénant son revenu pour s'assurer plus tard
un capital plus fort; — le contrat de rente

viagère, au contraire, avec un but tout opposé : escompter l'avenir dans l'intérêt du présent, en autres termes se procurer *hic et nunc* un plus fort revenu par l'abandon du capital.

La base de ces trois contrats, nous l'avons dit, est la même : c'est l'existence humaine. Toutefois ce n'est pas là une identité absolue, mais seulement une simple analogie : car tantôt cette base commune, l'existence humaine, est considérée au point de vue des chances de mort; tantôt, au contraire, c'est au point de vue des chances de vie qu'on l'envisage.

Ainsi ce qui rapproche la rente viagère de l'assurance d'un capital différé, la communauté de base, est en même temps ce qui la sépare du contrat d'assurance sur la vie, lequel a bien aussi la même base, si l'on veut, mais en la prenant à rebours; — ce qui rapproche l'assurance d'un capital différé de l'assurance sur la vie proprement dite, je veux dire la communauté de but, c'est précisément ce qui la sépare du contrat de rente viagère.

Il n'y a donc entre toutes ces opérations qu'un seul caractère commun; c'est que toutes prennent pour point de départ, mais avec une direction inverse, les probabilités de la vie humaine. Elles appartiennent toutes à une même famille, celle des *opérations viagères*, dont elles forment les différentes branches et où elles figurent toutes au même titre, à celui d'*espèces* rentrant dans un *genre* commun; sans qu'il y ait plus de raison de faire rentrer, soit l'assurance d'un capital différé, soit la rente viagère, dans l'assurance sur la vie proprement dite, qu'il n'y en aurait de faire rentrer celle-ci dans l'une ou l'autre de ces opérations : car elles ne sont pas des variétés *de la première*, mais des variétés, *comme la première*, dans un genre commun à toutes.

Les auteurs, aussi bien les jurisconsultes de profession que ceux qui, envisageant la matière à un point de vue surtout usuel, pourraient être qualifiés de jurisconsultes par occasion, ne s'y sont pas trompés.

« Toutes ces opérations, écrit M. Alauzet au tome II (454) de son *Traité des Assurances*, ont un principe identique.

« L'argent, signe représentatif de toutes les valeurs, produit un fruit civil qu'on appelle l'intérêt.

« Le propriétaire du capital a droit à cet intérêt non interrompu, payé indéfiniment, sans que jamais le capital éprouve de diminution. S'il consent à se priver pendant quelque temps de cet intérêt, qui lui est dû sans interruption, ou bien à aliéner en tout ou en partie le capital qui doit lui rester tout entier, il fait un sacrifice ; il abandonne une chose qui lui appartient, et peut en retour exiger une compensation. Si j'ai prêté un capital et que je m'engage à ne pas demander d'intérêt pendant un temps déterminé, le taux de cet intérêt, ainsi retardé, devra s'accroître, ou bien ces revenus accumulés seront joints au capital, sur lequel alors portera l'accroissement. Si j'aliène le capital, les intérêts s'accroîtront dans une proportion plus forte encore. Si, enfin, le paiement même de ces intérêts est subordonné à un événement incertain, comme le décès par exemple survenu dans un intervalle déterminé, je dois, si je survis, jouir d'une nouvelle augmentation dans le revenu annuel qui me sera payé.

« Ces combinaisons peuvent être variées à l'infini, et recevront les noms divers de rente viagère, de tontine et d'associations d'assurances sur la vie. »

Ainsi s'exprime le jurisconsulte pur.

De son côté, M. Eugène Reboul, dans un ouvrage écrit à un point de vue tout différent, livre de vulgarisation et non plus traité de droit proprement dit [1], a présenté en un tableau saisissant l'analyse de ces opérations.

« La question des assurances sur la vie, dit-il à son chapitre VI, fait partie d'une théorie plus générale, celle des transactions viagères. »

Et il s'explique en ces termes :

« Tout contrat, toute convention, toute transaction basée sur les chances de la vie humaine peut s'appeler une transaction viagère.

« La propriété étant, d'après nos lois, l'objet d'un droit absolu (Code civil, tit. II, article 544) dans toute propriété qu'on ne détruit pas et dont on ne consomme que les revenus, il y a lieu de distinguer deux parts : l'une qui représente la jouissance du propriétaire, sa vie durant, et qui correspond à un *usufruit ;* l'autre qui représente

---

[1] *Assurances sur la vie,* chap. VI.

la jouissance des héritiers, et qui correspond à une *nue propriété*.

« Pour mieux comprendre cette division, représentons-nous la propriété productive de revenus comme une rente perpétuelle; cette rente peut évidemment être considérée comme composée de deux parties : la première qui s'étend jusqu'au décès du propriétaire actuel, et qui n'est autre chose qu'une rente viagère; la seconde qui commence au décès du propriétaire, et dont jouiront ses héritiers jusqu'à la dernière génération; je l'appelle la rente extraviagère.

« La somme de ces deux parties, rente viagère et rente extraviagère, constitue la rente perpétuelle, comme l'usufruit et la nue propriété ensemble constituent la toute propriété.

« En laissant de côté les définitions du Code et des légistes, on peut parfaitement éviter ce néologisme de rente *extraviagère* ou revenu *extraviager*, et se servir du terme de nue propriété. Les jurisconsultes peuvent avoir d'autres manières de voir; mais l'algèbre ne met aucune différence entre la valeur d'un usufruit et celle d'une rente viagère, ni entre la valeur d'une nue propriété et celle d'une somme payable au décès; or, nous ne faisons ici que traduire de l'algèbre en français, pour la plus grande simplification de la question qui nous occupe.

« Ainsi, dans une propriété qu'on ne détruit pas et dont on ne consomme que les revenus, nous distinguons trois choses :

« 1° L'usufruit, ou la valeur actuelle du revenu

viager qui représente la jouissance du propriétaire, sa vie durant;

« 2° La nue propriété, ou la valeur actuelle du
revenu extraviager, qui représente la jouissance
des héritiers;

« 3° Enfin, la toute propriété qui est l'ensemble, mais non la somme des deux premières parties, c'est-à-dire la valeur actuelle de la propriété
tout entière.

« Cela posé, transformer ces valeurs l'une dans
l'autre, tel est l'objet de toute transaction viagère.

« De là, deux catégories principales de transactions viagères.

« Premièrement, celles qui consistent dans
la transformation d'une nue propriété en un usufruit ou en un capital immédiatement exigible,
c'est-à-dire dans l'aliénation de tout ou partie de
la nue propriété ou du revenu extraviager pour
constituer ou accroître le revenu viager : telles
sont les opérations que les Compagnies d'Assurances sur la vie désignent sous le nom de constitution de rentes viagères , achats de nues
propriétés , rachats d'assurances payables au
décès, etc.

« Secondement, celles qui consistent dans la
transformation d'un usufruit en nue propriété,
c'est-à-dire dans l'aliénation de tout ou partie du
revenu viager pour créer ou augmenter la nue
propriété, la part des héritiers : telles sont les
Assurances au décès.....

« En dernière analyse tout, se réduit pour
une Compagnie en des annuités qu'on lui paie

ou qu'elle paie. Elle vend et elle achète des chances. »

Pardonnons au publiciste de ne pas être initié aux arcanes de la science juridique, et de donner aux mots dont il se sert une signification qui, pour n'être pas technique, n'en est pas moins tout aussi grammaticale que celle que nous leur prêtons ; d'employer le mot *transaction*, par exemple, dans un sens que les rédacteurs de nos Codes eux-mêmes ne se sont pas fait scrupule de lui donner (article 72 du Code de commerce), de considérer la propriété comme *l'objet* d'un droit, et non pas comme ce droit lui-même ; nous savons que les jurisconsultes anglais n'envisagent pas autrement la propriété *(property)* et on pourrait facilement concevoir qu'il en fût de même parmi nous. Passons donc là-dessus et reconnaissons qu'il y a là, abstraction faite des inexactitudes de langage, une analyse intelligente des opérations que j'appellerai d'un nom plus irréprochable, les *conventions* viagères. Mais cette analyse, que fait le scalpel de l'écrivain, disparaît trop souvent dans la synthèse du langage usuel pour faire place à une regrettable confusion. Je dis regrettable, parce que la confusion des mots, avec peu d'inconvénients par elle-même, n'entraîne que trop souvent à sa suite la confusion des idées, ce qui est plus grave. Or, il serait fâcheux, à mon sens, autant pour les assurances sur la vie que pour la société même qui est tout entière intéressée à leur succès, que l'on vînt à les confondre, soit avec les rentes viagères qui ne sont pas du tout des assurances, mais bien tout le contraire, — soit même avec l'assurance d'un capital différé qui est bien, elle, une assurance, mais une assurance d'une tout autre nature, ne méritant pas, à mon sens, la même faveur, et présentant une presque complète identité, quant au fond au moins, avec les opérations tontinières si généralement réprouvées.

Pourtant, cette confusion, on la retrouve dans la plupart des prospectus des Compagnies, et, loin qu'on semble l'éviter, on dirait qu'elle soit recherchée tout exprès.

C'est ainsi que la *Compagnie d'Assurances générales* comprend sous le titre d'Assurances sur la vie, au moyen d'une subdivision en assurances en cas de mort et assurances en cas de vie, toutes les diverses branches de ses opérations : même les assurances de capitaux différés, même les rentes viagères immédiates. (Voir la dernière page de la Notice sur les assurances en cas de décès.)

C'est ainsi encore (et je prends l'exemple d'une des plus considérables compagnies d'Angleterre, pour qu'on ne puisse pas m'accuser de diriger toutes mes critiques sur le continent) que dans le prospectus de la « *Royal insurance Company*, » à la page 80, sous la rubrique générale : *List of tables and explanations showing various modes of « insurances » (voilà le mot)*, je rencontre à la fois : et des assurances sur la vie proprement dites (tables I, II, III, IV et VI), et des assurances de capitaux différés (table VII), et même des rentes viagères immédiates (table V).

Peut-être les compagnies espèrent-elles faire par là participer à la légitime faveur dont jouit l'assurance sur la vie des opérations qui ne me semblent pas y avoir le même droit, mais je crains bien qu'elles n'arrivent au résultat contraire : — jeter le discrédit sur des opérations dignes de faveur, par la solidarité avec d'autres moins favorables.

Quoi qu'il en soit, et pour en revenir à la question de droit pur, la science ne souffre pas d'expressions approximatives ; elle veut un langage précis et sûr.

Eh bien, dans son acception véritablement juridique, que faut-il entendre par ce nom d'Assurances sur la vie?

Et d'abord peut-il convenir au contrat de rente viagère? La réponse semble ici ne devoir souffrir aucune difficulté : évidemment non! il est impossible de voir là une assurance de quelque nature que ce soit.

Contrat de rente viagère. 1° Ce contrat est-il une assurance ?

A moins pourtant qu'on n'ait l'esprit assez subtil pour se prêter aux arguties d'un système que personne, à ma connaissance, n'a encore osé construire et que j'ai presque honte de m'imaginer à moi-même, tant il me semblerait puéril d'y attacher de l'importance. Voici comment et dans quel ordre d'idées on raisonnerait, dans ce système, pour démontrer que la rente viagère est bien une assurance sur la vie :

C'est bien une assurance, dirait-on, car elle en a tous les éléments : l'assureur, c'est le débiteur,

Raisonnement qu'il faudrait faire pour soutenir que c'est bien une assurance;

l'assuré, c'est le créancier de la rente : quant au risque qui fait l'objet de l'assurance, c'est, non plus le risque **de mort** (et ici la plus grande tension d'esprit devient de plus en plus nécessaire, afin de ne pas perdre le fil des déductions), mais c'est un risque diamétralement opposé et pourtant inséparablement lié au premier, parce que tous deux sont en parfaite correspondance, « le risque **de vie.** »

Et après tout, pourquoi la vie ne pourrait-elle pas être considérée comme un risque tout aussi bien que la mort?

En effet, qu'est-ce qu'un risque? C'est un événement incertain qui nous porterait préjudice s'il venait à se réaliser.

Cela posé, supposons un homme qui se fait annuellement, soit par son industrie, soit de tout autre manière, un revenu qui lui permette de mettre de côté une somme assez forte pour qu'au bout d'un nombre d'années déterminé il se trouve avoir mis dans son patrimoine un certain capital nécessaire pour la prospérité de ses enfants ou pour le désintéressement de ses créanciers ; il y a là un risque, cet événement incertain qui lui porterait préjudice, s'il venait à se réaliser : c'est non pas la mort, si l'on veut, car la mort est une loi commune à l'humanité tout entière, loi fatale à laquelle on n'échappe pas, loi qui ne peut pas ne pas se réaliser, qui n'est pas incertaine, en un mot, — mais c'est la mort prématurée survenant avant qu'il ait eu le temps nécessaire pour mettre de côté la somme dont il a besoin, en sorte que *sa fortune* (**revenu**) *se trouve, en définitive, être insuffisante pour l'emploi qu'il entendait en faire :* voilà l'événement incertain qui est à craindre, voilà ce qui constitue un risque : ce risque, il peut s'en garantir par l'Assurance sur la Vie *stricto sensu* (la seule qui pour moi mérite véritablement ce nom).

Eh bien ! de même, si nous construisons une hypothèse inverse, — celle d'un homme qui a dans son patrimoine , non plus des revenus viagers plus que suffisants pour ses besoins annuels, de sorte qu'il lui serait possible d'en économiser une certaine portion, mais tout au contraire un capital ne produisant que des revenus insuffisants pour ses dépenses annuelles, qu'il est obligé d'entamer chaque année pour vivre, en sorte qu'il arrivera, au bout d'un certain nombre d'années, un moment où il n'aura plus de quoi pourvoir à sa subsistance — dans cette hypothèse, le risque, c'est que la vie vienne à se prolonger chez lui au-delà du temps pendant lequel son capital pourrait lui suffire : c'est l'éventualité d'une longévité excessive qui produirait précisément le même résultat que la mort prématurée dans l'hypothèse de tout à l'heure, c'est-à-dire que *sa fortune* (**capital**) *se trouve en définitive, être insuffisante pour l'emploi qu'il entendait en faire.* Eh bien ! s'il vient à signer un contrat de rente viagère il ne fait autre chose que s'assurer contre ce risque !

Une fois établi que le contrat de rente viagère est une assurance, il semblerait moins pénible

2° Le contrat, à supposer qu'il soit une assurance, est-il une assurance sur la vie?

de chercher à démontrer que c'est, de plus, une assurance *sur la vie :* en effet, dirait-on, c'est bien sur la vie humaine qu'elle opère, c'est bien sur les mêmes probabilités qu'on en calcule le taux. — Pourtant je n'hésite pas à déclarer que cette proposition, moins absurde en apparence que la première, même à supposer celle-ci établie, ne me paraît rien moins que démontrée. Mais, comme il est évident qu'elle doit suivre le sort de la première, je ne m'arrête pas, quant à présent, à en faire ressortir l'inanité, et je vais seulement m'attacher à réduire à sa juste valeur le raisonnement qui vient de nous mener à dire que la rente viagère est une assurance, et la ruine de ce raisonnement entraîne nécessairement celle de l'autre qui n'en est que le corollaire.

Non, la rente viagère n'est pas du tout une assurance, de quelque espèce que ce soit, parce qu'il n'y a pas là de risque assuré.

En effet : un risque est un événement incertain dont la réalisation nous causerait un préjudice, je le veux bien ; mais où y a-t-il un préjudice quelconque dans le fait de vivre au-delà d'un certain nombre d'années ? Le capital sur lequel je compte pour ma subsistance n'en aura pas moins conservé la même valeur numérique, que je vienne à mourir avant qu'il soit épuisé, ou que je survive encore plusieurs années ! Il ne m'aura pas rendu le même service dans les deux cas, c'est possible : dans un cas il aura suffi pour me préserver de la misère ici-bas, dans l'autre il aura manqué ce but, je ne dis pas non. Mais la valeur d'un bien ne se calcule pas , en droit, d'après l'utilité qu'il a pu avoir relativement à telle personne, dans tel patrimoine, et suivant telle destination déterminée : toutes appréciations impossibles à faire. C'est la valeur absolue qu'il faut prendre en considération : 100 fr. restent toujours 100 fr., que la somme soit suffisante ou non *pour l'emploi qu'on entendait en faire !* Lorsqu'on invoque un préjudice en droit, il faut être en mesure de le chiffrer, il faut en un mot que ce soit un préjudice pécuniaire et non pas un préjudice métaphysique qui n'existe que dans l'esprit de celui qui s'en plaint.

Si nous rentrons, au contraire, dans la seule opération qui, d'après nous, soit bien une véritable Assurance sur la vie, là nous trouvons un préjudice possible , dont l'éventualité mérite exclusivement le nom de risque à proprement parler : risque qui s'apprécie parfaitement en droit, et non plus risque qui se résume en des considérations d'un ordre plus ou moins insaisissable !

Il est évident qu'entre une certaine somme répétée un certain nombre de fois et la même somme répétée un nombre de fois plus considérable, il y a une différence positive, une différence substantielle, sur laquelle on peut sérieusement asseoir un raisonnement juridique. Or cette différence forme précisément l'intérêt du bénéficiaire d'une police d'Assurance sur la vie, à ce qu'il soit préservé du risque contre lequel il s'assure : le risque en un mot, c'est qu'un même revenu, au lieu de se renouveler à son profit un certain nombre de fois, vienne à s'éteindre à une époque où l'accumulation n'a pas encore pris tout ce développement, en sorte que son patrimoine se trouve moindre d'autant. Sa mort prématurée aura donc causé un préjudice appréciable, et appréciable numériquement ; ce préjudice, l'assurance sur la vie a pour but de nous en préserver ! Voilà pourquoi il y a là un véritable contrat d'assurance. La rente viagère, au contraire, ne remplissant pas cette condition, est un contrat aléatoire comme un autre, mais non pas un contrat quelconque d'assurance.

CHAPITRE I

Opérations improprement dites Assurances sur la vie (suite et fin).

———

J'en ai fini avec la question sous sa première face, qui a trait au contrat de rente viagère et pour laquelle je n'ai eu à combattre que des objections imaginaires, pour les prévenir et non pour y répondre, puisqu'elles n'ont encore jamais été nettement formulées. Je vais maintenant l'envisager sous sa seconde face, celle qui a trait à l'assurance d'un capital différé [1]; ici la victoire ne sera pas si facile, et peut-être sera-ce à moi d'encourir à mon tour le reproche de subtilité.

Je dis que l'Assurance d'un capital différé n'est pas non plus une Assurance sur la vie.

C'est une assurance, j'en conviens : quoique, au premier abord, on puisse être tenté de m'objecter que le même raisonnement dont je viens de me servir à l'occasion de la rente viagère doit encore trouver ici son application, pour

*Assurance d'un ca-
pital différé.*

1o Ce contrat est-il
une assurance
Objection que l'on
pourrait faire pour
établir qu'il n'en est
pas une.

---

[1] Nous disons : « *capital différé* », brevitatis causa, car nous verrons plus loin qu'il pourrait s'agir d'autre chose que d'un capital et nommément d'une *rente* différée.

montrer qu'il n'y a pas là du tout d'assurance, de quelque nature que ce soit ; en effet, dirait-on, ici comme tout à l'heure, l'événement contre lequel on prétend s'assurer, c'est encore la continuation de la vie humaine : or ici, pas plus qu'en matière de rente viagère, le fait que la vie d'un homme se prolonge au delà d'un certain temps ne peut altérer en rien la valeur absolue d'aucune partie de son patrimoine ; c'est vous-même qui l'avez dit ! — Bien que cela puisse sembler conforme à la logique, je ne crois pas pourtant qu'il faille aller aussi loin. Je crois, en effet, qu'il n'est pas impossible d'apercevoir une raison sérieuse de distinguer entre le cas de la rente viagère et celui qui nous occupe : dans le premier cas, la prolongation de la vie, qui forme la base du contrat, peut bien avoir pour effet d'entraîner des dépenses qu'une mort plus prompte aurait évitées, mais pareilles dépenses peuvent-elles être considérées comme un préjudice de la nature de celui qui est nécessaire pour constituer un risque assurable ? Évidemment non ; il n'y a rien là de particulier, rien d'accidentel, rien qui puisse être qualifié de sinistre ; c'est le cours régulier des choses, c'est la marche pure et simple de la nature ; pourvoir à des frais de subsistance, d'entretien, il n'y a rien là qui sorte de la sphère de nos dépenses quotidiennes, il n'y a là, en un mot, aucun déboursé extraordinaire à supporter ! Mais si nous portons nos regards sur l'assurance d'un capital différé, tout change d'aspect ; ici la continuation de la vie sur laquelle le contrat repose,

Réponse à cette objection.

c'est l'occasion d'une lourde charge pour notre patrimoine, d'un de ces tributs comme nous n'en avons à payer que dans de rares et graves circonstances de la vie : payer les frais énormes de l'éducation de nos enfants, les établir, doter une fille, racheter un fils de la conscription, voilà qui est important, voilà qui est considérable, voilà qui peut être raisonnablement assimilé à une perte effective pour notre patrimoine ; eh bien ! je dis que si cette échéance, qui peut ne pas se présenter, arrive, la nécessité d'y faire face est bien pour nous l'occasion d'un préjudice parfaitement clair, et, par conséquent, susceptible de former l'élément d'un risque ; lors donc que j'aurai fait un contrat qui me met à l'abri du préjudice, je n'aurai pas fait autre chose que contracter une véritable assurance.

Mais si j'admets que l'assurance d'un capital différé soit bien une assurance, je ne partage néanmoins en aucune manière l'opinion de ceux qui la font rentrer dans l'Assurance sur *la vie* proprement dite. Sans doute, je reconnais à chacun liberté pleine et entière de choisir ses dénominations comme il l'entend : les définitions de mots sont libres, et je ne prétends imposer à personne ma terminologie. Si donc on veut distinguer des assurances sur la vie proprement dites et des assurances sur la vie improprement dites, je ne m'y oppose nullement ; mais ce que je veux, c'est qu'on dissipe l'obscurité, c'est qu'on fasse le jour dans les idées : or, le moyen que ce jour se fasse, si l'on emploie une même locution tantôt dans un

2° Ce contrat est-il une assurance sur la vie ?

Oui et non, suivant le sens que l'on donne à ce mot « assurance sur la vie », mot à double entente.

sens, tantôt dans un autre qui en diffère sensiblement? C'est bien là pourtant le tort de cette expression *assurance sur la vie*, — quelquefois on l'emploie dans un sens restrictif, celui que j'adopte parce que je le crois seul exact, mais plus souvent c'est dans ce sens très général et un peu vague qui comprend à la fois tous les divers genres de conventions viagères.

Cette dernière acception n'est pas correcte; c'est ce qu'il me reste à démontrer.

Pour le démontrer il me suffira d'établir que cette liberté de définition des mots que je viens de reconnaître à tout le monde, en principe, doit ici subir un échec par une raison que j'ai énoncée tout à l'heure : c'est que le nom d'assurance sur la vie, ayant déjà trouvé son emploi dans un sens spécial, ne peut pas sans inconvénients graves être attribué à une seconde classe d'opérations toute différente de la première.

En effet, on ne peut pas nier qu'à l'origine on n'entendait et qu'on n'entende encore aujourd'hui, bien souvent, par *assurances sur la vie*, que cette espèce d'assurance dans laquelle l'objet assuré c'est la vie et non la mort, — assurance sur la vie devant être synonyme d'assurance contre la mortalité des hommes.

Je m'explique.

Toutes les raisons que nos anciens auteurs donnent pour combattre l'assurance sur la vie, — toutes celles que l'on donne aujourd'hui, en sens inverse, pour les vulgariser, ne peuvent s'appliquer qu'à cette sorte d'assurance seulement.

Comprendrait-on que Pothier, le sage, le judi-
ceux Pothier, lui d'ordinaire si soigneux de ne
donner à l'appui de ses opinions que des arguments solides, cherchant à justifier la prohibition de l'ordonnance de 1681, en donnât pour
raison (je cite ses termes) :

« Qu'il est contre la bienséance et l'honnèteté
publique de mettre à prix la vie des hommes.
Que d'ailleurs la nature du contrat d'assurance
étant que l'assureur se charge de payer l'estimation de la chose assurée, la vie d'un homme
libre n'étant susceptible d'aucune estimation, elle
ne peut, par conséquent, être susceptible du contrat d'assurance. »

Comprendrait-on ce langage dans la bouche de
Pothier, s'il eût suffi, pour jeter à bas tout l'écha-
faudage de son raisonnement, de lui faire observer qu'il péchait par défaut de dénombrement,
parce qu'il laissait en dehors toute une catégorie
d'assurances sur la vie : celle de l'assurance d'un
capital différé? Car pour celle-ci il n'y a pas à faire
d'estimation de la vie humaine, et si le calcul
des probabilités de vie et de mort y entre pour
quelque chose, ce n'est que de la même manière
et pour le même motif qu'en matière de rente
viagère ; or, qui ne sait que le contrat de rente
viagère était alors parfaitement licite et fort généralement pratiqué? J'ajoute incidemment que,
comprise ainsi, ce n'eût pas été seulement la raison que Pothier donne à l'appui de son assertion
qui eût laissé prise à la critique, mais bien cette
assertion elle-même : car, de son temps, la pra-

tique des tontines qui, au fond, ne sont autre chose que des assurances d'un capital différé (je m'exprime ici *brevitatis causâ*), était non-seulement tolérée, mais adoptée même par le gouvernement qui en avait donné le premier l'exemple!

Non, le vieux Pothier ne parlait pas à la légère et ne s'exposait pas à voir anéantir d'un mot ses argumentations! Si donc il s'est exprimé comme il l'a fait, c'est bien parce que, pour lui, il n'y avait d'assurance sur la vie que celle qui consiste à réparer le préjudice causé par la mort d'un homme soit à ses créanciers, soit à ses ayants-cause.

Ce sens restrictif, je dis de plus que, de nos jours même, il subsiste encore.

Comprendrait-on davantage comment, de nos jours, dans tous les écrits destinés à convaincre les incrédules sur les avantages de l'assurance sur la vie, dans tous ces écrits, — traités, manuels, brochures ou simples tirades détachées comme celles que nous trouvons souvent en tête ou à la suite des prospectus, — on ne trouve jamais que des argumentations qui, comme celle de Pothier, mais en sens inverse, porteraient toutes à faux, si l'on se plaçait sur un terrain comprenant dans ses limites et des assurances sur la vie proprement dites, et des assurances de capitaux différés?

Témoins tous les écrits qui ont pour but de vulgariser l'assurance sur la vie.

C'est bien là pourtant ce qui résulte d'un simple coup d'œil jeté sur ces écrits.

Ainsi, dans un récent ouvrage qui mérite à tous égards le nom de « *Traité,* » bien que l'auteur, M. Alfred de Courcy, n'ait cru devoir le publier que sous le titre modeste de « *Essai sur les lois du hasard,* suivi d'*Etudes sur les Assurances,* »

à la page 143, je lis ce qui suit : « Un contrat
« obscur, souvent secret, par lequel un homme
« dans la force de l'âge limite son aisance, se
« prive d'une partie de son superflu, renonce au
« plaisir de faire valoir lui-même ses épargnes,
« parce qu'il sait que la mort pourrait en inter-
« rompre la progression, et va tous les ans les
« porter à la bourse sacrée de ses enfants, ce
« contrat est noble et touchant; il est honorable
« pour l'humanité, il m'inspire un véritable res-
« pect, et je serai porté à estimer profondément
« le caractère d'une classe ou d'une nation dans
« les mœurs de laquelle il aura pénétré. »

Et le même écrivain, dans une petite brochure
qui a pour titre : « *Le Domaine patrimonial
et les Assurances sur la Vie*, » dit que l'homme
qui a contracté une assurance sur la vie « a capi-
« talisé d'avance son travail; il a constitué un
« héritage; il a vraiment assuré l'aisance de sa
« famille. »

Ainsi, M. Eugène Reboul, dans un discours prononcé à la séance d'inauguration des conférences
de l'Association polytechnique (section de l'Ely-
sée), le 16 décembre 1866, s'est exprimé en ces
termes : « . . . . . . Une assurance sur la vie, vous
« voyez que c'est exactement le contraire de la
« rente viagère. »

Et dans son ouvrage, déjà cité, intitulé : *Assurances sur la Vie*, à la page 70 : « On as-
« sure ses maisons, son mobilier contre le feu,
« ses navires, ses marchandises contre les ris-
« ques de la mer, ses récoltes contre la grêle, ses

« bestiaux même contre l'épizootie; pourquoi
« n'assurerait-on pas sa vie, qui est bien plus
« précieuse et bien plus exposée?

« Concluons donc que l'assurance sur la vie
« n'est pas seulement un devoir impérieux, c'est
« l'expression sociale d'une loi universelle. Cette
« loi est une des. plus saillantes, une des plus
« fortement empreintes dans toute la nature : on
« l'appelle *loi de conservation des espèces;*
« elle veut que les charges des ascendants ne re-
« tombent pas sur les descendants, et que l'avenir
« d'une génération soit préparé, sauvegardé,
« assuré par la génération qui précède. »

Ainsi encore, dans une petite brochure anonyme avec l'initiale E. et le titre : « *Des Assurances sur la Vie* », on fait valoir les considérations qui suivent : « ..... Une institution qui
« perpétue, dans une certaine mesure, les pro-
« duits du mérite personnel, est certainement
« très bienfaisante, et comme c'est précisément
« le résultat des Assurances sur la vie, je ne
« crains pas d'affirmer que pour un père de fa-
« mille, dont le travail est l'unique ressource
« de sa femme et de ses enfants, c'est un devoir
« aussi impérieux de contracter une Assurance
« sur la vie à leur profit, que de subvenir de son
« vivant à leurs besoins. »

De même dans un article de M. Francisque
Sarcey, lequel a paru le 3 juillet 1863 dans le
journal « *l'Opinion nationale* », sous la rubrique
« Variétés, » l'écrivain dit, en parlant de celui
qui contracte une Assurance sur la vie :

« Il s'assure, et le voilà en garde contre toutes
« les surprises de la mort. Elle peut venir ; elle
« lui ravira ce bien inestimable de la vie ; elle
« sera forcée de laisser à la famille le capital dont
« cette chère existence semblait être le gage. »

De même aussi, dans une brochure de M. L. Bergeron, avec ces mots pour titre : « *Qu'est-ce que l'Assurance sur la Vie ?* » je lis, au chapitre III :

« L'Assurance sur la vie est un devoir de conscience pour tout homme, — artiste, médecin, avocat, ingénieur, fonctionnaire public ou employé, — qui trouve dans son travail ou dans son talent les ressources nécessaires à l'éducation et au bien-être de sa famille. »

On ne trouve pas autre chose dans les prospectus de la plupart des Compagnies. Je me bornerai à deux citations.

Dans une petite dissertation que la Compagnie anglaise *Wesminster and general life Assurance association*, imprime à la suite de ses tarifs, on lit, sous le titre de *Pleas for life Assurance*, dès la première ligne : « Puisse-t-on sécher quelques-unes des larmes de la veuve, puisse-t-on étouffer quelques-uns des sanglots de l'orphelin ! »

Une autre maison anglaise, l'*Albert life Assurance Company*, débute ainsi dans son prospectus : « Il n'arrive que trop souvent qu'une famille habituée à une vie d'aisance et même de luxe, se trouve tout à coup plongée dans la misère par la mort d'un des membres qui la soutenait de son travail. C'est pour obvier à ce malheur qu'on a imaginé l'Assurance sur la vie. »

De toutes ces citations qui ne pèchent pas à coup sûr par insuffisance, mais peut-être tout au contraire par surabondance, que résulte-t-il, sinon la preuve certaine que, dans la pensée de celui qui cherchait à peindre les avantages de l'Assurance sur la vie, tout ce qui était mis en cause sous ce nom, c'était l'Assurance sur la vie telle que je l'entends?

Je crois avoir ainsi établi, comme je l'annonçais tout à l'heure, qu'à l'origine on n'entendait, et qu'on n'entend encore aujourd'hui *bien souvent*, par ce nom d'Assurances sur la vie, que ce que j'entends par là moi-même et rien autre chose.

Voilà donc une première signification appartenant, de l'aveu de tous, à cette expression : *Assurances sur la Vie*. Cela étant, j'ai à peine besoin de faire observer que nous ne sommes plus libres désormais de lui donner telle signification que bon nous semblera, puisqu'elle en a déjà une bien constatée, et que lui en donner une seconde ce serait s'exposer au danger des équivoques. C'est pourtant ce qu'on a fait; on a donné à une même expression, à côté de son sens propre et restreint, que j'adopte, un sens impropre et large, que je combats. De sorte que nous voilà en présence de deux sens différents pour une seule et même expression.

Il faut faire son choix.

Deuxième raison.
— Ce sens restrictif Qui a raison et qui a tort?

C'est ce que nous allons examiner.

Je ferai remarquer d'abord que je ne me trouve pas en présence d'un système bien arrêté, qu'on puisse combattre corps à corps. La plupart de ceux qui s'y sont rangés n'en ont pas bien eu conscience. C'est ainsi qu'on peut lire à la page 68 du même ouvrage déjà cité sur les Assurances sur la vie [1] : « L'Assurance sur la vie, ou, pour mieux dire, la principale des combinaisons d'Assurances sur la vie... » Voilà l'incertitude, le vague qui s'établit; l'écrivain ne se rend pas parfaitement compte de la valeur du mot qu'il emploie : il hésite, puis il dit bien, mais il se corrige, et, croyant mieux dire, il dit mal; puis enfin, il arrange tout cela : « *Celle*, continue-t-il, *qui a donné son nom au système*, l'Assurance en cas de mort. » Voilà la vérité! Ce nom lui appartenait en propre à l'origine, et il n'appartenait nullement aux autres, cela est certain; nous l'avons déjà démontré en raisonnant sur les paroles de Pothier. Mais, plus tard, les Compagnies d'Assurances sont survenues qui ont modifié la terminologie, et nous nous demandons (voilà les termes précis de la question) s'il faut admettre ou rejeter cette modification.

Je ne prétends pas que cette modification soit absolument déraisonnable; loin de là : je reconnais qu'elle peut, sinon se justifier, du moins s'expliquer facilement. Un intérêt bien entendu demande que les mêmes Compagnies réunissent dans leurs mains l'ensemble de toutes les diffé-

[1] D'Eugène Reboul.

rentes branches d'opérations viagères qui ont pu être imaginées, et que je divise en trois catégories bien distinctes :

Rentes viagères,

Assurances de capitaux différés,

Assurances sur la vie.

Je laisse de côté, pour le moment, les diverses variétés qui ne sont que des combinaisons de ces trois grands types.

Cet intérêt, M. E. Reboul va nous l'expliquer à la page 79 de l'ouvrage déjà cité : « Les usufruits forment la contre-partie des rentes viagères, les nues propriétés, celle des Assurances au décès... et, en général, les risques de vie doivent contre-balancer les risques de mort; en sorte qu'une Compagnie, pour opérer avec cette sécurité parfaite qui est la première garantie des assurés, n'a qu'à maintenir la balance égale entre ces deux espèces de transactions viagères.

« De ce système résultent les avantages les plus considérables. Ainsi, la Compagnie d'Assurances se trouve désintéressée dans les mouvements de la mortalité; elle n'a même plus, pour ainsi dire, à s'inquiéter de l'incertitude qui est inséparable de l'appréciation des chances. — Les inégalités, les erreurs mêmes provenant des données ou de leur tarification, se compensent mutuellement puisqu'elles figurent simultanément en plus ou en moins dans ses comptes, c'est-à-dire, en même temps, à profits et à pertes; en autres termes, puisque les erreurs et risques sont tantôt positifs, tantôt négatifs, tantôt à son avantage, tantôt à son préjudice.

« C'est grâce à ce mécanisme de l'équilibre des risques que les opérations des Compagnies d'Assurances sur la vie peuvent acquérir un caractère de certitude absolue. »

Cela étant, ces Compagnies qui comprennent dans leurs opérations les trois différentes espèces rentrant dans le même genre, il fallait qu'elles se révélassent au public avec un nom qui fît connaître la nature de ces opérations : *Compagnie d'Opérations viagères* eût peut-être été le nom le plus irréprochable; mais ce nom fût resté incompréhensible pour la plus grande masse du public; il leur fallait quelque chose de moins abstrait, quelque chose qui pût frapper l'esprit, quelque chose enfin qui eût une individualité : elles atteignaient ce but en se faisant désigner par le nom de telle ou telle de leurs opérations prise à part, et non plus par une définition juridique. Mais à laquelle de ces opérations s'attacher? Les rentes viagères ne formant qu'une partie moins importante de leurs opérations, les Assurances de capitaux différés étant peu en faveur par leur presque parfaite identité avec les Assurances tontinières, la préférence demeurait à l'Assurance sur la vie. Voilà pour le nom des Compagnies.

Quant au nom des opérations, il est facile de comprendre que l'on fût porté à le mettre en rapport avec le nom de la société elle-même. On en vint donc à les appeler toutes, sans distinction, des Assurances sur la vie ; dans les deux cas, on donna tout naturellement la préférence au nom qui semblait le plus digne de faveur.

Ainsi la modification s'est opérée par deux généralisations successives : première généralisation, du nom d'une opération particulière de la société à cette société même ; seconde généralisation, du nom, ainsi obtenu, de la société, à toutes les opérations qu'elle renferme, malgré leur diversité. La marche semblera bizarre ; mais la logique la plus pure n'est pas toujours la règle des décisions humaines.

Commen cette terminologie nouvelle est-elle formulée ?

Toutefois, pour que cette généralisation hardie pût avoir au moins quelque apparence de solidité, elle dut souffrir un tempérament ; il eût été trop évidemment singulier de couvrir d'un même nom des opérations aussi différentes, si on n'avait pas soin, pour atténuer la violence de ce rapprochement, de les distinguer néanmoins entre elles, au moyen d'une subdivision que j'ai déjà indiquée : celle en

Assurances en cas de mort

et

Assurances en cas de vie.

Ce système qui doit le jour (disons-le, à la décharge de ses inventeurs) non pas à des hommes versés dans l'étude du droit, mais à des praticiens, est formulé plus nettement que partout ailleurs dans l' « *Almanach des Assurances pour* 1868. »

On commence par rappeler que « les assurances sur la vie embrassent toutes les transactions basées sur les chances de la vie humaine. »

Première erreur ! Puis on continue en ces termes :

« Les assurances sur la vie se divisent en deux espèces principales : les assurances en cas de décès et les assurances en cas de vie. Les premières ont pour objet de constituer, au moyen d'un abandon d'usufruit, un patrimoine réalisable après la mort de l'assuré. Les secondes ont au contraire pour objet l'aliénation d'une nue propriété compensée par l'accroissement de l'usufruit. On voit que ces deux opérations sont, pour ainsi dire, le contraire l'une de l'autre... »

Si ces deux opérations sont le contraire l'une de l'autre — ce qui est vrai — pourquoi donc, je me le demande, vouloir à toute force les réunir en une seule, sauf à les séparer de nouveau par l'artifice d'une subdivision, après les avoir réunies ?

Plus loin, nous trouvons une nouvelle subdivision en sous-ordre de la première : de sorte que les assurances en cas de vie se trouvent subdivisées elles-mêmes en :

1° Rentes viagères immédiates (ou différées).

2° Assurance d'un capital différé. Et cela se retrouve dans les prospectus de plusieurs de nos Compagnies françaises : je me bornerai à citer celui de la « *Caisse paternelle* », pages 16 et suivantes, et celui de « *la Nationale* », page 11.

Voilà donc la théorie assez clairement énoncée. Mais est-elle universellement admise et surtout l'est-elle par les auteurs juridiques proprement dits ? C'est là ce qui me touche.

D'abord, je ferai observer que la terminologie de nos Compagnies elles-mêmes n'est pas sans présenter de variations : c'est ainsi que l'*Impériale*, que le *Monde*, que la *Caisse paternelle* déjà citée, se servent souvent de l'expression : *Donation des enfants*, pour désigner l'assurance de capitaux différés. Quant aux Compagnies anglaises, celles qui comprennent dans leurs opérations ce genre d'assurances ont toujours bien soin de ne pas les dénommer : « Assurances dotales sur la vie », « Assurances sur la vie d'un capital différé », pas plus qu'elles ne qualifient les rentes viagères d'assurances sur la vie ; l'expression qu'elles emploient est celle de *Dotations des enfants*, « *Endowments for children* », ou bien encore : « *Endowments upon children.* » Je citerai l'*English and scottish law life assurance association*, la *Provident institution* et la *Provident life office :* le prospectus de cette dernière, en particulier, montre bien que si la qualification d'Assurances sur la vie n'est pas appliquée à ce genre d'opérations, ce n'est pas au hasard, mais que c'est avec intention, car à la page 10, dans une petite exposition qui, sous la rubrique « The principle and practice of life insurance » a pour but d'énumérer les divers cas dans lesquels l'assurance sur la vie peut trouver sa place, on laisse absolument de côté tous ceux où l'assurance d'un capital différé pourrait jouer un rôle utile ; pourtant la Compagnie a le même intérêt à ce que le public apprécie les avantages de toutes ses opérations sans distinction.

Bien mieux, le plus grand nombre des Compagnies anglaises d'assurances sur la vie ne comprennent même pas dans leurs opérations l'assurance d'un capital différé : au moins elles ne le mentionnent pas dans leur prospectus, et il est à peine supposable que ce soit une omission; j'en cite quelques-unes : *Westminster, Pelican, Atlas, Rock, National Union, British Empire, Life association of Scotland, Scottish Widows Fund, Hand in hand, Church of England, Great Britain*, et pourtant ces Compagnies ont bien la prétention de se présenter au public avec un assortiment complet des diverses variétés de l'Assurance sur la vie. Enfin, si l'on se réfère au prospectus du *Guardian* on y trouve à la page 7, sous le titre de « *Endowment policies* », la preuve certaine que pour les savants *actuaries* de Londres, ce genre d'opération n'est pas une assurance sur la vie; en effet, mettant en regard d'une part l'assurance d'un capital différé, et de l'autre une opération qui tient à la fois de cette dernière et de l'Assurance sur la vie proprement dite, l'Assurance mixte, on qualifie bien celle-ci d'assurance sur la vie, mais quant à la première on l'appelle « *Dotation, Endowment.* »

J'ajoute que ce n'est pas seulement dans la pratique, mais aussi dans la doctrine anglaise, que l'Assurance sur la vie est ainsi considérée. En effet, pourrait-on comprendre que Bunyon, dans un traité intitulé : *The law of life Insurance* (le premier et aussi le dernier ouvrage de droit qui ait encore été consacré exclusivement à l'Assurance sur la vie), comment comprendre, dis-je, qu'il n'ait pas dit un mot dans tout son livre qui pût s'appliquer à autre chose qu'à cette espèce d'Assurance sur la vie, que nos Compagnies ont imaginé d'appeler l'Assurance en cas de décès, si ce n'est parce que, dans son esprit, c'est la seule qui mérite à proprement parler ce nom?

Mais tout cela ne nous autoriserait à rien de plus qu'à raisonner par analogie de ce qui se passe en Angleterre à ce que nous voudrions voir reconnaître en France. Il n'y aurait donc là rien de décisif! Plaçons-nous donc sur le vrai terrain, sur le seul qui soit au cœur de la question; plaçons-nous, non plus à l'étranger, non plus dans l'ancien droit, mais chez nous et de nos jours.

Eh bien, là encore, là surtout les plus respectables autorités, les jurisconsultes les plus distingués nous donnent raison!

Je ne saurais citer un ouvrage qui fût plus voisin de nous, ou par la date ou par le lieu de la publication, que le Manuel de droit commercial de M. Bravard-Veyrières, dernière édition, puisque cette édition a été publiée, annotée et complétée cette année même par un éminent professeur de la Faculté de Paris[1].

Or, au chapitre X, le jurisconsulte, après avoir dit quelques mots sur différentes applications du principe de l'Assurance, ajoute :

« On a même imaginé..... pour les pères de famille, un mode d'assurance qui leur garantit la somme nécessaire à l'éducation de leurs enfants.

« Enfin on a mis à la portée de tous ceux qui peuvent payer une minime annuité un moyen de

[1] M. Ch. Demangeat.

laisser après eux un capital déterminé que la Compagnie d'Assurance paiera à leurs héritiers, ce qui constitue dans la limite du possible une assurance contre la mort même. »

Voilà donc l'auteur qui énumère séparément et distinctement :

« 1° La combinaison qui constitue l'Assurance d'un capital différé ;

« 2° L'Assurance sur la vie proprement dite. »

Il a parfaitement senti que ces deux combinaisons diverses ne peuvent ni se prêter à une même description, ni rentrer sous une dénomination commune. Il faudrait deux noms comme il a fallu deux phrases. C'est qu'il est impossible de donner de l'Assurance sur la vie une définition qui, en même temps, donne une idée suffisamment précise de ce que c'est que l'Assurance sur la vie proprement dite, et reste néanmoins applicable à l'Assurance d'un capital différé.

Je pourrais m'arrêter à cette citation ; pourtant qu'il me soit permis d'en ajouter quelques autres à titre d'arguments subsidiaires.

M. Quenault, dans son *Traité des Assurances*, semble ne pas admettre du tout les assurances d'un capital différé : il aperçoit donc une raison grave de les séparer de l'assurance sur la vie, puis qu'autant il approuve celle-ci, autant au contraire les autres lui répugnent ; ce jugement serait absolument inexplicable si, pour lui, les deux opérations n'en faisaient qu'une seule et même. (N° 16, op. cit.)

M. Alauzet admet bien l'opération, mais il se

refuse à y voir une assurance de quelque nature que ce soit :

« S'il est impossible de voir dans de pareilles stipulations un contrat d'assurances, il est difficile peut-être de ne pas reconnaître l'utilité qu'elles présentent dans bien des circonstances, et de les trouver illégales quand on tolère les tontines et les contrats de rentes viagères. »

Et plus haut (t. II, 477), il avait dit :

« C'est bien un contrat aléatoire de quelque côté qu'on envisage une pareille opération, il est tout à fait impossible d'y voir une assurance. »

Ainsi, pour M. Alauzet, la question ne pouvait même pas se poser, de savoir s'il y aurait là ou non une assurance sur la vie.

M. Persil (n° 292) va plus loin : combattant à son tour l'opinion de M. Quénault, il dépasse M. Alauzet, et soutient que « les assurances dif-« férées ont tous les avantages d'un véritable con-« trat d'assurance. » Ainsi M. Persil est en complet accord avec nous sur tous les points. Comme nous il admet qu'il y a là bien un contrat d'assurance, mais ce n'est pas à dire qu'il les confonde avec l'assurance sur la vie proprement dite.

Enfin, complet accord aussi entre nous et M. Merger (n°s 8 et suivants de son Traité); et c'est à dessein que nous terminons par ce nom la liste des autorités que nous pouvons citer à l'appui de notre opinion; le livre de M. Merger est jusqu'à nos jours le meilleur, disons : le *seul* ouvrage juridique en langue française, où se trouve une étude vraiment approfondie de l'assurance sur la vie.

Je dois dire toutefois que M. Pouget, dans son Dictionnaire des Assurances, reproduit la distinction pratique en :

Assurances en cas de mort,

et

Assurances en cas de vie,

en comprenant dans la seconde branche l'assurance d'un capital différé.

Mais il le fait d'après l'usage des Compagnies et non pas du tout avec l'intention de justifier une théorie quelconque : il le fait, je le crois au moins, sans y attacher d'importance. Si l'on veut pourtant que ce soit de propos délibéré qu'il ait reproduit ce système, je répondrai :

D'abord, qu'il ne peut pas avoir agi de propos délibéré puisqu'il a mis, à côté de l'assurance d'un capital différé, le contrat de rente viagère au nombre des subdivisions qui rentrent dans l'assurance sur la vie : or, nous avons montré que, si pareille idée peut s'excuser chez un rédacteur de prospectus, elle ne *se conçoit* même pas, en toute connaissance de cause, dans *la tête d'un homme de loi*.

Puis, que lorsqu'on est membre de l'Institut des Actuaries de Londres, on devrait penser comme un Actuary ; or, nous espérons l'avoir établi, ce qu'on entend chez nos voisins par cette expression : « Assurance sur la vie » (*life Assurance*, en anglais, et, mot symétriquement correspondant en allemand, Lebens Assecuranz), c'est une assurance de la vie ; c'est-à-dire, une assurance dans laquelle la chose assurée c'est la vie et les risques contre lesquels on s'assure, ce sont les risques que cette vie peut courir.

Je suis donc bien sûr que si l'attention de M. Pouget s'était sérieusement portée sur le côté juridique de la question, il aurait pris garde de n'accepter dans son dictionnaire la terminologie des Compagnies que sous bénéfice d'inventaire.

En résumé, et sans voir là rien de bien significatif de la part de M. Pouget :

MM. Demangeat et Bravard, Quénault, Alauzet, Persil et Merger, voilà six noms et des plus considérables dont nous pouvons corroborer notre opinion, en les ajoutant à des autorités comme celle de Pothier dans notre ancien droit, comme celle de John Bunyon chez nos voisins d'outre-Manche.

Troisième raison. — Il est indispensable de séparer par la diversité de noms, des opérations aussi différentes par leur principe que l'assurance sur la vie, d'une part, et l'assurance d'un capital différé, de l'autre.

Je terminerai cette longue discussion par l'exposé de quelques considérations qui auront pour but de bien montrer qu'il y a là quelque chose de plus qu'une vaine dispute de mots, et qu'au point de vue même économique et social, tout aussi bien qu'au point de vue juridique pur, il n'est pas sans intérêt de séparer l'assurance sur la vie de celle d'un capital différé.

Si je tiens à séparer les noms, c'est que je vois là deux idées complètement distinctes, j'allais dire complètement opposées l'une à l'autre.

L'Assurance sur la vie, comme nous l'avons vu, a pris naissance au milieu de ces nations du Nord foncièrement et sincèrement religieuses qui, soit par nature, soit par l'effet de leurs institutions, ont ce courage stoïque qui leur permet d'envisager de sangfroid la mort et de prendre

contre elle sans répugnance toutes les précautions
nécessaires, et qui, pénétrées des devoirs de famille, soucieuses du sort des veuves et des or-
phelins, se sont dit que, si l'on ne pouvait pas
soulager la douleur de ces malheureux dans ce
qu'elle a d'inaccessible aux consolations humaines, on pouvait au moins chercher à rendre
plus douce leur condition matérielle : sentiment
qui, parce qu'il est simple et pratique, n'en est
pas moins noble et généreux, sentiment de su-
blime abnégation, dont le résultat est de vaincre
la mort tout en lui obéissant, comme l'a dit
M. Eugène Reboul (page 67, *loco citato*), en rapportant la devise philosophique de Bacon : *Vin-
cere obediendo;* dont le résultat, pour me servir
de l'expression de M. Alfred de Courcy, est « cette
« institution merveilleuse dont l'algèbre a posé
« les bases et dont la morale a formé le couron-
« nement! » Eh bien, cette institution, nous en
trouvons depuis longtemps le principe en Angleterre et plus tard, mais dès avant le siècle dernier, nous l'y trouvons même avec une forme nettement dessinée et telle que nous la connaissons
de nos jours : témoin Blackstone qui nous donne,
dans son Commentaire des lois anglaises, une description de l'Assurance sur la vie qui coïncide
parfaitement avec ce que nos Compagnies enten-
dent aujourd'hui par Assurance en cas de décès [1].

L'Assurance d'un capital différé, au contraire,
naît dans le Midi au milieu de populations dis-
sipées, avides de spéculations aléatoires. C'est à

[1] Book II, chap. xxx, p. 459.

l'Italie qu'elle a dû le jour : le nom de « *Monte* », qu'on leur y donna, leur était commun avec d'autres institutions dont la source ne fut pas des plus pures, et notamment avec les monts de piété ou « lombards » qui furent établis pour la premiere fois à Naples et autorisés par une bulle du pape, bien qu'on ne les eût imaginés que pour favoriser la débauche (comme le prouve une lettre de l'abbé Galiani à M. de Sartine) ; ce nom montrait assez qu'on les considérait, non pas comme une assurance, mais comme un jeu : car on sait qu'en espagnol ce mot de *Monte* désigne un jeu qui, depuis qu'il existe, a plongé bien des familles dans la misère. Mais cette espèce de jeu, les gouvernements s'en emparèrent : ils le trouvaient fort ingénieux pour assurer la réussite de leurs emprunts. Lorenzo Tonti eut le mérite, ou si l'on aime mieux, eut le tort, non pas de l'inventer, bien qu'on y ait depuis attaché son nom, mais d'en suggérer l'idée à Mazarin qui, dès 1653, le fit fonctionner en France sous une de ses formes particulières. Il y avait là, en effet, un puissant appât pour disposer les citoyens à souscrire les emprunts de l'État : c'est ce qu'Adam Smith explique fort bien dans son dernier chapitre : *Of Public Debts*, mais il a garde d'en désirer l'établissement dans son pays ; et il faut rendre cette justice aux Anglais, que chez eux, ni l'État ni les particuliers n'ont jamais donné leur encouragement à l'intitution des tontines ; car enfin, voilà le mot prononcé ; l'assurance d'un capital différé n'est pas autre chose au fond qu'une opération tontinière.

Je n'ai pas été pourtant jusqu'à dire, comme l'ont fait MM. Alauzet et Quénault, qu'il soit impossible d'y voir autre chose qu'une loterie : j'ai admis que l'on peut y voir une assurance véritable, partageant à cet égard l'opinion de MM. Massé et Devilleneuve qui, dans leur Dictionnaire du Contentieux commercial, au mot Assurance sur la vie, n° 3, s'expriment en ces termes : « Ce genre d'as-
« surance n'est pas une gageure ni un pari,
« puisqu'il y a obligation réciproque de l'assu-
« reur et de l'assuré, que le contrat est commu-
« tatif et que, en dernière analyse, l'assureur
« ne reçoit une somme appelée prime qu'en
« échange du risque qu'il court d'en payer une
« plus considérable, ce qui diffère essentielle-
« ment du pari, dans lequel il y a toujours une
« partie qui ne reçoit rien. »

Mais il n'en reste pas moins pour ces opérations ce caractère peu satisfaisant qu'à la différence de l'assurance sur la vie et à la ressemblance de la rente viagère, le promettant se trouve ici intéressé à la mort du stipulant.

Ce ne sont pas les changements de noms qui peuvent changer les choses : nommons-les tontines ou nommons-les assurances sur la vie, qu'importe? le principe est toujours le même.

Sans doute on peut changer les modes de constitution des sociétés ; on peut changer aussi les procédés qui servent à la fixation des primes et des répartitions, mais on ne changera pas les éléments fondamentaux de l'opération : partout nous trouverons toujours le même risque qui forme l'objet de l'assurance ; ce risque, ce danger, c'est que la personne dont la tête est la base du contrat, se trouve encore en vie à une époque déterminée.

L'assurance différée peut être faite en mutualité, et c'est·alors qu'elle reçoit plus particulièrement le nom de tontine.

Elle peut aussi être faite à primes fixes, et c'est alors que les Compagnies ont cru pouvoir la décorer du titre d'Assurance sur la vie.

Mais il faut aller au fond des choses et ne pas s'arrêter à la forme : les assurances sur la vie proprement dites, elles aussi, peuvent être faites en mutualité ou à prime fixe. Elles n'en sont pas moins, dans les deux cas, des assurances d'une même espèce. De même l'assurance d'un capital différé n'en sera pas moins, sous une forme comme sous l'autre, une opération tontinière ; le mode de constitution de la société ne fait rien à la chose.

Faut-il admettre que le critérium pour reconnaître une opération tontinière d'une assurance sur la vie, soit dans la diversité des modes de calcul ?

Mais non, dira-t-on peut-être, ce qu'il y a de particulier à la tontine, c'est que les répartitions s'y font en raison toujours croissante du temps pendant lequel l'assuré a fait partie de la tontine, tandis que dans ce que nous appelons assurance sur la vie, — aussi bien assurances sur la vie proprement dites qu'assurance d'un capital différé,— ce qui est payé à l'assuré est invariablement proportionnel à ses versements : ici égalité progressive, là égalité pure et simple !

En un mot, s'il fallait s'en tenir à cette objection, le critérium qui devrait servir à déterminer si une assurance doit entrer dans la classe des opérations tontinières, ou rester au contraire dans celle des assurances sur la vie, serait le suivant :

Les répartitions sont-elles proportionnelles au nombre des primes payées ou sont-elles progressives avec le nombre de ces primes payées ? Dans le premier cas, assurance sur la vie ; dans le second, opération tontinière !

Ce diagnostic ne serait rien moins qu'infaillible ! En effet, il est vrai de dire que c'est bien là ce qui sépare, en général, les opérations de nos Compagnies à primes fixes de celles des anciennes tontines, qu'on appelle aujourd'hui Associations mutuelles sur la vie. Mais ne pourrait-on pas concevoir que toute opération viagère, même autre que les tontines, employât dans ses calculs ce même mode de procéder ? Ne pourrait-on pas, en autres termes, imaginer que l'assurance sur la vie proprement dite, aussi bien que l'assurance différée, prît sinon la forme, du moins les modes de répartition de l'association mutuelle ? A coup sûr rien ne s'y oppose !

Non, c'est là un fait absolument indifférent.

Je vais plus loin : nous n'avons pas même besoin de prendre la peine de l'imaginer, nous en avons des exemples. Ils sont rares, il est vrai, et nos Compagnies françaises, celles mêmes qui ont adopté la mutualité pour les associations d'assurances différées, s'en tiennent au système de la prime fixe pour les autres espèces d'assurances :

Effectivement, une assurance sur la vie proprement dite n'en reste pas moins telle, quoiqu'on y applique le mode de calcul généralement réservé aux opérations tontinières.

c'est ainsi que la Caisse paternelle, qui divise ses opérations en :

« *Assurances à primes fixes* »

et

« *Assurances en mutualite,* »

ne comprend dans la seconde branche que des assurances de capitaux différés, tandis que dans la première elle introduit toutes les combinaisons imaginables. Mais cela tient tout simplement à ce que ce genre particulier d'assurance se prête mieux que les autres à la forme de la mutualité. Voilà tout, et il ne faudrait pas aller jusqu'à dire que c'est là une différence topique et essentielle. La preuve, c'est que chez nos voisins les Anglais nombre de Compagnies d'assurances sur la vie proprement dites sont constituées en associations mutuelles. Et il en est de même du système de répartition progressive, lequel n'est pas non plus uniquement applicable aux assurances dites en cas de vie. Car j'ai sous les yeux le prospectus d'une Compagnie qui prouve le contraire, en appliquant ce système à toutes les opérations sans distinction, assurances sur la vie proprement dites ou non.

Exemple d'une Compagnie où le *procédé* tontinier se combine avec le PRINCIPE de l'assurance sur la vie. Pour correspondre à l'assurance d'un capital différé, où c'est le *procédé* de l'assurance sur la vie qui se combine avec le PRINCIPE tontinier.

C'est le *Standard life Assurance Company*, qui même, jusqu'à une époque récente, n'offrait que ce système unique à ses assurés ; depuis, pour permettre aux personnes d'un âge moyen de rétablir à leur profit l'égalité qui se trouvait rompue par le système progressif, elle s'est résolue à donner au public une option entre deux procédés : le procédé de progression (*Tontine scheme*) et le procédé d'égalité proportionnelle (*Equal scheme*).

D'après le *Tontine scheme*, une même prime payée une même année donnerait droit à une somme qui varie en raison directe du nombre des primes antérieurement payées par la même personne, de sorte que, pour une même prime versée, par exemple en 1865, il sera dû à l'assuré :

Un capital de 1,000 francs, plus :	287 fr. 280 273 252 182 112 42 0	Suivant que les primes versées par lui dans les années précédentes remontent à	1825 1826 1827 1830 1840 1850 1860 1861 1862 1863 1864	Et ainsi de suite pour les années intermédiaires.

D'après l'« Equal scheme » une même prime payée une même année donnera droit pour tous à une même somme, quelle que soit la date à laquelle remonte le contrat d'assurance.

On voit donc qu'il ne faut pas confondre ce qui est de principe avec ce qui n'est que détail de procédé.

De même que les Compagnies peuvent appliquer à des assurances en cas de décès le même procédé en usage dans les tontines, sans en faire pour cela des opérations tontinières, de même aussi le fait qu'elles appliquent à des opérations tontinières, — à l'assurance de capitaux différés notamment, — le système de répartition simplement proportionnelle, sera impuissant à les transformer en assurances sur la vie. C'est le mécanisme qui change, le fond du droit reste le même.

J'en ai fini avec l'assurance d'un capital différé. Je crois avoir suffisamment démontré, par des ar-

D'où je conclus que l'assurance d'un capital différé, qui est une opération tontinière, n'en reste pas moins telle, bien qu'on y applique le mode de calcul ordinairement réservé aux assurances sur la vie proprement dites.

guments empruntés à un triple ordre d'idées, historiques, juridiques et philosophiques, que cette variété d'opérations viagères ne doit, pas plus que la rente viagère, rentrer à proprement parler sous la qualification d'Assurance sur la vie.

Ayant ainsi mis de côté ces opérations que l'on fait souvent, à tort, rentrer dans la dénomination d'Assurance sur la vie, nous pouvons désormais procéder à la détermination précise de ce que nous entendons, quant à nous, par là.

Qu'est-ce donc que l'Assurance sur la vie? Quelle définition juridique en peut-on donner? C'est ce qui va faire l'objet du chapitre suivant.

CHAPITRE III

Opérations proprement dites Assurances
sur la vie .

On aura remarqué que, dans la discussion qui précède, je n'ai pas une seule fois fait usage d'un texte quelconque de nos lois. Peut-être pensera-t-on que j'aurais pu tirer parti de l'article 1964 du Code Napoléon, pour établir que le contrat de rente viagère n'est pas un contrat d'assurance ; si je l'avais fait, j'aurais pu voir à mon tour tirer un argument contre moi de ce même article 1964, qui m'aurait forcé d'avouer que l'assurance d'un capital différé, non plus, n'est pas un contrat d'assurance, mais un simple jeu ou pari. De même ici, il nous faut encore renoncer à chercher dans ce texte aucune lumière sur la question de savoir ce que c'est qu'une assurance sur la vie proprement dite !

En effet, l'article donne bien une énumération de différents contrats aléatoires, mais cette énumération n'est pas seulement incomplète, elle est inexacte. Quatre espèces de contrats aléatoires y sont comprises :

« Le contrat d'assurances [1] ;

« Le prêt à la grosse [1] ;

« Le jeu et le pari ;

« Le contrat de rente viagère. »

Si je m'étais servi de cette dernière disposition de l'article afin de prouver que le contrat de rente viagère est différent du contrat d'assurance, puisque le Code en fait l'objet de deux articulations séparées, on se serait trouvé en droit de s'en emparer contre moi pour me faire observer que le même article renvoyant, pour ce qui a trait au contrat d'assurance, aux dispositions des lois maritimes, n'entend par assurance que l'assurance maritime, et, par conséquent, relègue toute autre opération improprement dite assurance dans la catégorie du jeu et du pari : la facilité de ma victoire sur le premier chef aurait donc été au prix de l'impossibilité de vaincre dans le second, car il m'aurait fallu reconnaître que : 1° ni l'assurance d'un capital différé ; 2° ni l'assurance sur la vie proprement dite, ne sont de véritables assurances, puisqu'elles n'ont rien de commun avec les opérations maritimes. Sur le premier point — l'assurance d'un capital différé — je crois avoir dit tout ce que j'avais à dire. Il me reste à examiner ce qui a trait à l'assurance sur la vie proprement dite.

[1] Et pour ces deux-ci on nous renvoie aux lois maritimes.

L'assurance sur la vie, n'en déplaise aux rédacteurs de l'article 1964, est une assurance.

Pour savoir si nous disons vrai, il faut se demander d'abord ce que c'est qu'une assurance en général.

Blackstone (Commentaire II, 458) nous répond que c'est « un contrat par lequel l'une des parties s'engage, moyennant une prime, à garantir l'autre d'un événement déterminé. »

Marshall, *On Insurance*, définit l'assurance : « Un contrat par lequel l'une des parties, moyennant une somme qu'elle stipule, s'engage à garantir l'autre de certains périls ou risques auxquels elle est exposée, ou de la réalisation d'un certain événement. »

Enfin, une définition qu'on retrouve à peu près chez tous nos auteurs sur la matière et que donne, par exemple, M. de Chabrol-Chaméane dans son *Dictionnaire de législation*, est la suivante : « C'est un contrat par lequel une ou plusieurs personnes s'engagent envers une ou plusieurs autres, moyennant une somme convenue, à les garantir contre les effets de certaines risques. »

Tout cela est identique et ne forme que des variantes d'une seule et même définition.

Mais voici une autre définition qui semble bien, elle aussi, s'identifier avec les trois premières : écoutons-la; c'est Pothier qui parle : « Les contrats aléatoires, dit-il, sont ceux dans lesquels ce que l'un donne ou s'oblige à donner est le prix d'un risque dont l'autre l'a chargé. »

Pourtant, cette définition, Pothier la donne

comme se rapportant, non pas à l'assurance, mais à quelque chose de plus large que l'assurance : au contrat aléatoire.

Voilà donc le mot « *assurance* » rendu synonyme de « *contrat aléatoire.* »

Tout à l'heure nous avions à montrer qu'il est faux que toute opération viagère soit une assurance ; maintenant c'est quelque chose de bien plus grave encore : toute opération aléatoire quelconque pourrait prétendre à l'honneur d'être une assurance ! La confusion serait ici d'autant plus inexplicable, qu'il ne s'agit plus d'une matière nouvelle, en voie de formation et abandonnée encore aux fluctuations de la pratique, mais bien d'une théorie qui est depuis longtemps entrée dans le domaine de la science ; d'autant plus inexplicable surtout qu'elle émanerait d'un jurisconsulte comme Pothier ! Je n'hésite donc pas à dire que Pothier n'a pas fait et n'a pu faire cette confusion ; et la preuve qu'il ne l'a pas faite, c'est qu'ailleurs il dit, en termes exprès, que les contrats aléatoires se subdivisent en assurances, rentes viagères, etc. ; il connaissait trop bien, d'ailleurs, la valeur des mots dont il se servait ! Mais il n'en reste pas moins vrai que, s'il y avait une clarté parfaite dans son esprit à cet égard, cette clarté, nous ne la retrouvons pas tout entière dans les expressions qu'il emploie. Je me permettrai de dire qu'il y a, dans sa définition du contrat aléatoire, quelque chose de trop spécial qui porte l'esprit sur une seule catégorie de contrats aléatoires, celle des assurances.

Une définition, pour être complète, devant se faire *per genus et differentiam*, il faut nous demander, pour arriver à bien fixer nos idées sur ce que c'est que le contrat d'assurance, d'abord : qu'est-ce qu'un contrat aléatoire? — *Genus*. Ensuite, qu'est-ce spécialement qu'une assurance?— *differentia*.

Et d'abord, qu'est-ce qu'un contrat aléatoire?

Les contrats se divisent dans notre droit, à tort ou à raison, en :

« Contrats commutatifs, art. 1104, Code N. »
« Contrats de bienfaisance, art. 1105, Code N. », ou, ce qui est la même chose en d'autres termes, en contrats à titre onéreux (1106) et contrats à titre gratuit (893). Ce n'est pas ici le lieu d'examiner en détail la question de savoir si cette division est ou non conforme à la vérité juridique, et s'il n'aurait pas été plus sage de s'en tenir à la vieille doctrine des jurisconsultes de la grande époque romaine, qui n'ont rien de commun avec ceux de l'époque byzantine, et qui n'ont jamais conçu qu'il pût y avoir contrat là où il n'y a pas réciprocité d'intérêt, doctrine en faveur de laquelle Bonaparte, premier consul, se débattait si vivement devant le conseil d'Etat; doctrine enfin qui fait encore aujourd'hui la base de toute la législation des contrats pour les jurisconsultes anglais, auxquels pourtant on ne saurait reprocher de manquer d'érudition, comme à Bonaparte! Excès de subtilité chez ceux-ci; excès de simplicité chez celui-là! dira-t-on peut-être? — Rectitude de jugement chez les deux : voilà ma réponse. — Quoi

La question de savoir ce que c'est qu'une assurance en comprend deux :
1° Qu'est-ce qu'un contrat aléatoire?
2° Qu'est-ce que l'assurance?

1re QUESTION.
Qu'est-ce qu'un contrat aléatoire ?

qu'il en soit, si nous admettions, nous aussi, que le simple accord de volonté (*conventio, agreement*) ne constitue que ce que Papinien et Blackstone, parlant ici la même langue, appellent un *nudum pactum*, lequel ne passera à l'état de contrat (*contract*) capable de produire une obligation (*transit in proprium nomen contractus*) qu'autant qu'il se fondera sur une cause licite (article 1108) : *subsit tamen causa*, dit la loi 7-2, *De pactis* [1] ; « sufficient consideration » dit la jurisprudence anglaise [2] ; si nous admettons cette doctrine, — en laissant en dehors, bien entendu, certains modes solennels, comme la *stipulatio* des Romains, comme le « *specialty Debt* » des Anglais, dans lesquels les parties sont tenues

[1] Liv. II, tit. XIV, au *Dig.* de Justinien.

[2] Il est impossible de méconnaître la grande analogie que présentent entre elles la législation romaine et la législation britannique en cette matière ; dans toutes deux le *nudum pactum* n'ayant pas la puissance d'engendrer une action, mais, dans toutes deux aussi, le magistrat chargé de corriger la rigueur du droit strict, le préteur à Rome, la Cour d'équité à Londres, venant au secours de celui qui peut invoquer pour sa défense un pareil pacte et créant à son profit une exception.

Je n'hésite pas à dire qu'en beaucoup de matières de droit privé, comme aussi pour tout ce qui concerne l'organisation législative et judiciaire, les institutions anglaises se rapprochent bien plus que les nôtres de celles des Romains. Si l'étranger n'aperçoit pas toujours cette vérité, c'est qu'il se laisse tromper par l'apparence, et que, le droit romain n'ayant jamais eu en Angleterre (à la différence de l'Ecosse), aucune autorité officielle, on ne songe pas qu'il ait pu y obtenir une autorité plus solide encore et moins éphémère, l'autorité de la raison : le droit anglais doit plus que tout autre au droit romain, précisément parce qu'étant maître de son choix il n'y a rien emprunté qu'avec sagesse et discernement : ce n'est pas un législateur ignorant qui a imposé tout d'une pièce à son peuple les lois d'un autre âge ; ce sont les jurisconsultes qui, après examen, ont introduit dans la législation anglaise tels principes du droit romain qu'ils ont cru bon d'adopter : les sages décisions de la jurisprudence romaine n'ont jamais régné en Angleterre *ratione imperii*, mais elles y fleurissent et y fleuriront toujours sous bénéfice d'inventaire, c'est-à-dire *imperio rationis*.

entre elles, soit qu'elles aient entendu contracter *ex lucrativa causa*, ou, au contraire, à cause d'une *numeratio pecuniæ* (9, 8, *De rebus creditis*)[1], pourvu que les tiers n'en souffrent aucun préjudice (19, *De re judicata*)[2], — il est clair qu'alors il nous faudrait dire avec Gravina[3], livre II, chapitre II, que tous les contrats sont commutatifs : « In omnibus contractibus sive innominatis sive nominatis permutatio continetur. »

Mais, nous l'avons dit, il en est autrement chez nous : on reconnaît des contrats commutatifs et des contrats aléatoires.

Pourtant, j'avoue qu'à la lecture de l'article 1104, lequel divise l'ensemble des contrats en deux classes dont chacune ne comprend que des contrats à titre onéreux, et de l'article 894, lequel définit la donation, non pas un contrat mais un acte, à l'examen de l'article 1108 qui met la « cause » au rang des conditions essentielles à la validité des conventions, ce qui ne saurait s'expliquer dans un système où les contrats peuvent être à titre non onéreux, à moins de voir, comme La Rochefoucauld, l'égoïsme dans un dévouement et l'intérêt dans une libéralité, car, en droit, sans intérêt pas d'action ! enfin et surtout à la comparaison des places respectivement assignées par les rédacteurs de notre Code à la donation d'une part, et de l'autre à la théorie générale des con-

---

[1] Liv. XII, Tit. I. *Dig.*
[2] Liv. XLII, Tit. 1. *Ibid.*
[3] *De Ortu et Progressu juris civilis.*

trats, on serait tenté de se demander si, dans notre Code même, il est d'autres contrats que les contrats à titre onéreux!

Mais en présence des articles 1105 et 1106 tout cela s'évanouit, et l'on s'aperçoit bientôt qu'il ne faut pas donner à la division de l'article 1104 le caractère de généralité à laquelle elle paraît prétendre : ce n'est qu'une subdivision secondaire d'une division plus compréhensive, celle des articles 1105 et 1106.

Il y a donc bien dans notre droit et des contrats commutatifs et des contrats de bienfaisance. Cela etant, dans quelle branche de cette division faut-il placer l'assurance?

Il va de soi que l'assurance n'est pas un contrat à titre gratuit, et pourtant il semblerait, d'après les termes de l'article 1104 [1], que ce n'est pas un contrat à titre onéreux, puisque c'est un contrat aléatoire, et que l'on oppose les contrats aléatoires aux contrats « commutatifs » ou « à titre onéreux », n'est-ce pas tout un? Wolf, dans ses *Instituta juris naturalis*, 467, ne l'entend pas autrement : « Dans ce sens, dit Toullier, les con- « trats aléatoires sont commutatifs; les parties y « échangent ou des choses ou des faits contre de « l'espérance » (Toullier, tome IV, 20). D'ailleurs la définition du Code lui-même ne dit rien de contraire : « Le contrat est commutatif, y lisons-

---

[1] Art. 1104 « ...... *Commutatif*, lorsque chacune des parties s'engage à donner ou à faire une chose qui est regardée comme l'équivalent de ce qu'on lui donne, ou de ce qu'on fait pour elle.

Lorsque l'équivalent consiste dans la chance de gain ou de perte pour chacune des parties, d'après un événement incertain, le contrat est *aléatoire*. »

nous, lorsque chacune des parties s'engage à donner ou à faire une chose qui est regardée comme l'équivalent de ce qu'on lui donne et de ce qu'on fait pour elle. » Cela est parfaitement vrai de tout contrat commutatif, aléatoire ou non, et, par conséquent, de l'assurance ; et quand on ajoute : « Lorsque l'équivalent consiste dans la chance de gain ou de perte pour chacune des parties d'après un événement incertain, le contrat est aléatoire », on n'a pas prouvé que le contrat n'est pas commutatif, mais seulement qu'il est d'une espèce particulière de contrat commutatif, de l'espèce aléatoire. Il faut donc reconnaître que les rédacteurs ont pris ce mot « commutatif » non plus dans son sens général et large, comme synonyme du contrat à titre onéreux, par opposition à *contrat de bienfaisance* et *à titre gratuit*, mais dans un sens plus spécial et plus restreint qu'il a quelquefois, comme opposé au mot *aléatoire*. Ce mot aléatoire, nous en connaissons la définition : nous serons donc à même de déterminer quels sont les contrats que l'on peut ranger dans la classe des contrats aléatoires.

Les contrats aléatoires étant tous des contrats commutatifs ou, pour rester dans les termes de notre Code, des contrats à titre onéreux, l'obligation qui en naîtra au profit de l'une des parties aura une cause, c'est-à-dire un équivalent ; cet équivalent sera lui-même une obligation ou autre chose, suivant que le contrat sera ou non synallagmatique. Mais voici maintenant le trait caractéristique.

Les contrats sont, pour m'exprimer ainsi : 1° unilatéralement aléatoires (article 1964, ou 2° synallagmatiquement aléatoires (article 1104).

1° Contrats unilatéralement aléatoires (article 1764).

Cet équivalent (que nous supposerons toujours être une obligation, pour plus de simplicité) aura ceci de particulier, qu'il se trouvera être en plus ou moins grande disproportion avec l'obligation dont il forme la cause, suivant que tel événement se présentera de telle ou telle manière qui est incertaine ; de sorte que, d'après l'événement, il se trouvera qu'en définitive le résultat du contrat aura été une acquisition SOIT TOTALEMENT, SOIT PARTIELLEMENT gratuite, ou pour *l'une des parties seulement*, ou pour *l'une ou l'autre* indifféremment :

1° *Pour l'une d'elles seulement*, et alors le contrat sera, pour m'exprimer ainsi, *unilatéralement aléatoire*.

Soit que la seconde obligation, dont la première est la cause, soit incertaine dans sa réalisation même, auquel cas l'opération pourra donner pour résultat une acquisition TOTALEMENT GRATUITE, comme dans :

La loterie ;

Le prêt à la grosse ;

L'achat d'un droit litigieux ;

L'achat d'un coup de filet et autres analogues (*cum captus piscium vel avium vel missilium emitur, 8, 1, de contrahenda emptione*) [1] ;

Soit que la seconde obligation ne soit, au contraire, incertaine que quant à son montant, auquel cas le résultat de l'opération ne pourra être qu'une

---

[1] Liv. XVIII, tit. I, au *Dig.* de Justinien.

acquisition PARTIELLEMENT GRATUITE, comme dans :

Le contrat de rente viagère ;

L'achat d'un usufruit,

La vente d'une nue propriété et *vice versa ;*

L'achat *quantum pretii in arca habeo :* « Je vous vends ma chose moyennant tous les écus qu'il peut y avoir dans ce sac » ;

La vente *per aversionem :* « Je vous achète à prix fixe, mais en bloc et sans mesurage, tel monceau de blé qui se trouve dans votre grenier » ;

L'achat d'une récolte à faire (pour celle dont la vente n'est pas défendue par la loi du 6 messidor an IV) ;

L'achat d'une succession ouverte ;

Et bien d'autres hypothèses dont le nombre n'a de limites que dans celles de l'imagination elle-même.

2° *Pour l'une ou l'autre des parties indifféremment*, et alors le contrat (déjà synallagmatique par hypothèse) [1] sera, de plus, synallagmatiquement aléatoire ;

Soit que chacune des obligations, dont l'une est la cause de l'autre, soit incertaine dans sa réalisation même, toutes deux étant précisément suspendues à un même événement, lequel est en même temps la condition de la réalisation de la première et de la non-réalisation de la seconde : ici, le résultat de l'opération peut être pour l'une ou l'autre des parties une acquisition TOTALEMENT GRATUITE,

2° Contrats synallagmatiquement aléatoires (art. 1104).

---

[1] Le contrat serait unilatéral que nous dirions, *mutatis mutandis,* tout ce que nous disons du contrat synallagmatique.

C'est le pari, c'est le jeu ;

Soit que l'une seulement soit incertaine dans sa réalisation même, l'autre ne l'étant que dans son montant, auquel cas le résultat de l'opération pourra être pour l'une des parties une acquisition TOTALEMENT GRATUITE, et pour l'autre une acquisition PARTIELLEMENT GRATUITE, comme dans l'échange d'un coup de filet ou d'un droit litigieux

contre

un usufruit,
une nue propriété,
une rente viagère,
une succession ouverte,
une récolte à faire ;

ou leur vente, moyennant un prix ainsi fixé : « quantum pretii in arca habeo », etc.;

Soit enfin que toutes deux ne soient incertaines que dans leur montant, et, dans ce dernier cas, il y aura pour l'une ou l'autre des parties chance de faire une acquisition PARTIELLEMENT GRATUITE ; c'est ce que nous trouvons dans l'échange entre eux ou l'un contre l'autre

d'un usufruit,
d'une nue propriété,
d'une rente viagère,
d'une succession ouverte,
d'une récolte à faire ;

ou la vente *per aversionem* moyennant un prix fixé par la méthode « quantum pretii in arca. »

Ici encore on pourrait varier à l'infini les combinaisons.

Voici donc une distinction nettement tranchée : un contrat aléatoire peut être aléatoire au point de vue des deux parties contractantes ; il peut aussi être uniquement aléatoire au point de vue de l'une d'elles seulement.

Cette distinction que nous venons de faire apparaît sous la plume des rédacteurs du Code ; ils en avaient la notion, mais vague et confuse, et ils n'ont. pas cherché à en faire une analyse exacte : de là, une contradiction non moins réelle qu'apparente entre la définition de l'article 1104 que nous connaissons et celle de l'article 1964 : Ici *(article* 1964) on nous définit le contrat aléatoire « une convention réciproque dont les effets, quant aux avantages et aux pertes, soit pour toutes les parties, soit pour l'une ou plusieurs d'entre elles, dépendent d'un événement incertain » ; or, tout à l'heure *(article* 1104), on semblait dire que le contrat ne serait aléatoire qu'autant que la chance de gain ou de perte existerait pour chacune des parties.

La vérité c'est qu'il y a toujours pour l'une comme pour l'autre des parties une chance de profit et de perte ; seulement l'équivalent qu'elle donne en retour peut être :

Ou bien une obligation pure et simple,

Ou bien une obligation sous condition.

En un mot, dans tout contrat aléatoire, nous trouvons au moins une obligation aléatoire par elle-même qui est la cause d'une autre obligation, aléatoire ou non. C'est donc l'article 1104 qui est dans le vrai, et les honorables magistrats qui, consultés sur le projet du Code, proposèrent une rédaction différente, faisaient fausse route ; « l'article 3 du projet réputait aléatoire le contrat dans lequel l'équivalent consiste dans le risque égal que chacune des parties avait de gagner ou de perdre. Cette rédaction fut changée sur les observations de la Cour de cassation et des Cours de Grenoble et de Lyon. La Cour de cassation fit remarquer qu'il n'est pas de l'essence du contrat aléatoire, ni que les deux parties courent un risque, ni que ce risque soit égal. » Fenet, II, 582; III, 557; IV, 129. De là la définition vicieuse de l'article 1964 : l'erreur est née de ce que l'on s'est attaché à la nature de telle ou telle des obligations contenues dans le contrat, et non pas au résultat de ce contrat tout entier, pris en bloc. Or, de ce que l'une seulement de ces obligations est aléatoire par elle-même, il n'est pas plus vrai de dire que le contrat ne présente d'aléa que pour l'une des deux parties, qu'il ne serait raisonnable d'avancer que, par cela seul que les deux obligations sont aléatoires, le contrat sera aléatoire pour les deux parties; en effet, les deux obligations peuvent être toutes deux conditionnelles, toutes deux aléatoires par elles-mêmes, et le contrat n'être nullement aléatoire; nous n'avons qu'à supposer qu'il y a même aléa, même condition pour toutes deux : c'est le cas fréquent de la vente ou de tout autre contrat sous condition suspensive; qu'y a-t-il de moins aléatoire qu'une opération de ce genre? Il y a là, pour employer la terminologie du Code, un contrat tout aussi commutatif que dans l'hypothèse de deux obligations pures et simples. Et cela est tellement vrai

que l'on pourrait imaginer une combinaison par
laquelle un contrat serait à la fois aléatoire et
conditionnel : c'est ce que fait remarquer M. Rol-
land de Villargues : « Un contrat peut être aléatoire
et conditionnel ; telle serait la vente d'un coup de
filet consentie par un pêcheur s'il obtient d'un
tiers la permission de pêcher qu'il a demandée »
(aléatoire, n° 6). Preuve évidente que la question
de savoir si, parmi les obligations contenues dans
un même contrat, l'une d'elles seulement ou toutes
deux, au contraire, sont conditionnelles, c'est-à-
dire aléatoires par elles-mêmes, n'a rien de décisif sur cette autre question : celle de savoir si
le contrat lui-même est ou n'est pas aléatoire ;
preuve, en même temps, que le contrat aléatoire
peut, ou bien offrir à chacune des parties une
chance de profit totalement gratuite, ou bien
n'offrir à l'une d'elles qu'une chance de profit
partiellement gratuite ; preuve enfin que nous
avons raison d'établir, dans la classification des
contrats aléatoires, la grande division qui précède !

En sous-ordre de cette grande division, nous
avons pu en remarquer une seconde non moins
importante et dont la stratification vient, pour
m'exprimer ainsi, se croiser avec la première.
L'aléa de l'opération, outre qu'elle peut être ou non
synallagmatique, peut, en effet, consister soit en
une chance d'acquisition TOTALEMENT GRATUITE, soit,
au contraire, en une chance d'acquisition PARTIEL-
LEMENT GRATUITE, selon que l'on se trouve en présence d'une condition affectant la réalisation

De plus, les con-
trats aléatoires peu-
vent avoir pour ré-
sultat, soit une ac-
quisition *totalement*
gratu te, soit une ac-
quisition *partielle-
ment* gratuite.

même ou le montant seulement de l'obligation.

En résumé, nous pouvons présenter le tableau suivant des contrats aléatoires, selon qu'ils renferment :

I	Une obligation certaine	et dans son montant	en échange d'une obligation	incertaine dans son montant	contrats unilatéralement aléatoires
II		et dans sa réalisation		*incertaine dans sa réalisation*	
III	Une obligation incertaine	dans sa réalisation	en échange d'une obligation	*incertaine dans sa réalisation*	contrats synallagmatiquement aléatoires
IV		dans son montant		*incertaine dans sa réalisation*	
V		dans son montant		incertaine dans son montant	

Les trois contrats intérieurs, c'est-à-dire, ceux que nous faisons figurer dans le tableau aux numéros II, III et IV, nous offrent l'exemple de contrats pouvant procurer à l'une des parties une acquisition totalement gratuite, tandis que dans les deux contrats extérieurs, ceux qui figurent aux numéros I, V, le résultat de l'opération ne peut jamais être qu'une acquisition partiellement gratuite.

2ᵉ Question. Qu'est-ce qu'une assurance ?

Maintenant que nous savons, d'une part, ce que c'est qu'un contrat aléatoire et, d'autre part, quelles grandes divisions on peut en faire, si nous nous demandons qu'est-ce spécialement que l'assurance, nous pouvons établir :

Premier caractère. L'assurance n'est ni le jeu ni le pari.

En premier lieu, que l'assurance ne pourra donner pour résultat une acquisition totalement gratuite qu'à l'une des parties, à l'assureur, et non pas à l'autre, à l'assuré.

En effet, celui-ci fournira toujours un équivalent certain, certain du moins quant à sa réalisation, sinon dans son montant. L'assurance ne se confond donc ni avec le jeu ni avec le pari, dans lesquéls le résultat de l'opération procurera à l'une ou à l'autre des parties indifféremment une acquisition totalement gratuite; en un mot, jamais elle ne rentrera dans la première classe des contrats synallagmatiquement aléatoires. Mais, quant à dire *à priori* dans laquelle des quatre autres classes de contrats aléatoires elle doit rentrer, c'est chose impossible, attendu que, si on s'en tient à l'examen des éléments constitutifs de l'assurance, tantôt elle nous présentera le tableau d'une obligation certaine et dans son montant et dans sa réalisation, en échange d'une obligation incertaine dans son montant ou incertaine dans sa réalisation même, — et dans ces deux premières hypothèses, elle sera *unilatéralement* aléatoire, — tantôt, au contraire, et ici elle deviendra *synallagmatiquement* aléatoire, nous y trouverons une obligation incertaine dans son montant en échange d'une obligation incertaine soit dans son montant aussi, soit dans sa réalisation même.

C'est donc à un autre critérium qu'il faut avoir recours si nous voulons trouver ce qui distingue l'assurance des autres contrats aléatoires, autres que le jeu et le pari.

Où est, par exemple, le point de dissemblance entre la loterie (lotaria, râfle) et l'assurance? Pufendorf ne l'a pas saisi; tâchons d'être plus heureux que lui!

DEUXIÈME CARACTÈRE.

L'assurance est un contrat d'indemnité.

Ici encore c'est, dans le contrat, le résultat d'ensemble qu'il faut prendre en considération, et non pas chacun des éléments particuliers qui le constituent; résultat immédiat, absolu, tout à l'heure quand nous nous demandions si l'opération est ou non aléatoire; résultat définitif, résultat relatif maintenant qu'il s'agit de savoir si l'opération est une assurance.

Dans la loterie, la cause finale de l'opération est un bénéfice positif; le contrat se fait *de lucro captando*; ici c'est un bénéfice négatif, *de damno vitando*; dans la loterie, le mobile c'est de mettre de l'aléa là où, d'après le cours naturel des choses, il n'y en a pas; dans l'assurance, la pensée dominante c'est de supprimer l'aléa, là où l'aléa existe! Il ne s'agit plus de déranger l'égalité de la nature, comme dit le poète :

$$\mathrm{E}\pi' \;\; \iota\sigma\alpha\iota\eta \; \varepsilon o\iota\varkappa\varepsilon \; \pi\acute{\eta}\lambda\varepsilon\sigma\theta\alpha\iota.$$

(Callimach., hymn., in Jovem, 63, 64.)

il s'agit au contraire de la rétablir, là où le hasard y porte atteinte!

Je ne nie pas cependant qu'il puisse y avoir une certaine difficulté à tracer la ligne de démarcation entre les contrats limitrophes de part et d'autre; j'ai choisi même à dessein la loterie comme exemple, parce que j'y trouve l'analogie externe la plus frappante, soit avec l'assurance en général, puisque dans les deux contrats le risque forme la base unique de l'opération; soit surtout et en particulier avec l'assurance d'un capital différé ou tontine :

« Acheter une chose en commun et tirer au sort à qui l'aura », voilà la loterie; « mettre des sommes en commun et laisser au sort le soin de déterminer qui les aura [1] », voilà la tontine. On pourra s'y

[1] Soit en propriété, soit en jouissance.

tromper souvent; la nuance est délicate : car c'est une appréciation morale qu'il y a à faire, plutôt qu'une différence matérielle à constater : l'événement qui doit déterminer pour qui sera le profit de l'opération est-il un événement quelconque, absolument indifférent en soi? c'est un contrat aléatoire et rien de plus : cet événement doit-il au contraire entraîner par lui-même la réalisation de certaines éventualités auxquelles l'opération a précisément pour but de parer? c'est un contrat aléatoire, mais en même temps c'est quelque chose de plus, c'est une *assurance!*

La différence sera moins pénible à saisir dans les contrats (et ceux-là sont innombrables) où le risque ne forme plus la base unique de l'opération, mais n'y entre plus qu'à titre d'élément accessoire : comme le prêt à la grosse, la rente viagère, l'achat ou vente d'usufruit, de nue propriété, de droit litigieux, de succession ouverte, de récolte à faire, de coup de filet, la rente *per aversionem* et la vente « *quantum pretii in arcá* », — qui ne sont plus, si je puis m'exprimer ainsi, des contrats aléatoires à l'état pur, des contrats aléatoires parfaits, mais qui tiennent en même temps du contrat proprement dit commutatif, dans le sens du Code : car dans tout contrat à titre onéreux, l'appréciation de la valeur des équivalents respectifs n'est jamais d'une exactitude si mathématiquement parfaite que l'on y puisse affirmer à coup sûr l'absence absolu d'aléa, l'égalité la plus irréprochable. Tous ces contrats adultérins ne sont pas des assurances : car l'assurance est un contrat aléatoire sans mélange, un contrat aléatoire en « principal », si l'on veut bien pardonner le mot.

Résumant donc ce qui précède, je crois que nous aurons donné une idée précise et complète de ce que c'est que l'Assurance quand nous aurons dit,

PREMIER CARACTÈRE :

que c'est le contrat aléatoire dans lequel l'une des parties donne ou promet à l'autre, en échange d'une obligation conditionnelle de celle-ci, un équivalent certain dans sa réalisation; dans lequel, en outre,

DEUXIÈME CARACTÈRE :

l'événement d'où dépend cette obligation conditionnelle de l'une des parties doit entraîner pour l'autre, par sa réalisation, une diminution appréciable dans son patrimoine à laquelle cette même obligation a pour but de faire face ; dans lequel enfin,

TROISIÈME ET DERNIER CARACTÈRE :

le risque forme l'objet principal, l'objet unique de l'opération.

Voilà, je crois, l'assurance bien distinguée de la théorie plus générale des contrats aléatoires. Voilà, du même coup, bien établi, si je ne me trompe, le défaut que je reprochais plus haut à la définition de Pothier : il y a dans cette définition des contrats aléatoires quelque chose de trop spécial; on n'y voit pas assez clairement que tous ces contrats ne sont pas « unilatéralement » et

« principalement » aléatoires, ce qui n'est vrai que de certains d'entre eux, comme l'assurance.

Maintenant que nous savons ce que c'est qu'une assurance en général, nous sommes en mesure de répondre à cette question plus spéciale :

Qu'est-ce que l'Assurance sur la vie ? Ma définition, je l'emprunte à Charles Ellis dans son traité intitulé : « The law of fire and life insurance », 1838.

La voici :

« L'Assurance sur la vie est un contrat par lequel les assureurs s'engagent, moyennant une somme consistant en un capital une fois payé, ou, ce qui est plus commun, moyennant un paiement annuel, à payer à celui dans l'intérêt duquel l'assurance est faite, ou aux ayants-cause de l'assuré, suivant les cas, [soit] une somme stipulée, [soit une rente] à la mort de l'assuré, à quelque époque qu'elle ait lieu, s'il s'agit d'une assurance sur la vie entière, ou, s'il s'agit d'une assurance pour un certain nombre d'années, au cas où la mort viendrait à survenir dans l'intervalle. »

L'Assurance sur la vie, c'est donc un contrat aléatoire qui, outre qu'il réunit les caractères spéciaux du contrat aléatoire dit assurance, doit présenter le caractère particulier du contrat aléatoire dit contrat viager : il se trouve donc au point de rencontre des *contrats aléatoires-assurances* et des *contrats aleatoires-viagers;* mais il ne s'y trouve pas seul ; cette double condition se trouve, en effet, remplie encore par un autre contrat qui n'est cependant pas (au moins espérons-nous l'avoir démontré) de la classe des assurances sur la vie : nous voulons dire l'assurance d'un capital différé.

Il y a des contrats viagers qui ne sont ni une assurance sur la vie, ni aucune autre espèce d'assurance; c'est la vente d'usufruit, de nue propriété, de rente viagère.

Il y en a qui ne sont pas une assurance sur la vie, mais qui, pourtant, sont une assurance, — nous l'avons admis, c'est l'assurance d'un capital différé.

Il y en a enfin qui ne sont pas seulement des assurances, mais des assurances sur la vie : c'est l'assurance contre la mortalité des hommes, l'assurance en cas de décès, selon le style des Compagnies.

Mais il y en a d'autres qui ne sont pas aussi faciles à analyser, parce qu'ils se compliquent de deux variétés différentes ou même davantage. Ainsi le contrat de rente viagère se combinant avec les principes de l'assurance d'un capital différé, nous sommes en présence de la rente viagère dif-

férée. De même l'assurance sur la vie se combinant à son tour avec l'assurance d'un capital différé, nous obtenons un alliage que les Compagnies anglaises appellent « Endowment policies » et que les Compagnies françaises qualifient d'assurances mixtes, parce qu'elles tiennent à la fois, disent-elles, à l'assurance en cas de vie et à l'assurance en cas de mort : c'est l'assurance d'un capital payable à l'assuré à telle époque, s'il vit jusque-là, ou à ses héritiers au moment de la mort, s'il vient à mourir auparavant. Faut-il dire qu'une pareille assurance se trouvera être, suivant l'événement, ou une assurance d'un capital différé, ou une assurance sur la vie proprement dite ?. Ce serait, je crois, une subtilité de juriste qui ne pourrait amener aucun résultat pratique, et puisque, en définitive, il y a là une Assurance sur la vie, au moins sous condition, je ne vois pas d'inconvénient à l'appeler de ce nom qui lui appartient, au moins pour partie, même en droit.

Enfin, nous pouvons imaginer que c'est avec la rente viagère que l'Assurance sur la vie proprement dite se combine : c'est l'hypothèse de l'assurance d'une rente viagère ou de la rente de survie [1], en anglais « *Widows'* » ou « *Reversio-*

Assurance sur la vie combinée avec un contrat de rente viagère.

[1] Cette double dénomination d'Assurance d'une rente viagère ou de rente de survie se trouve adoptée la première par la *Caisse paternelle*, à la page 32 de son prospectus, la seconde par la Compagnie le *Monde* (prospectus, p. 32). Quant aux anglaises, je me bornerai à citer l'*United Kingdom Provident Institution* qui emploie dans sa notice (p. 65), l'expression *Widows' annuities*, et le *European* qui, à la page 43 de la sienne, se sert au contraire du mot *reversionary* annuities.

Il ne faut pas confondre l'assurance d'une rente viagère avec la rente viagère différée dont nous parlions tout à l'heure ; celle-là, en effet, étant la somme de deux opérations dont ni l'une ni l'autre ne constitue une assurance sur la vie, ne peut prétendre elle-même à cette qualification d'assurance sur la vie.

C'est donc à tort que certaines Compagnies françaises appellent la rente viagère différée, *Assurance d'une rente différée* (prospectus de la *Nationale*) ou *Assurance d'une rente viagère différée* (prospectus de la Compagnie *Assurances générales*). Comment, en effet, apercevoir, à la seule inspection du nom, une différence entre l'*assurance d'une rente viagère* et l'*assurance d'une rente viagère différée ?* Je proposerai donc de consacrer une terminologie qui ne laisse plus de place à l'équivoque :

Rente de survie, pour qualifier le produit de la combinaison de la rente viagère avec l'assurance sur la vie ;

Rente différée, pour qualifier le produit de la combinaison de la rente viagère avec l'assurance d'un capital différé.

nary annuities »; je déciderai, comme pour la combinaison précédente, qu'il y a bien là une assurance sur la vie, car nous en trouvons tous les éléments, et s'il est vrai que la valeur stipulée est non pas un capital mais une rente viagère, cette valeur est stipulée en cas de décès; le caractère prédominant de l'opération est donc bien de nous protéger contre les risques de mort.

CHAPITRE IV

Diverses combinaisons de l'Assurance sur la vie proprement dite.

Nous venons de voir diverses combinaisons dans lesquelles peut entrer l'Assurance sur la vie proprement dite : ce sont là des assurances à l'état de mélanges ; mais, même à l'état pur, on peut former différentes combinaisons d'Assurances sur la vie :

L'Assurance sur la vie peut être temporaire ;

Elle peut être, au contraire, pour toute la durée de la vie ;

Elle peut reposer sur une seule tête ;

Elle peut aussi reposer sur plusieurs têtes, soit au profit du survivant, soit au profit des ayants-cause du dernier mourant. On voit que, dans ces différentes combinaisons, ce qui varie, ce sont les combinaisons de l'événement dont on fait dépendre la promesse de l'assureur ; mais cet événement, c'est toujours la mort : s'il en était autrement, si cet événement, par exemple, était la continuation au lieu d'être la cessation de la vie, nous l'avons démontré plus haut, ce ne serait plus une assurance sur la vie, ce serait une assurance de capitaux différés.

Nous allons nous occuper d'abord de cette espèce d'assurance sur la vie qui est la première à se présenter à l'esprit et qui est la plus usitée dans la pratique.

Assurance de la vie entière.

Je veux parler de l'assurance pour la vie entière, « *for the whole term of life* » : c'est la plus simple en apparence externe, et en même temps, si l'on veut aller au fond des choses, celle qui présente le plus de difficulté dans son analyse juridique.

Comment, en effet, se peut-il que pareil contrat soit une assurance, puisque l'événement dont on le fait dépendre est d'une certitude absolue, et ne présente d'aléa que quant à l'époque de son échéance, car cette échéance elle est fatale ! Il n'y a là, en autres termes, qu'un *dies incertus :* il n'y a pas de condition proprement dite. — L'objection n'a pas échappé aux auteurs ; on s'en est même emparé pour expliquer les dispositions prohibitives du Code de Suède de 1866, de notre ordonnance de 1681 et de diverses législations anciennes, en matière d'assurance sur la vie : « C'est qu'il y a là, pensait-on, un jeu où la partie n'est pas égale : le soi-disant assureur est certain de perdre, puisque le risque doit se réaliser à coup sûr. » Bien plus, cette idée, il semble bien qu'elle ait dicté au rédacteur du Code actuel de Hollande son article 302, où l'on ne permet l'assurance que pour un temps limité qui sera fixé par le contrat, à peine de nullité.

Cette objection, J. Bunyon se l'est faite dans son ouvrage déjà cité, et voici comment il y répond (part. I, C. I, 4°) : « Un contrat de ce genre paraît bien, dit-il, se séparer d'un véritable contrat aléatoire par l'élément de certitude qu'il renferme, puisque l'événement arrivera nécessairement tôt ou tard, et l'on pourrait être tenté de l'assimiler à l'achat (moyennant un prix fixé en conséquence) d'une créance payable à jour indéterminé, tout le risque étant ici dans le profit de l'opération. — Or, pareil risque est inséparable de tout contrat, quel qu'il soit, et plus particulièrement de ceux dont l'exécution est suspendue dans l'avenir : par exemple, l'achat d'une cargaison de marchandises que l'on vient de charger, mais qui n'est pas encore arrivée à son port de débarquement. Cependant un examen plus minutieux de l'assurance de la vie entière amènera la certitude que, si l'on recherche les éléments qui la composent, on trouve que c'est non pas un contrat aléatoire, c'est vrai, mais plutôt une série de contrats aléatoires. On s'imagine souvent que les assureurs, pour fixer le montant d'une prime à payer, recherchent quelle est la moyenne de la vie pour les personnes de tel ou tel âge et dressent leurs tables de tarification en conséquence. Pas du tout, ils recherchent quelle est la valeur exacte, à l'heure actuelle, de la chance d'avoir à payer la somme assurée pendant le cours de chacune des années à venir où l'assuré pourra encore être en vie, en supposant que le paiement se fera à la fin de l'année, le cas échéant; et la somme de tous ces risques est égale à la prime unique payable aux assureurs. Et il ne faut pas croire qu'il en soit bien différemment dans la pratique des primes annuelles; ce n'est autre chose que la résolution de la prime unique en une prime annuelle, qui est son équivalent sous une autre forme et qui peut mieux convenir à l'assuré. »

Il ne serait pas impossible que l'éminent avocat anglais se soit inspiré ici de l'idée des jurisconsultes Celse et Julien, d'après lesquels l'usufruit n'est pas un droit qui prend naissance, une fois pour toutes, au moment de sa constitution, mais une suite de droits successifs qui naissent à chaque instant de raison pour se renouveler au suivant : idée qu'ils formulaient en ces termes : « *Ususfructus cottidie constituitur* »; il y a là quelque chose d'analogue à celle donnée par notre auteur en matière d'assurance sur la vie.

Cette explication me semble décisive : mais elle ne manque pas d'une certaine subtilité, et je suis sûr qu'il ne serait pas facile de la faire entrer dans l'esprit de plus d'un assuré, pour ne pas parler des assureurs. Au point de vue métaphysique elle est irréprochable; prenant à part chacun des instants de raison pendant lesquels il est possible à l'assuré de vivre, l'assureur se demande quelle prime il aurait à exiger si l'assurance consistait à payer la somme stipulée, pour le cas seulement où la mort surviendrait à cet

instant de raison : puis il fait la somme et il obtient
la prime totale à exiger pour une assurance consistant à payer la somme stipulée en cas de décès,
à quelque instant de raison que ce décès ait lieu.
C'est ainsi qu'il faudrait résoudre l'assurance, la
pulvériser, si je puis m'exprimer ainsi, s'il s'agissait de démontrer à des logiciens de Port-Royal
qu'il y a bien là un aléa véritable. Mais à des
jurisconsultes il faut parler un langage plus subs-
tantiel, et c'est pourquoi Bunyon a pris soin
d'humaniser son raisonnement, en substituant à
ces instants qu'il est nécessaire de s'imaginer
pour laisser à l'argumentation la plus rigoureuse
exactitude, quelque chose de plus saisissable, des
années. Toutefois, même avec ce tempérament,
cette explication conserve quelque peu de subtilité : il ne sera donc pas inutile d'en essayer une
autre moins ingénieuse, mais peut-être plus frappante.

Prenons les choses tout naïvement, et demandons-nous quel est, en fin de compte, le résultat
possible d'une assurance de toute la vie pour chacune des parties.

L'assureur peut y perdre et l'assuré y gagner [1], sans doute; et les Compagnies à primes
fixes ne manquent jamais de présenter l'opération sous ce jour dans les prospectus à l'adresse
de la clientèle.

Mais l'assuré peut aussi y perdre et l'assureur
y gagner! Chercher à le nier serait ridicule, et

---

[1] Négativement, bien entendu, puisque le contrat se fait *de
damno vitando*, et non pas *de lucro captando*.

tous les fois que ces mêmes Compagnies se tour-
nent vers les actionnaires, elles insistent avec
complaisance sur ce second point de vue de la
question.

Quand il s'agit d'une association mutuelle, les
deux points de vue se confondent et il devient
nécessaire de ne plus déguiser à l'assuré qu'il
a des chances de perte à balancer celles de gain,
puisque il est en même temps l'assureur.

Cela étant, pour chaque police souscrite les
Compagnies savent à l'avance jusqu'à quel moment le décès doit se faire attendre pour qu'elles
ne se trouvent pas en perte. Sans doute, tout ne
sera pas perdu pour l'assuré, si le décès n'arrive
que plus tard : mais l'assurance aura dégénéré
dès lors en un mauvais placement ou, tout au
moins, en un placement moins avantageux que
si le décès fût arrivé plus tôt.

Il y a donc là un aléa véritable qui doit déterminer lequel des deux perdra, lequel des deux
gagnera [1], de l'assureur ou de l'assuré !

Que le montant de cette perte ou de ce gain
puisse varier suivant que le décès se rapproche
plus ou moins du point zéro, qu'importe? Argumenter de là pour dire que le contrat n'est pas
aléatoire serait ne rien prouver du tout en voulant
trop prouver. Car nous n'avons pas oublié qu'à
côté des contrats aléatoires, comme le jeu et le
pari, où le montant de la perte, soit pour l'une, soit
pour l'autre des deux parties, peut être à l'avance
exactement déterminé, il en est d'autres qui ne

[1] Même observation qu'à la note précédente.

se prêtent pas à une estimation si exacte du risque, et dans lesquels le préjudice, soit pour l'une, soit pour l'autre des parties est incertain quant à son montant ; de ce nombre sont les contrats d'usufruit, de rente viagère, les achats de successions ouvertes, de récoltes à faire, etc.; et enfin l'assurance elle-même dans sa forme la plus ordinaire : telles l'assurance maritime, l'assurance contre l'incendie, l'assurance agricole et autres. Pourquoi ne pourrait-il pas en être de même de l'assurance sur la vie ?

Tout ce que nous venons de dire de cette première combinaison des assurances sur la vie, la plus simple de toutes, et qui en est pour ainsi dire le type, reste vrai de certaines hypothèses où le risque ne fait que s'accroître, sans changer de nature :

Ce sont les cas où toute la modification consiste à faire reposer l'assurance, non plus sur une seule tête mais sur deux ou plusieurs têtes, soit que la somme stipulée doive être payée au survivant, soit qu'elle doive l'être aux héritiers du dernier mourant : dans le premier cas, l'assurance est dite « assurance au premier décès »; dans le second, « assurance au dernier décès » (voir les prospectus des Compagnies et notamment celui de la Caisse Paternelle, pages 29 et 30) : ici encore l'obligation de l'assureur n'est incertaine que quant à son montant, mais non pas quant à sa réalisation : selon qu'il sera obligé de payer plus tôt ou plus tard, le résultat du contrat lui sera ou préjudiciable, ou avantageux, ou indifférent.

Le résultat est encore le même dans l'assurance mixte, en faisant remarquer qu'ici nous sortons de l'assurance sur la vie à l'état pur : quoique ce ne soit plus une assurance pour toute la vie, l'assureur est néanmoins sûr de payer la somme stipulée dans tous les cas.

Mais il est des combinaisons de l'assurance sur la vie où l'événement qui doit donner naissance au droit de l'assuré se complique de circonstances diverses ; où le risque, en un mot, se circonscrit davantage :

Ce sera bien encore la mort qui donnera ouverture au droit de l'assuré, mais la mort spécialisée, la mort dans certaines conditions fixées à l'avance.

Assurance temporaire. C'est ainsi que dans l'*Assurance temporaire*, en anglais *short term Assurance*, la somme n'est stipulée que pour le cas où une certaine vie viendrait à s'éteindre dans un délai déterminé.

Il est évident qu'il serait facile de donner à l'assurance sur la vie entière les dehors d'une assurance temporaire, par l'addition d'un délai tellement long qu'il fût moralement impossible pour la vie assurée de se prolonger au delà. Ce serait un moyen de se débarrasser à bon marché de l'objection que nous examinions tout à l'heure ; ici, en effet, on ne peut plus dire que l'assureur doit payer à coup sûr, *utique*, puisque l'existence peut se prolonger au delà du terme commun : il y a ici visiblement un véritable contrat aléatoire, *a mere contingency*.

Assurance de survie. J'en dirai autant de l'assurance de survie, la-

quelle consiste à stipuler une somme pour le cas
où telle personne décéderait avant une autre, par
exemple un mari avant sa femme ; et de même
pour la rente de survie [1], en remarquant que
dans cette dernière hypothèse nous sortons de
l'assurance sur la vie sans mélange ; sous le bénéfice de cette observation, peu importe que la stipulation ait pour effet un capital ou des annuités :
dans un cas comme dans l'autre, l'assureur a la
chance de n'avoir absolument rien à débourser.

Il est une troisième espèce d'assurance sur la
vie dans laquelle encore l'assureur peut faire une
acquisition totalement gratuite : c'est celle où
celui-ci promet de rembourser les sommes versées
soit à titre de primes fixes dans une assurance de
capitaux différés, soit à titre de valeurs engagées
dans une association mutuelle ou tontine, pour le
cas où ces sommes se trouveraient perdues par

Contre-assurance.

[1] De même encore pour une autre modalité de rente viagère qui
forme comme une sous-combinaison composée d'éléments empruntés
en proportions diverses à la rente viagère et à l'assurance sur la vie ;
nous voulons parler de la *rente viagère réversible*, ou rente viagère
sur plusieurs têtes, qui n'est autre chose qu'une sorte de métisse :
1° de la *rente viagère immédiate*, c'est-à-dire, de la rente viagère à
l'état pur, et 2° de la *rente de survie*, métisse elle-même de la rente
viagère pure et simple et de l'assurance sur la vie pure et simple.
C'est là le modèle extérieur de la *tontine* primordiale, c'est-à-dire,
de cette combinaison que Lorenzo Tonti imagina d'introduire dans
les emprunts de l'Etat, mais avec un caractère tout différent.
Nous trouvons ainsi, en récapitulant, quatre variétés, de rente
viagère :
La rente viagère immédiate,
La rente viagère différée,
La rente viagère de survie,
La rente viagère réversible.
Les deux premières variétés ne doivent aucunement être confondues avec l'assurance sur la vie, puisqu'elles ne renferment aucun
des éléments constitutifs de cette opération ; il en est autrement des
deux dernières qui peuvent, sans inconvénient, être considérées
comme des assurances sur la vie de l'espèce mixte.

suite du décès prématuré de l'individu sur la tête duquel on a fait reposer le contrat.

Quelquefois la contre-assurance se fait par un contrat distinct de l'assurance, soit que les deux opérations soient entreprises par la même Compagnie (comme le fait *la Caisse paternelle*), soit que ce soient deux Compagnies différentes. Dans ce premier cas la contre-assurance conservera son caractère d'assurance sur la vie pure et sans mélange.

Mais souvent aussi les deux opérations sont réunies en une seule pour former ce qu'on appelle l'*Assurance combinée ;* ici la contre-assurance perd son individualité, et le produit du croisement est un contrat *sui generis* qui ne participe que subsidiairement de l'assurance sur la vie proprement dite. On se demandera peut-être comment il se peut qu'une même Compagnie prenne par un même contrat l'obligation alternative (suivant un événement incertain) :

Ou de payer une somme de beaucoup supérieure à la prime versée ;

Ou tout au moins de rembourser cette prime.

Ne semble-t-il pas qu'elle court le risque de perdre sans avoir la chance de rien gagner? et par conséquent, une telle Compagnie n'est-elle pas tout simplement une association de bienfaisance, et non plus une entreprise de spéculation? — Ce serait une étrange méprise !

La Compagnie doit à tout événement restituer un capital, soit supérieur, soit au moins égal à ceux versés à titre de primes, — mais un *capital* seule-

ment : elle aura gardé les intérêts pour elle. Dans le
cas où le capital payé par elle sera supérieur au
capital des primes versées, elle sera en perte :
mais dans le cas où ce capital ne sera plus qu'égal
au second, elle aura bel et bien bénéficié de tout
le montant des intérêts accumulés.

Là où la contre-assurance est faite par contrat
distinct de l'assurance originaire, le bénéfice possible est encore plus sensible : car, outre les intérêts des primes versées pour l'assurance dite en
cas de vie, elle aura gagné le capital des primes
versées pour l'assurance dite en cas de décès,
c'est-à-dire pour la contre-assurance.

Le résultat peut donc toujours en être pour la
Compagnie un bénéfice : bénéfice totalement gratuit dans l'hypothèse d'une contre-assurance à
l'état pur.

Enfin nous trouvons encore de la part de l'assureur une obligation incertaine, non pas quant
à son montant, mais quant à son existence même,
dans tous les cas où le décès, pour donner lieu
au paiement de la somme stipulée, devra se produire dans certaines circonstances de fait prévu
à l'avance.

Nous en trouvons un exemple dans la pratique
de l'assurance contre les accidents de chemins de
fer, en Angleterre, où les Compagnies de chemins
de fer assurent d'office leurs employés, et où,
d'autre part, les voyageurs sont admis à s'assurer eux-mêmes pour chaque voyage moyennant
une prime modique de 30 c. (1re classe), 20 c.
(2me classe), 10 c. (3me classe — single journey),

— prime que l'on paie en prenant son billet de voyage, contre un reçu délivré sous la même forme, celle d'un second billet en carton.

Un second exemple est celui d'une Compagnie qui fonctionnait récemment pour l'assurance sur la vie des personnes entreprenant le voyage à l'Exposition universelle de 1867.

On pourrait imaginer bien d'autres assurances de ce genre : Assurances sur la vie contre les accidents de voiture uniquement, contre le danger des explosions dans les mines, etc.

Nous venons d'examiner les différentes combinaisons que peut former l'assurance sur la vie par la modification de l'obligation de l'assureur. Nous avons vu que cette obligation était toujours incertaine, tantôt quant à son existence même, tantôt quant au chiffre de son montant seulement.

Diverses modalités de primes.

Si nous nous tournons maintenant vers l'assuré, ici encore nous reconnaîtrons que l'obligation qui forme l'équivalent de celle de l'assureur peut présenter plusieurs variétés différentes. Quant à son existence même, l'obligation de l'assuré sera toujours certaine; mais il pourra en être autrement quant au chiffre de son montant. En effet, si nous supposons une assurance dans laquelle l'assuré n'aura à payer qu'une prime unique, l'obligation de sa part sera certaine et dans son existence et dans son montant. Mais la plupart du temps il en est autrement, l'assuré n'étant tenu à payer une prime annuelle que pendant un certain nombre d'années qui jamais n'excédera la durée de la vie, et souvent sera moindre.

Quelquefois les Compagnies consentent à ce qu'une partie seulement de la prime leur soit payée, sauf à retenir le reste sur la somme à payer par elles au décès : c'est ce que les Anglais appellent le « *half credit system* », dont nous avons un exemple dans le *Droit* du 6 mai 1865.

Nous n'en finirions pas si nous voulions énumérer dans leur ensemble toutes les différentes formes que peut affecter l'assurance sur la vie, toutes les différentes modalités qui peuvent affecter ce nouveau Protée aux mille combinaisons diverses. Nous croyons avoir exposé les principales, et montré ainsi ce que c'est qu'est l' « Assurance sur la vie. »

Après avoir ainsi élucidé la question de savoir ce qu'il faut entendre par cette dénomination, si souvent détournée de son sens juridique et propre, après avoir rejeté cette signification vague qu'on lui prête, même dans des livres de droit, par exemple dans le Manuel des Assurances de M. Agnel, mais par inattention, — car comment pourrait-on comprendre autrement qu'un homme de science puisse ranger dans la classe des assurances sur la vie, non-seulement des assurances de capitaux différés (ce qui s'excuse) mais encore des rentes viagères immédiates ? — après avoir enfin rétabli ce nom « d'Assurances sur la vie » dans le seul sens qui lui appartienne véritablement, le seul qui lui soit attribué dans le meilleur ouvrage qui ait encore été écrit chez nous sur l'Assurance sur la vie, au point de vue juridique, celui de M. Merger, nous allons nous trouver désormais plus à l'aise pour discuter toutes les questions spéciales qui peuvent se présenter à l'occasion des assurances sur la vie examinées dans leur rapports avec les principes du droit civil, du droit commercial et des lois d'enregistrement.

Nous envisagerons successivement et dans des chapitres différents :

1° Ce qui a trait à la loi civile ;

2° Ce qui a trait à la loi commerciale et à la loi fiscale.

DEUXIÈME PARTIE

DES ASSURANCES SUR LA VIE DANS LEUR RAPPORT
AVEC LES PRINCIPES DU DROIT CIVIL

CHAPITRE V

Si l'on peut, dans l'Assurance sur la vie,
stipuler en son propre nom
dans l'intérêt d'autrui

C'est à dessein que j'ai adopté, pour définition de l'Assurance sur la vie, celle qu'en donne Charles Ellis dans son traité « *Of fire and life Assurance and annuities* »; et si j'en avais trouvé une chez nos auteurs français qui me semblât devoir mériter la même faveur, je me serais empressé de la recueillir de préférence. Mais je dois dire à regret que, nulle part ailleurs, je n'ai trouvé indiqué un des caractères les plus essentiels du contrat à définir, pas plus dans les autres ouvrages de droit anglais (comme Leone Levi, comme William Smith, *Mercantile Law*, comme Bunyon, déjà cité) que dans ceux de notre droit. Voici, en effet, ce qu'on lit partout :

« L'Assurance en cas de mort (nous disons : l'Assurance sur la vie d'une manière absolue) est un contrat par lequel l'assureur s'engage, moyennant le versement qui lui est fait d'une somme appelée prime à payer lors du décès de l'assuré... un capital ou une rente déterminée. » Sic Grün et Joliat, *Traité des Assurances terrestres, n°* 359 ; — Sic Dalloz, *Nouveau Repertoire,* v° Assurance, n° 310 ; — Sic Merger, loc. cit.

« L'assureur s'engage à payer lors du décès de l'assuré. » — A payer :

Mais à qui ?

Principes généraux.

Dans les assurances maritimes ou dan le s assurances terrestres autres que l'assurance sur la vie proprement dite, pas de difficulté! C'est au souscripteur de la police, c'est à celui qui, courant un risque, a fait assurer les marchandises, le vaisseau, l'immeuble, les récoltes, les bestiaux, ou, pour nous rapprocher davantage de l'assurance sur la vie, à celui qui s'est fait promettre un capital différé ; — c'est lui-même qui doit souffrir du sinistre. C'est donc à lui de toucher, au cas échéant, l'indemnité.

La règle c'est que Nemo alteri stipulari potest.

On ne comprendrait pas que l'indemnité fût, *à priori,* stipulée payable à un autre qu'à celui qui souffre du dommage !

Et, incontestablement, celui qui se ferait promettre qu'une somme serait payée à un tiers quelconque, parfaitement désintéressé dans la question, — au cas où son navire, à lui stipulant, viendrait à périr dans un naufrage, — où ses récoltes seraient ravagées par la grêle, ses bestiaux décimés par l'épizootie, — où l'éducation et l'établissement de ses enfants viendraient à nécessiter d'énormes dépenses, — celui-là ferait un acte nul !

Car il stipulerait pour autrui.

Or, « On ne peut en général s'engager ni stipuler en son propre nom que pour soi-même. » (Article 1119 du Code Napoléon.)

L'acte serait donc nul; sous deux restrictions toutefois :

L'acte ne serait nul qu'autant que le stipulant aurait fait la stipulation *en son propre nom.* En effet, rien n'empêcherait un tiers qui aurait reçu mandat d'une personne intéressée dans des risques, de stipuler, au nom et pour le compte de celle-ci, une somme payable pour le cas où les risques viendraient à se réaliser. Bien plus, et même à défaut de mandat, on pourrait concevoir qu'un ami contractât au nom et pour le compte de son ami empêché, une assurance qui profiterait à ce dernier : il y aurait là une *negotiorum gestio* et l'assurance serait parfaitement valable. C'est que, par l'effet du mandat ou de la ratification des *negotiorum gestorum,* le mandant, le maître dont l'affaire a été gérée, est censé avoir contracté, ici stipulé, lui-même [1]. Et ce que l'article 1119 défend en général ce n'est pas de stipuler pour autrui *au nom d'autrui*, c'est de stipuler pour autrui *en son propre nom.*

Voilà donc une première exception qui, loin d'ébranler en rien la règle, ne fait que lui donner au contraire une consécration plus décisive.

Il y en a une seconde qui, à proprement parler, n'en est pas une puisqu'elle ne déroge pas non plus au principe, et n'est que l'application du droit commun.

Toutefois, à cette règle,
Deux restrictions:
1ʳᵉ Restriction.
On peut au nom d'autrui stipuler pour autrui.

2ᵉ Restriction.
On peut stipuler pour ses ayants-droit

[1] C'est le cas de l'assurance *pour compte de qui il appartiendra.*

Une assurance peut être contractée, — disons mieux : à défaut de stipulation contraire, une assurance est, comme toute autre espèce d'obligation, tacitement et de plein droit contractée *au profit de nos ayants-cause*, pour le cas où nous ne serions plus là au moment de l'exigibilité de la somme promise. Mais ici encore le stipulant et le bénéficiaire ne s'en trouvent pas moins n'être, par une fiction juridique, qu'une seule et même personne, aux termes de la vieille maxime : *Heredes defuncti personam sustinent*.

Le souscripteur et le bénéficiaire de la police d'assurance ne peuvent donc jamais être, en droit, deux (ou plusieurs) personnes différentes : ce sera toujours, sauf les deux exceptions précédentes, une même personne physique ; ce ne sera jamais et cela, sans exception, qu'une même personne juridique ! C'est toujours, *à priori*, moi, assuré, qui, par moi-même ou par un autre (mandataire ou gérant d'affaires) en mon nom, aurai stipulé une assurance à mon profit dans ma personne ou dans celle de mes ayants-cause.

Quid ? dans la matière spéciale de l'Assurance sur la vie.

Voilà pour toute assurance, nous pourrions dire plus généralement, pour tout contrat autre que l'assurance sur la vie. Que faut-il répondre dans la matière spéciale qui nous occupe?

A cette question :

« A qui est, *à priori*, payable la somme stipulée en cas de décès? » je me réfère purement et simplement aux principes généraux et, faisant application à l'espèce, je réponds : « Au stipulant ! »

Je réponds qu'il ne

« Au stipulant, personne juridique,

C'est-à-dire à lui ou, ce qui revient au même, soit à ses ayants-cause, soit à celui au nom duquel il a stipulé, — toujours :

« Au stipulant, personne physique, — quelquefois ; car il se peut que l'assurance ait été contractée sur la vie d'un tiers. »

Eh bien, Ellis, dans la définition que j'ai adoptée, répond de même :

« To pay the person for whose benefit the insu-
« rance is effected or the personal representatives
« of the insured, as the case may be. »

L'assureur s'engage :

« A payer à celui pour le compte duquel l'assurance est effectuée (c'est le cas où j'assure la vie d'un tiers à mon profit) ou aux ayants-cause de l'assuré (c'est le cas où j'assure ma propre tête au profit de mes héritiers).

C'est la seule théorie qui soit conforme aux principes incontestables et incontestés de la loi civile, — et pourtant elle a été très généralement perdue de vue, et tous les auteurs qui ont traité chez nous la matière de l'assurance sur la vie n'ont tenu aucun compte de ces règles élémentaires de notre droit : la loi ne s'étant pas occupée de l'assurance sur la vie, ils semblent croire qu'il leur est permis, à leur tour, de ne pas s'occuper de la loi.

Je ne sais pas si, en législation, leur système pourrait présenter des avantages de simplicité, de commodité, et même d'équité : mais au point de vue de l'interprétation du régime actuel la question ne me semble devoir faire aucune espèce de doute. Je l'avoue cependant, ce système hardi qui brave la loi est tellement général, qu'il semblera plus hardi peut-être à moi de le combattre. Quoi qu'il en soit, je vais l'exposer, montrer qu'il est contraire à l'esprit de la loi; et plus tard je me demanderai s'il ne vaudrait pas mieux ou réformer la loi, pour la rendre conforme à la pratique, ou en admettre au moins l'abrogation tacite.

Les arrêts rendus sur des questions d'assurance sur la vie et les auteurs en cette matière sont unanimes avec la pratique des Compagnies, pour admettre que ce contrat est en dehors des prescriptions de l'article 1119, qu'il y a là une exception à la règle que nul ne peut stipuler en son propre nom que pour lui-même : ici on pourrait stipuler, non pas seulement pour soi-même et pour ses ayants-droit, mais pour un tiers quelconque. En un mot, on soutient que le bénéficiaire de l'assurance peut être une autre personne que le stipulant, et non pas seulement une autre personne physiquement parlant, mais même une autre personne juridique.

EXPOSÉ ET DISCUSSION DE NOTRE JURISPRUDENCE SUR CETTE QUESTION.

Nous allons exposer et combattre avec quelque détail les principaux monuments de jurisprudence qui ont consacré ce système.

Outre un grand nombre de décisions qui supposent le système admis et le reconnaissent ainsi implicitement, nous en trouvons qui sont parfaitement nettes et catégoriques sur la question :

Affaires Duchesnoy et Semen.

D'abord un jugement du tribunal civil de la Seine, du 23 mars 1850 (affaire Duchesnoy) et un jugement du tribunal de commerce de la Seine du 4 mai 1860 (affaire Semen), sur lesquels nous n'insisterons pas, parce qu'ils ne présentent aucun argument saillant.

Puis un jugement du même tribunal civil de la Seine du 17 juin 1862 (Cherrier contre l'*Union*) rendu dans les circonstances suivantes :

Affaire Cherrier contre l'*Union*.

La Compagnie l'*Union* avait, par contrat avec un sieur de Cherrier, assuré sur sa tête une somme de 20,000 francs payable à son décès :

1° A un sieur Legrand pour ce qu'il justifierait lui être dû au moment du décès, jusqu'à concurrence de 10,000 francs ;

2° A un sieur Picart, dans les mêmes conditions ;

3° Et si, par suite de paiements faits à ces deux créanciers pendant la vie de l'assuré, une partie de la créance se trouvait éteinte lors du décès, la somme restant sans emploi sur le montant de l'assurance devrait être payée à Mme de Cherrier, mère de l'assuré.

Après le décès, la Compagnie l'*Union* paya ladite somme aux trois personnes ci-dessus désignées contre leur quittance collective, et elle se croyait bien en règle, lorsque quelques mois après ce paiement fut critiqué par l'administrateur judiciaire de la succession de Cherrier, qui revendiqua cette somme comme devant rentrer dans la succession et assigna l'*Union* en paiement comme ayant seul capacité pour recevoir et donner valablement décharge en sa qualité d'administrateur.

Voici les termes du jugement :

« Le tribunal ;

« Attendu que la police d'assurance contractée par de Cherrier fils avec la Compagnie l'*Union*, pour une somme de 20,000 francs à payer au jour du décès dudit Cherrier a été faite au profit de la veuve Cherrier, sa mère; — que les indications de paiement à faire à Picart et Legrand n'altèrent pas le caractère de cette attribution ;

« Attendu qu'ainsi, et en admettant que les sommes indiquées ne soient pas entièrement dues auxdits créanciers, la différence reviendrait à la femme Cherrier mère, qui absorbe l'intégralité de la police ;

« Qu'il suit de là, que la succession de Cherrier fils est sans droit et sans qualité pour contester le paiement fait par la Compagnie l'*Union :*

« Par ces motifs, déclare la demande mal fondée, etc. »

Voilà déjà le système que je combats formulé avec une telle assurance qu'il ne semble pas même que les rédacteurs de ce jugement se soient doutés qu'il pouvait y avoir là une difficulté : comme ils se sont contentés d'énoncer purement et simplement leur opinion, sans s'arrêter à la justifier, on comprendra que, de mon côté, je ne m'arrête pas à la discuter non plus.

Une décision mieux motivée que la précédente, mais qui n'a pas trait à une assurance sur la vie à l'état pur, c'est un arrêt de la cour impériale de Caen du 11 janvier 1863 (affaire Lelaidier contre Valette), d'où il résulte que l'assurance mutuelle sur la vie souscrite par un père en son nom et au nom de ses enfants qui, s'il meurt avant, devront profiter des avantages stipulés, crée en faveurs de enfants un droit qui leur est propre, qui ne fait pas partie de la succession de leur père, mais qui réside uniquement dans le contrat d'assurance accepté par la Compagnie.

Cet arrêt se fonde, entre autres considérants, sur ce :

« Qu'il s'agit ici d'un contrat *sui generis* qui doit être régi par les statuts de la Société, qui font la règle exclusive des parties ; que, d'après l'article 4 de ces statuts, le souscripteur peut non-seulement adhérer dans son intérêt. mais stipuler pour ses enfants ! »

L'argument vaut, je crois, la peine qu'on y réponde. Ce n'est pas à dire toutefois que je trouve la réponse difficile :

Ce ne sont pas les statuts d'une Société qui peuvent déroger à une disposition prohibitive consignée dans un texte aussi exprès que l'article 1119 du Code Napoléon : ils ne pourraient déroger, comme toutes autres clauses d'un contrat, qu'à des dispositions purement interprétatives de volonté !

Par conséquent, il ne faut pas chercher à échapper au principe de l'article 1119. Tout ce qu'on peut faire c'est d'examiner s'il est bien vrai que le contrat en question est une violation de ce principe.

Eh bien ! de deux choses l'une : ou le père, en stipulant pour ses enfants, a bien entendu stipuler pour telles personnes individuellement et physiquement déterminées, — et alors la convention est nulle puisqu'elle tombe sous le coup de l'article 1119, ou il a entendu par ce mot

« enfants » ses héritiers, d'une manière générale, parce qu'en effet ses enfants, qu'il voyait autour de lui, devaient être un jour ses ayants-droit, selon toute probabilité : dans ce cas l'addition du mot « enfants » était inutile, mais voilà tout : *utile per inutile non vitiatur !* Il faudra traiter les choses comme s'il avait stipulé sans désignation de personnes, c'est-à-dire que le profit d'assurance ira à ses héritiers quels qu'ils soient, enfants ou non.

Ainsi ce statut de la Société qui d'après l'arrêt doit faire la loi des parties, sera ou nul en droit ou inutile !

Affaire Bouvard contre Bouvard.

Je passe à l'examen d'une espèce où la question a été plus approfondie encore ; c'est l'affaire *créanciers Bouvard* contre *veuve Bouvard*.

M. Bouvard, négociant, était décédé le 8 octobre 1862, peu de temps après avoir stipulé avec la *Compagnie d'Assurances générales* que, moyennant l'acquittement pendant toute sa vie d'une prime annuelle de 1,072 francs, un capital de 20,000 francs serait compté, lors de sa mort, à sa veuve ou à ses enfants.

Mᶜ Chapuis, avoué, nommé par ordonnance de référé séquestre de la succession, a prétendu que le montant de l'assurance dépendait de l'actif de la succession, et, dans l'intérêt des créanciers, il a assigné Mᵐᵉ veuve Bouvard, tant en son nom personnel que comme tutrice de son enfant mineur, pour dire que la dite somme de 20,000 fr. serait attribuée à la succession.

La défenderesse a soutenu qu'elle avait

acquis, dès le moment du contrat avec la Compagnie d'assurances, un droit sur cette somme qui échappe ainsi à l'action des créanciers de son mari. Le tribunal civil de Lyon, par un jugement soigneusement motivé en date du 6 février 1863, déboute M⁰ Chapuis de sa demande en sa dite qualité. On voit se trahir dans les considérants l'embarras du juge, lorsqu'il cherche à se rendre compte de ce que peut être un pareil contrat, ainsi admis :

« Attendu que le tribunal doit avant tout rechercher quelle est la nature du contrat consenti par Bouvard ; — Attendu que la nature ou le caractère de ce contrat est évidemment double, qu'entre la Compagnie et Bouvard c'est un contrat à titre onéreux et synallagmatique ; qu'en effet, Bouvard contracte l'engagement de payer chaque année, et pendant toute sa vie, une somme de..., et que la Compagnie s'engage, pour prix du paiement de cette prime, à payer une somme importante après le décès de l'assuré ; qu'en outre ce contrat doit évidemment être rangé dans la classe des contrats aléatoires, la durée de la vie humaine étant très incertaine ; — Attendu que, dans les rapports de Bouvard, l'assuré, de sa femme et de ses enfants, ce contrat perd son caractère onéreux pour prendre un caractère de gratuité, qu'il est impossible de méconnaître ; qu'en effet la femme ou les enfants ne contractent aucun engagement, qu'ils sont seulement désignés pour recevoir le bénéfice futur du contrat ;

« Attendu qu'il serait difficile , pour ne pas dire impossible, de trouver dans le Code Napoléon un nom qui pût être donné à cette convention, que c'est là un de ces contrats innomés que le législateur n'avait pu prévoir, dont il n'a pu régler les conséquences légales, parce qu'à l'époque où le Code fut promulgué, les assurances sur la vie étaient choses inconnues; — Attendu néanmoins que c'est dans les principes généraux que l'on doit rechercher la solution de la question; »

Oui, c'est aux principes généraux qu'il faut se référer! Eh bien! ces principes généraux ils sont dans l'art. 1119, auquel on ne serait en droit de déroger que si l'on avait un texte formel, et ce texte manque; le Code, en effet, comme le dit le jugement, ne dit pas un seul mot de l'assurance sur la vie. non pas, n'en déplaise au tribunal, que ce fût **chose inconnue** lors de la promulgation du Code, mais bien par négligence pure et simple. L'assurance sur la vie était, à cette époque, peu connue du public, c'est vrai, mais elle était si peu inconnue des hommes de loi, que le Guidon de la Mer, dans son chap. XVI, art. 5, et l'ordonnance de 1681, art. 10, avaient cru devoir prendre la peine de la prohiber expressément, que plus tard, au contraire, deux arrêts du conseil, l'un du 3 novembre 1787 et l'autre du 27 juillet 1788, autorisèrent ce genre d'opération : les assurances sur la vie y sont nommées et discutées telles que nous les entendons aujourd'hui.

Quant à cette analyse compliquée que le tribunal est obligé de faire subir à l'opération, afin de justifier sa décision, elle ne fait que mettre encore plus en évidence ce qu'il y aurait, dans une pareille opération, de souverainement contraire au principe que nul ne peut stipuler en son propre nom que pour lui-même.

Il y aurait là à la fois un contrat à titre gratuit et un contrat à titre onéreux.

A titre gratuit entre le stipulant et le bénéficiaire, soit! pourvu que ce contrat soit en règle avec les prescriptions de notre loi, en matière de libéralité, rien ne s'y oppose. C'est ce qui serait à examiner.

Mais, « à titre onéreux, » dites-vous, entre le stipulant et le promettant? C'est ici que le contrat manque d'un élément des plus essentiels: l'intérêt, intérêt pécuniaire et non intérêt d'affection; c'est ici que l'art. 1119 vous arrête!

Le séquestre de la succession Bouvard a interjeté appel de ce jugement.

Monsieur le premier avocat général Onofrio a donné des conclusions qui méritent d'être remarquées et que je me ferais scrupule de ne pas rapporter.

« Suivant l'intimé, disait-il, la stipulation de M. Bouvard avec la Compagnie d'assurance aurait pour objet d'assurer à son décès le paiement de 20,000 francs à sa femme et à ses enfants; — suivant l'appelant, le capital assuré devait, d'après l'intention même du défunt, être payé à sa succession. Il s'agit de savoir quel est celui de ces deux contrats que le défunt Bouvard a eu l'intention de faire, quel est celui qu'il a fait? Voilà la vraie question du procès.

« Toutefois il faut encore savoir si l'un ou l'autre de ces contrats était dans le droit du défunt Bouvard, si la loi ne faisait pas obstacle aux stipulations que l'une ou l'autre des parties voit dans le contrat d'assurance dont il s'agit. C'est là le point qui a été plus spécialement examiné par les premiers juges et qu'il faut examiner aussi.

« Ainsi :

« 1° Qu'est ce que le défunt Bouvard a eu le droit de faire? — 2° Qu'a-t-il eu l'intention de faire? — 3° Qu'a-t-il fait en réalité par le contrat dont il s'agit.

« Voilà les trois points que je vais rapidement parcourir.

« Le premier me paraît le moins difficile et je dis qu'à mon sens M. Bouvard a eu le droit de faire soit la convention dont parlent ses créanciers, soit celle dont parle sa veuve.

« Je stipule avec la Compagnie d'assurance que, moyennant une prime annuelle de 1,072 francs pendant ma vie, la Compagnie au jour de mon décès paiera 20,000 francs à ma succession. La somme payée en ce cas par la Compagnie tombera dans mon hoirie pour en suivre le sort général, elle fera partie de l'actif destiné à éteindre le passif d'abord, puis à être partagé entre mes héritiers testamentaires ou légitimes. C'est un contrat aléatoire qui a beaucoup d'analogie avec la constitution de rente viagère, tout en agissant en sens inverse.

« Dans la constitution de rente viagère, j'achète une rente qui doit durer jusqu'à mon décès en payant immédiatement un capital. Dans l'assurance sur la vie, j'achète un capital payable à mon décès, en payant une rente pendant ma vie. — L'un est l'acte de l'égoïste qui veut bien vivre et augmenter son revenu aux dépens du capital de son hoirie, l'autre est l'acte de l'homme prévoyant et tendre qui augmente le capital de son hoirie en retranchant de son revenu. — Personne ne peut trouver à redire à un pareil contrat et j'ajoute que c'est celui qui paraît être le plus souvent dans les prévisions des Compagnies.

« Mais au lieu de stipuler que le capital payable à son décès, et qui est l'équivalent de la prime annuelle, sera payé à son hoirie, l'assuré ne peut-il pas stipuler que ce capital sera payé à un tiers? — Cela, messieurs, me paraît encore certain. — J'ai cherché tout à l'heure une analogie avec la rente viagère. Cette analogie je la retrouve ici; l'article 1973 autorise la constitution d'une rente viagère au profit d'un tiers. De même que je puis, en payant immédiatement un capital, assurer à un tiers le paiement d'une rente viagère après mon décès, de même je puis, en payant une prime pendant ma vie, assurer après mon décès le paiement d'un capital à un tiers. Il y a là un acte plus complexe que le premier, il y a un contrat onéreux entre la Compagnie et moi; il y a de plus une libéralité de ma part envers le tiers bénéficiaire. Le contrat onéreux et la libéralité ne sont-ils pas également licites?

« Ici, messieurs, naissent les objections du représentant des créanciers :

« I. — **Une libéralité !** — Mais toute libéralité doit être faite en la forme des donations ou celle des testaments. Ici il n'y a rien de semblable.— Je réponds à cela d'abord, que ce n'est pas une donation mais une libéralité indirecte, et qu'il n'est aujourd'hui plus contestable qu'on peut donner indirectement sous la forme d'un contrat onéreux. Je réponds, en outre, avec l'article 1973, qui a réglé la question de forme, en ce qui concerne la constitution de rente sur la tête d'un tiers ; dans ce cas l'acte contient tout à la fois un contrat à titre onéreux entre le constituant et le débiteur, puis une donation du constituant au bénéficiaire de la rente. Mais comme l'acte principal, la convention qui se noue au moment de l'acte, c'est le contrat onéreux, c'est lui qui règle la forme ; la donation, qui n'en est qu'une conséquence, est entraînée dans le contrat onéreux et en subit la forme. — Il en sera de même dans notre espèce : la donation faite au tiers qui doit bénéficier du capital est subordonnée au contrat onéreux et en subit la forme.

« II. — **Une libéralité !** *Nemo liberalis nisi liberatus :* avant de payer les libéralités du défunt, il faut acquitter ses dettes. Il ne peut pas être permis au défunt de disposer, pour le moment de sa mort, d'une chose lui appartenant, sans que cette chose soit déjà soumise au paiement de ses dettes.

« Cela serait vrai si la chose donnée se trou-

vait, au moment du décès, dans les biens du défunt. Mais, dans l'hypothèse que nous examinons,
il n'en est point ainsi. C'est pendant sa vie, pendant qu'il était *in bonis*, qu'il a disposé du capital dont il s'agit. Il a payé chaque année une prime
déterminée, pour qu'à sa mort le tiers dont il
s'agit ait un capital. C'est l'échéance du bénéfice
qui est renvoyée au décès. Mais la donation est
antérieure. Or, les créanciers n'ont rien à prétendre sur les choses données par le testateur
pendant sa vie. Il est bien entendu que si la disposition était frauduleuse, et si l'on apercevait
dans le contrat une combinaison conçue pour
frauder les créanciers, elle pourrait être annulée,
en vertu de la règle portée en l'article 1167. —
Mais nous raisonnons en dehors de la fraude qui
est toujours exceptée.

« III. — On dit encore : Par une pareille stipulation pourront être violées les règles sur la réserve et sur les incapacités de donner et de recevoir

« Je réponds : Non! C'est une libéralité, cela
est reconnu, et dès lors, comme telle, si elle contient un excès dans la valeur donnée, ou un avantage à une personne incapable de recevoir, elle
sera ramenée aux règles du Code Napoléon; c'est
ce que l'article 1973 dispose pour la constitution
d'une rente viagère sur la tête d'un tiers. C'est
ce qu'il faut dire pour notre contrat. — Ainsi,
il y aura lieu à rapport, à réduction, à annulation,
suivant les règles du droit. — Et en montrant
qu'une pareille libéralité reste soumise à toutes

les règles sur la réserve et sur la capacité de recevoir, on repousse toutes les objections que les créanciers voulaient élever contre elle, on montré qu'elle est légale.

« Retenons donc ceci : il n'y a rien de contraire à la loi dans une convention par laquelle, moyennant une prime annuelle payée par mois, pendant ma vie, j'assure à l'époque de mon décès le paiement d'un capital à un tiers.

« Il faut ajouter que, ce que je puis faire par un tiers étranger, je puis le faire pour mon héritier. Pourquoi en serait-il autrement? Ne puis-je pas donner de mon vivant à mon héritier? Et la chose donnée n'est-elle pas hors de ma succession? Moyennant une prime payée pendant ma vie, j'assure un capital payable à mon décès à mon fils. Et alors je suppose qu'il est bien certain que j'ai stipulé pour mon fils, et non point pour ma succession; ce n'est point parce qu'il est mon fils qu'il recevra le capital promis, mais parce qu'il est le bénéficiaire du contrat que j'ai fait. Ce n'est point dans ma succession qu'il prend le droit de se faire payer ce capital, il le prend dans la collation que je lui ai faite de ce droit au jour du contrat.

« Il faut encore se poser une question qui, bien qu'elle ne soit pas à résoudre dans le procès, est utile pour sa solution : — J'ai, moyennant une prime annuelle, assuré un capital payable à un tiers au jour de mon décès. Qu'arrivera-t-il si, au jour de mon décès, le tiers bénéficiaire est lui-même décédé? La Compagnie sera-t-elle libérée

de l'obligation de payer? Le capital reviendra-t-i
à ma succession? Devra-t-il être compté aux héri
tiers du tiers indiqué? Il y a à cela une première
réponse :

« C'est que toutes ces hypothèses sont également légales et peuvent être dans la convention,
où il faudra d'abord les chercher. Ainsi j'ai pu ,en
stipulant le paiement du capital à un tiers, con_
venir que, en cas de décès de ce tiers, la Compagnie ne paiera rien; qu'elle paiera le capital à ma
succession; qu'elle le paiera aux héritiers du tiers
ou à tout autre. Ce sera une question d'interprétation à laquelle la lettre du contrat, les circonstances, le taux des primes serviront de moyens
d'appréciation.

« Ainsi, par exemple, il sera très licite de convenir que le capital à mon décès sera payé à ma
femme ou à tel ou tel de mes enfants; et qu'à leur
défaut, il entrera dans ma succession, pour en
subir le sort général.

« Je crois donc que nous sommes bien fixés
sur la question de droit. — Bouvard pouvait également stipuler que le capital, équivalent des
primes par lui payées, serait à son décès compté
à sa succession, et alors la prétention des créanciers serait justifiée. Il pouvait aussi stipuler que
cette somme serait payée à sa femme et à ses enfants. Et alors elle n'est jamais entrée dans sa
succession, les créanciers n'y ont aucun droit.
Il a eu le pouvoir de faire l'une et l'autre de ces
conventions.

« Mais laquelle a-t-il eu l'intention de faire et

laquelle a-t-il faite ? » (*Droit* des 22 et 23 juin 1863.)

Réponse à l'argumentation de M. le premier avocat général.

Nous ne suivrons pas plus loin la brillante argumentation de M. l'avocat général, et nous n'examinerons pas avec lui la question d'intention et de fait ! En effet, cette question nous y coupons court, puisque, pour nous, il n'a pu y avoir qu'une seule intention, qu'un seul fait qui soit légal. De ces deux contrats qu'on reconnaît tous les deux conformes à la loi, nous n'en admettons qu'un, le dernier, celui par lequel on stipule un capital payable à sa succession.

Subdivision en deux points.

Quant à l'autre, qui consiste à stipuler ce capital au profit d'un tiers et qui s'analyserait en un contrat à titre onéreux d'une part, et un contrat à titre gratuit de l'autre, nous nous refusons à le déclarer conforme aux principes :

Premier point.
Examinons le contrat sous son point de vue de contrat onéreux.

D'ABORD COMME CONTRAT A TITRE ONÉREUX.

En effet, on ne nous a pas encore montré que l'Assurance sur la vie soit en dehors de la règle de l'article 1119 ; on a bien cherché à l'établir, mais en invoquant à l'appui un simple argument par analogie, tiré d'un cas où l'analogie nous semble tout à fait imparfaite : c'est le cas de l'article 1973.

L'article 1973 est vainement invoqué, et cela pour deux raisons.

Je vais chercher à démontrer en premier lieu que nous ne sommes pas en droit de raisonner ici par analogie d'un cas à l'autre, et ensuite, qu'à supposer l'analogie admise, il n'est pas prouvé que le texte invoqué par analogie soit concluant.

L'article 1973 s'exprime en ces termes, au sujet de la rente viagère :

« Elle peut être constituée au profit d'un tiers, quoique le prix en soit fourni par une autre personne. »

Et il ajoute :

« Dans ce dernier cas, quoiqu'elle ait les caractères d'une libéralité, elle n'est point assujettie aux formes requises pour les donations; sauf les cas de réduction et de nullité énoncés dans l'article 1970. »

Voilà bien toutes les apparences d'une *dérogation patente* à l'article 1119. Mais ne vaut-il pas mieux en limiter l'application au cas spécial pour lequel le législateur a parlé, que de l'étendre au-delà du texte, lorsqu'on se trouve en présence d'un principe aussi essentiel, aussi traditionnel, aussi général que celui de l'article 1119 ?

Ce principe remonte aussi haut que le principe de tout contrat : nous le trouvons formulé dans le livre Iᵉʳ du *de Officiis*, de Cicéron, cap. 10 : *Nec promissa igitur servanda sunt ea quæ sunt eis quibus promiseris inutilia.* Il découle de cette vérité fondamentale, consignée dans l'article 5 de la Déclaration des droits, que la loi ne peut, sans tyrannie, défendre que les actions nuisibles, ni commander que les actions utiles à quelques membres de la société.

Nous le retrouvons aux Institutes et au Digeste : *Alteri stipulari nemo potest* (loi 19, 4, *de Inutilibus stipulationibus* et loi 73, *ult.*, *de Regulis juris*).

« Le sentiment intérieur nous dit, il est vrai, que rien de ce qui intéresse l'humanité ne nous est étranger, et les jurisconsultes professent hautement ce beau principe de morale, qu'il importe à l'homme qu'un autre reçoive les choses dont il a besoin : *cum beneficio adfici hominem intersit hominis* (loi **7**, *de Servis exportandis*, au Digeste).

« Néanmoins, cet intérêt de pure affection ne suffit pas pour nous autoriser à stipuler validement en notre nom, au profit d'un tiers, ni pour donner à ce dernier le droit d'exiger l'accomplissement d'une convention dans laquelle il n'a pas fait partie.

« Il est d'abord évident qu'un tiers ne peut acquérir un droit parfait par une convention qui n'a pas été faite en son nom, et dans laquelle il n'était pas partie, par une promesse qu'il n'a point acceptée et qu'il ne peut accepter, puisque ce n'est ni à lui, ni à une personne agissant en son nom qu'elle a été faite.

« Quant au stipulant, l'intérêt qu'il peut avoir à l'accomplissement de la promesse faite au profit d'un tiers n'étant point appréciable à prix d'argent, si le promettant refusait de l'accomplir, le stipulant (*l'ayant-droit du stipulant en matière d'assurance sur la vie*) ne pourrait obtenir de dommages-intérêts ; car il n'a souffert aucune perte dans son patrimoine, ni manqué de rien acquérir. » (Toullier, tome VI, n° 148.)

A quoi ces principes s'appliqueraient-ils sinon à l'assurance sur la vie? En effet, on ne peut ja-

mais stipuler que pour soi et pour ses héritiers
et ayants-cause, article 1122 : bien plus, la stipulation au profit de tel de nos héritiers désigné,
n'aurait aucune valeur en droit : *Quippe heredi
consuli concessum est, nec quicquam obstat uni
tantum ex heredibus provideri, si heres factus
sit, cœteris autem non consuli* [1].

Je ne veux pas dire que même en droit romain
cette règle n'ait jamais souffert aucun tempérament, mais les exceptions qui y ont été apportées,
surtout postérieurement à l'époque classique, n'ont
jamais été admises que comme des *singularia
recepta contra jus civile*, et n'ont jamais donné
naissance à rien de plus qu'à une simple action utile
(voir loi 45, 2, *de verb. oblig.*; loi 45, *soluto
matr.*, et loi 8, au Code *ad exibendum*), et rien
dans notre Code n'indique une pensée d'innovation
contre cette vieille doctrine du Digeste; nous trouvons bien dans l'article 1221 [2] une exception à
la règle qu'on ne peut contracter pour le compte
de tel ou tel de ses héritiers, mais au point de
vue seulement de l'obligation passive; quant à
l'obligation active, c'est-à-dire quant à la stipulation, la vieille théorie romaine est restée in-
tacte !

Bien entendu qu'il est permis de stipuler pour
autrui, quand on y a un intérêt personnel et ap-

---

[1] Loi 33 *de Pactis :* « Ce n'est pas stipuler en considération de notre
héritier, d'une façon générale, comme la loi le permet, que de stipuler,
au profit de tel de nos héritiers, pour le cas où il sera effectivement
notre héritier. » *Dig.*, liv. II, tit. XIV.

[2] Aux termes de cet article, le principe de la divisibilité des dettes
entre les héritiers reçoit exception « *lorsque l'un des héritiers est
chargé seul, par le titre, de l'exécution de l'obligation.* »

préciable à prix d'argent : *Sed et si quis stipu-
letur alii, cum ejus interesset, placuit stipu-
lationem valere* (Institutes de Justinien, liv. III,
tit. XVIII, 19); ce n'est pas là encore une exception à la règle : car, au fond, c'est bien à son
profit et pour son propre compte que le stipulant
obtient dans ce cas la promesse [1].

Il n'y a d'exception véritable que dans le cas
où la stipulation pour autrui n'est que la condition d'un *contrat principal*, donation ou *autre*,
que l'on fait avec un tiers. Admise *utilitatis
causa* dans le Code de Justinien (loi 3, *de Donat.
quæ sub modo*), cette dérogation aux principes
rigoureux du droit civil, que l'on retrouve dans
Pothier (*Traité des Obligations*, n° 71) et dans
Merlin (*Questions de droit*, 1°, stipulation pour
autrui, page 454) est consacrée par l'article 1121
du Code Napoléon [2].

A quoi bon écrire dans la loi une dérogation

[1] Voici les trois exemples qui nous sont donnés d'hypothèses où
l'on peut avoir intérêt à stipuler pour autrui :

1° Nous sommes deux tuteurs chargés d'un même pupille; après
avoir géré moi-même quelque temps la tutelle, je cède l'administration à mon cotuteur en lui faisant promettre que *les intérêts du
pupille seront sauvegardés*. La stipulation est valable, car si mon
cotuteur gérait mal, je serais responsable moi-même envers le pupille de la mauvaise administration : j'ai donc intérêt à stipuler un
recours contre mon cotuteur pour le cas où il administrerait mal.

2° Je stipule qu'il sera donné à mon mandataire une somme sans
laquelle il lui serait impossible d'accomplir ce dont je l'ai chargé.

3° Je me suis engagé, sous peine de payer une forte amende, à
bâtir pour quelqu'un une maison; me voyant dans l'impossibilité de
le faire, je stipule d'un tiers que la maison sera par lui bâtie.

Dans ces deux derniers cas encore c'est bien dans mon propre
intérêt que je stipule puisque, si la stipulation n'est pas exécutée,
c'est moi tout le premier, et moi seul, qui en souffrirai. (Inst., loc.,
cit.)

[2] Cet article est ainsi conçu : « On peut stipuler au profit d'un
tiers, lorsque telle est la condition d'une stipulation que l'on fait
pour soi-même, ou d'une donation que l'on fait à un autre.... »

pour un cas spécial, si l'on n'avait pas entendu donner par ailleurs au principe une autorité d'application générale et absolue?

Vous dites que l'article 1973 fait une exception pour le contrat de rente viagère? Je le veux bien! Mais l'exception ne détruit pas la règle : elle la confirme; tout ce qui est en dehors de l'exception reste dans le droit commun. Au moins faudrait-il un motif puissant d'analogie pour nous autoriser à suppléer au silence de la loi, et comprendre dans l'exception une hypothèse dont il n'y est pas dit un mot! Eh bien, ce motif, je ne le trouve pas. Je trouve, au contraire, plusieurs raisons sérieuses de décider différemment, suivant qu'il s'agit d'un contrat de rente viagère ou d'un contrat d'assurance sur la vie.

Etant admis que l'on peut en son propre nom stipuler une rente viagère pour autrui, tout ce qui en résultera, c'est une exception au principe de l'article 1119 et rien de plus.

Mais si nous disons qu'en matière d'Assurance sur la vie aussi on peut en son propre nom stipuler pour autrui, voyez quelles conséquences plus considérables! Ce ne sera plus seulement une dérogation au vieux principe romain *Alteri stipulari nemo potest*, ce sera la violation de deux autres principes non moins essentiels à notre droit, quoiqu'ils soient d'origine plus moderne.

Ce sera d'abord la violation du principe contenu dans l'art. 1130, lequel défend de faire aucune stipulation sur une succession non ouverte, même avec le consentement de celui de la succession duquel il s'agit. Car si nous ne nous arrêtons pas à des subtilités et si nous allons au fond des choses, nous ne pouvons nous empêcher. de voir une pareille stipulation dans un contrat qui consisterait à disposer à l'avance, et contrairement à l'ordre régulier des successions, d'une certaine créance qui donnera droit à une somme déterminée à l'époque du décès du disposant; s'il en est autrement, je me demande dans quel cas l'art. 1130 recevra son application?

De plus elle violerait le principe de l'irrévocabilité des donations.

Ce sera, en outre, la violation du principe de l'irrévocabilité des donations! En effet, quatre-vingt-dix-neuf fois sur cent, l'équivalent que donne l'assuré, en échange de l'obligation de l'assureur, consiste en un nombre déterminé ou indéterminé de primes successives; le jour où il plaît à l'assuré de cesser ses versements, il en est libre : il peut alors, soit faire réduire le montant de l'assurance dans la proportion des primes payées, soit (dans certaines Compagnies) obtenir le rachat de sa police; en un mot, il est le maître de la situation. Le bénéficiaire de l'assurance est à sa merci : quand ce bénéficiaire est en même temps lui-même le stipulant, il n'y a là rien que de très raisonnable : qu'il en soit de même en ce qui touche les ayants-droit, on le comprend parfaitement; chacun est libre de disposer de son droit à son propre détriment et au détriment de ceux qui le représenteront plus tard. Mais si nous supposons qu'un tiers ait un droit acquis sur le montant de l'assurance, tout se complique : ce tiers, que nous supposons être un donataire, ne peut pas souffrir du caprice de son donateur, ou bien ce serait créer une exception . au principe que nous invoquons, ce serait rétablir chez nous les donations à cause de mort. Cet inconvénient ne se présente pas en matière de rente viagère, puisque la rente viagère se constitue ordinairement en échange soit d'immeubles, soit de meubles, par exemple, d'un capital une fois payés. J'ajoute que, à supposer (et l'hypothèse sera fort rare), à supposer, dis-je, une assurance sur la vie dont la prime consiste en un versement unique, nous rencontrons toujours cette circonstance que le stipulant a la libre disposition de son contrat d'assurance : en effet, il a *toujours le droit* de le céder à un tiers ; dire non, ce serait nier qu'une police d'assurance sur la vie soit jamais susceptible de cession; car il est évident que toute police aura nécessairement un bénéficiaire, que ce soient les héritiers du stipulant, ou que ce soit toute autre personne; et, par conséquent, on argumenterait en vain pour soutenir qu'ici la police devra par exception ne pas être susceptible de cession, de ce que dans l'espèce on se trouve en présence d'un bénéficiaire autre que le souscripteur lui-même.

Je ferai remarquer enfin, qu'un contrat d'assurance stipulée au profit d'un tiers produirait encore, à la différence d'un contrat de rente viagère de même nature, ce résultat singulier, qu'au cas de non exécution par l'assureur de son obligation, l'action en dommages-intérêts pour l'y contraindre appartiendrait précisément aux héritiers du stipulant, c'est-à-dire à ces mêmes personnes auxquelles on refuse, contrairement aux principes généraux, le bénéfice direct du contrat. Vous ne voulez pas leur donner le profit immédiat du contrat ; *mais vous êtes bien obligés* de leur en reconnaître le profit judiciaire et comme le domaine utile ! Dans la rente viagère stipulée au profit d'un tiers, tout se combine avec accord ; si le promettant se refuse à servir la rente, le stipulant interviendra ; c'est tout simple ; il a pour intervenir le même motif qu'il a eu pour stipuler la rente, son intérêt d'affection pour le bénéficiaire. Mais ici, en matière d'assurance sur la vie, il faudrait dire que ceux-là mêmes au préjudice desquels le bénéficiaire de la police a été avantagé, ceux qui se sont vu frustrer dans leur espérance, ont seuls entre les mains le pouvoir de faire exécuter le contrat fait à leur détriment !

Voilà donc plusieurs points de dissemblance qui mettent à néant toute analogie que l'on prétendrait établir entre le cas de l'art. 1973 et celui qui nous occupe.

Si l'on est en droit de raisonner par analogie, c'est bien plutôt de l'assurance en général a l'assurance sur la vie.

Si les assurances sur la vie présentent de l'analogie avec quelques autres contrats, c'est bien plutôt avec ceux qui font partie comme elles de la classe des Assurances. « Dans le silence de la loi, dit Bacon, il faut avoir recours à l'analogie, pourvu que ce soit avec précaution et discernement. »

Eh bien, sans prétendre à une assimilation complète, je crois que l'analogie nous est plutôt permise de l'assurance maritime à l'assurance sur la vie, que de celle-ci à la rente viagère : « Il a fallu, dit M. Alauzet, modifier dans bien des circonstances les règles écrites pour les assurances maritimes, mais ces modifications ne s'attaquent pas aux principes généraux, qui restent les mêmes, et ne peuvent varier, » t. II, 287.

Au nombre de ces principes généraux je range la règle *nemo alteri stipulari;* en matière d'assurances maritimes la question qui fait l'objet de notre discussion ne se comprendrait même pas : je ne vois pas pourquoi on chercherait à traiter différemment l'assurance sur la vie, si c'est bien véritablement, comme on le dit, une assurance proprement dite.

Je crois avoir suffisamment établi que, si l'article 1973 contient une exception au principe de l'art. 1119, il n'y a pas de raison pour l'étendre de la rente viagère à l'assurance sur la vie.

Je vais plus loin et je me demande s'il est bien démontré que cet art. 1973 contient une dérogation à la règle *nemo alteri stipulari.*

En autres termes, est-il certain que l'on puisse *en son propre nom* stipuler pour autrui une rente viagère?

On pourrait, en effet, soutenir, et il me semble que cette interprétation est bien préférable, que l'art. 1973 ne doit s'entendre que d'une stipulation de rente viagère faite *pour autrui, mais au nom d'autrui,* et par conséquent, n'est autre chose que l'application pure et simple des principes. Ce serait un cas de *negotia gesta* ou gestion d'af-

2ᵉ RAISON.

En admettant l'analogie, il n'est pas sûr que l'argument tiré de l'article 1973 soit concluant.

faires. Ce qui nous autorise à penser ainsi, c'est qu'il est bien difficile d'imaginer une action là où il n'y a pas un intérêt ; or, en droit, ne pas avoir d'action ou ne rien avoir, c'est tout un. Et pourtant, si nous admettions un contrat par lequel on stipule en son propre nom au profit d'autrui, il faudrait nécessairement supposer :

Ou bien que, d'un pareil contrat il ne serait né aucune action, puisqu'il ne peut être question de donner une action à quelqu'un qui n'a pas figuré dans le contrat, c'est-à-dire au bénéficiaire ;

Ou qu'il y aurait eu violation de la maxime : pas d'intérêt pas d'action ; puisque la seule personne qui pourrait agir en vertu du contrat, c'est, le stipulant, lequel n'a pourtant qu'un simple intérêt d'affection pour mobile.

De là résulterait un embarras inextricable. Comment en effet fixer le chiffre des dommages intérêts en cas de non exécution de la promesse ? En présence d'une pareille difficulté, j'hésite à croire que le législateur ait voulu s'écarter ici d'une règle qu'il a si solennellement consacrée partout ailleurs [1].

---

[1] Nous ne sommes pas les seuls à ne voir, dans l'article 1973, rien autre chose que l'application pure et simple des principes généraux à la matière spéciale de la rente viagère. La plupart des auteurs considèrent l'article à ce point de vue ; seulement ce n'est pas, comme nous, par l'hypothèse du mandat ou de la gestion d'affaires qu'ils le rattachent aux principes généraux, c'est par l'article 1121, précédemment cité ; c'est-à-dire que, plaçant l'application de l'article 1973 dans l'hypothèse prévue par l'art. 1121, ils supposent que le législateur n'a entendu valider, en la dispensant des formalités des donations, la constitution de rente viagère au profit d'un autre que le stipulant, qu'autant qu'il ne s'agirait là que d'une stipulation accessoire faite comme condition d'un contrat principal. En ce sens MM. Dalloz, Rép. alph., rente viagère, n° 36, et Mourlon (3° examen, n° 1033).

S'il en est ainsi, l'art. 1973 n'étant que l'application du droit commun, je ne vois aucun inconvénient, moi non plus, pour l'appliquer, comme M. l'avocat général, à l'assurance sur la vie, aussi bien qu'à toutes autres espèces de contrats.

Oui, j'admets qu'une assurance sur la vie peut être contractée par un tiers à notre profit et en notre nom, c'est-à-dire par un *negotiorum gestor,* comme elle pourrait l'être par mandataire exprès.

Oui, j'admets qu'une assurance sur la vie peut être contractée au profit d'un tiers; je vais plus loin, la *negotiorum gestio* pouvant être faite *donandi animo,* je ne vois rien qui empêche qu'un tiers puisse, dans l'intérêt d'un autre et pour lui faire une libéralité, souscrire une police d'assurance sur la vie! Mais cette police, ce n'est pas en son nom qu'il la souscrira, c'est au nom du bénéficiaire désigné : voilà où mon système se sépare de celui de M. l'avocat général Onofrio.

Distinction subtile! argutie juridique, dira-t-on peut-être! Ce serait s'abuser étrangement : c'est un intérêt tout pratique et très sérieux qu'il y a à ne pas confondre l'une avec l'autre, une police d'assurance souscrite par Pierre, en son propre nom, mais au profit de Paul, et une police d'assurance souscrite par le même Pierre, au nom et au profit de Paul! Dans la première (qui pour moi

---

Dans cette opinion comme dans la nôtre, l'argument tiré de l'art. 1673 par l'honorable magistrat M. Onofrio, tombe frappé d'inanité!

Voir ce que nous disons plus loin sur le jugement du tribunal d'Anvers du 23 mars 1866, pages 134 et 135.

S'il en est ainsi, l'article 1973 peut s'appliquer sans inconvénient à l'assurance sur la vie.

Nous aurons alors une assurance sur la vie contractée au profit d'un tiers, mais au nom de ce tiers.

Ce qui est tout différent d'une même assurance contractée au profit d'un tiers, mais au nom du stipulant.

n'est pas valide) c'est la personne de Pierre qu'il faut considérer pour savoir si certaine condition indispensable au contrat d'assurance sur la vie, et que nous examinerons ultérieurement, est ou non remplie. Dans la seconde, au contraire, toute la question se porte sur la personne du bénéficiaire Paul. Il n'y a donc pas là seulement, comme on pourrait le croire, une vaine dispute de mots !

Ayant ainsi écarté l'argument tiré de l'art. 1973, le seul qui puisse être imaginé pour chercher à établir que, considérée comme contrat à titre onéreux, l'assurance sur la vie au profit d'un tiers désigné n'est pas contraire à notre droit civil, nous croyons avoir montré qu'à ce premier point de vue, les raisons de M. l'avocat général ne sont rien moins que concluantes. Passons maintenant au second point de vue : considérons l'opération *comme contrat à titre gratuit.*

Je veux bien admettre, avec une jurisprudence constante qui remonte jusqu'à l'arrêt de cassation du 10 novembre 1810 (rapporté par Sirey, 1811, 1re partie, p. 76), la validité des donations indirectes qui résultent d'un contrat à titre onéreux. Mais si le fait qu'une libéralité se présente sous la forme d'un contrat commutatif (*lato sensu*) ne vicie pas la libéralité, d'un autre côté le fait que ce contrat commutatif renferme une libéralité ne peut pas avoir pour effet de donner à ce contrat une existence légale, s'il devait être nul par ailleurs.

Or, je viens de montrer qu'un pareil contrat ne peut pas valoir comme contrat à titre onéreux ;

puisque le contrat d'où l'on veut faire résulter une libéralité n'a pas d'existence légale, comment cette libéralité elle-même pourrait-elle subsister [1] ?

Mais en admettant que l'opération ne soit pas illégale comme contrat à titre onéreux, je n'ai qu'à rappeler ce que j'ai dit précédemment, pour établir que comme libéralité le contrat ne devrait pas être reconnu légal.

De plus, la libéralité par elle-même pécherait, comme nous l'avons dit plus haut, contre le principe de l'irrévocabilité des donations.

En effet, comme j'espère l'avoir démontré, pareille donation serait essentiellement révocable : or, c'est un principe de notre droit civil que, pour naître viable, la première condition qu'une donation doit remplir, c'est d'être née irrévocable : il n'y a, à la rigueur de cette règle, que quelques exceptions en petit nombre et très limitativement énumérées.

Sous le bénéfice de ces observations, je m'empresse de déclarer que tous les développements donnés par M. l'avocat général pour faire reconnaître qu'il n'y a rien d'illicite dans une assurance sur la vie faite *donandi animo*, au profit d'un tiers, restent parfaitement et pour l'intégralité dans le vrai, en supposant l'opération comprise comme je l'entends. En effet, l'opération se décom-

Comment faut-il concevoir l'opération pour qu'elle soit valable ?

---

[1] Les partisans de l'opinion que je combats, prenant tout à contre-pied ce raisonnement, font pivoter leur augmentation sur le cercle vicieux que voici :

L'assurance sur la vie est dispensée à la fois :

Et des conditions prescrites en matière de contrats onéreux, comme la règle « nemo alteri stipulari », — car elle est contrat à titre gratuit;

Et de celles prescrites pour la validité des donations — comme les conditions de forme, d'irrévocabilité et d'authenticité — puisqu'elle est contrat à titre onéreux :

« Je suis oiseau, voyez mes ailes,
Je suis souris, vivent les rats ! »

posera alors, d'une part, en un contrat à titre onéreux parfaitement valable puisque c'est le même individu qui est à la fois le stipulant (par *negotiorum gestor*, il est vrai) et le bénéficiaire du contrat et, d'autre part, en une libéralité non moins valable, consistant en ce qu'un tiers, qui a contracté en mon profit, renonce, *donandi animo*, à son action *negotiorum gestorum contraria*, c'est-à-dire au recours qu'il pourrait exercer contre moi pour la valeur de la police, comme l'ayant souscrite dans mon intérêt.

Arrêt conforme aux conclusions ci-dessus rapportées.

Néanmoins la Cour de Lyon, se rendant aux conclusions du ministère public, n'a trouvé rien à reprendre dans une stipulation qui se résume en un contrat commutatif nul comme contraire à la règle *nemo alteri*, et en un contrat de bienfaisance nul aussi comme violant le principe de l'irrévocabilité des donations.

L'arrêt est à la date du 2 juin 1863, 1re chambre ; M. Gilardin, premier président, MM. Rambaud et Dattas, avocats (Dalloz, Rec. pér., 1863, II, 119).

Nouveaux arrêts dans le même sens.

La même doctrine se retrouve dans un arrêt de la Cour impériale de Colmar, du 27 février 1865 [1], affaire *demoiselle Schneider* contre *syndic Schneider*, où on chercherait vainement une raison nouvelle à l'appui de la doctrine *Bouvard* contre *Bouvard*, et dans un arrêt de la Cour de Bruxelles confirmant, le 2 août 1866, avec de longs considérants, un jugement encore plus longuement motivé du tribunal d'Anvers, 23 mars

[1] Rapporté dans Dalloz, Rec. pér., 1865, II, 93.

1866 (affaire *le Phare* contre *Bavais*, rapporté dans le *Journal de l'Assureur et de l'Assuré*, par Lehir, année 1867). Le jugement invoque un argument nouveau, je devrais dire un nouveau semblant d'argument : c'est l'art. 1121 ; cet article contient en effet une exception, la seule exception qui en soit incontestablement bien une, au principe de l'art. 1119. Il permet la stipulation au profit d'autrui, lorsque cette stipulation n'est que l'accessoire d'un contrat soit commutatif, soit de bienfaisance, que l'on fait avec un tiers. Mais un contrat d'assurance sur la vie au profit d'un tiers étant par lui-même un contrat principal, qui n'entre dans aucun autre à titre d'accessoire, il est évident que ce contrat ne peut pas entrer dans les termes de l'art. 1121. Je crois inutile d'insister davantage sur ce point. Il n'y a pas plus de raison, il y en moins peut-être, pour appliquer à notre hypothèse la disposition exceptionnelle de cet article que pour y appliquer celle de l'art. 1973. On aura beau faire, on ne trouvera pas dans la loi une exception qui nous dispense d'appliquer à l'assurance sur la vie la rigueur des principes généraux. Il faut donc qu'elle reste dans la règle.

Et pourtant, dans les conclusions qui ont précédé un récent arrêt de la Cour impériale de Paris, arrêt qui vient de porter à la doctrine « Bouvard contre Bouvard » sa consécration définitive, *selon toute apparence*, M. l'avocat général Descoutures a cru trouver dans l'art. 1121 cet argument, topique indispensable pour mettre l'as-

surance sur la vie en dehors *des principes
généraux du droit civil*, et que **M.** l'avocat
général Onofrio avait cru trouver, lui, dans l'article 1973 :

« Le contrat d'assurance sur la vie, s'est-il
écrié, est assurément un contrat licite, et soit
que le bénéficiaire doive être l'assuré lui-même,
soit que ce dernier ait stipulé au profit d'un
tiers, cette stipulation est légitime dans les termes
de l'art. 1121 du Code Napoléon. » (*Gazette des
Tribunaux* du 15 mai 1867, arrêt du 5 avril,
5ᵉ chambre.)

La jurisprudence peut méconnaître le principe, mais elle ne peut pas faire qu'à l'heure actuelle il n'existe pas.

Je ne sais si la loi finira par l'emporter sur la
jurisprudence, ou si, au contraire, le triomphe
de celle-ci sera consommé par l'abrogation expresse ou tacite de la loi : mais je n'en persiste
pas moins à déclarer qu'à l'heure actuelle et dans
l'état présent de nos lois, une pareille interprétation me semble erronée. Et tant *que l'art.* 1119
subsistera dans notre Code, les fausses applications de la jurisprudence n'empêcheront pas le
principe de rester debout : les faits pourront lui
faire violence, mais un principe ne périt pas, il
tient bon :

« *Impavidum ferient ruinæ !* »

Oui, le principe tient bon! et ce n'est pas là
une vaine exclamation de dépit; c'est un cri de
victoire! car voici où ma doctrine triomphe à son
tour.

Cette vieille maxime de droit, qui est formellement consignée dans nos Codes, et dont néanmoins nos tribunaux ont fait si bon marché, la jurisprudence anglaise n'a jamais songé un seul instant à la contester et pourtant, là, elle n'est écrite nulle part, elle n'existe qu'à l'état d'adage juridique (*Common law*).

Or je crois être en droit de me prévaloir de l'opinion des savants magistrats anglais, dans une matière qui nous est venue d'eux; je ne ferai d'ailleurs que suivre l'exemple de tous ceux qui ont écrit, chez nous, sur l'assurance sur la vie : ils ne manquent jamais d'invoquer à leur appui la jurisprudence de nos voisins, toutes les fois qu'elle leur paraît favorable à la doctrine qu'ils soutiennent.

Eh bien, les magistrats anglais n'ont jamais songé que l'Assurance sur la vie pût porter échec au principe que le bénéfice de nos stipulations passe, avec toutes autres *choses in action* qui sont dans notre patrimoine, à nos ayants-droit et pas à d'autres! La doctrine est tellement certaine qu'il a fallu des actes législatifs pour y porter exception.

Un premier bill ayant autorisé une dérogation à ce principe en faveur des *Friendly societies*, ou Sociétés de bienfaisance, auxquelles on permettait de délivrer des polices d'assurance sur la vie faites au profit d'un tiers désigné (3 et 4, Victoria, chapitre 73, section III), ce bill fut bientôt rappelé (13 et 14, Victoria, chapitre 115, section XLII, en 1850, c'est-à-dire dix ans plus tard), parce que les autres Compagnies d'assurances sur la vie avaient émis la prétention de jouir du même bénéfice; ce qui aurait, au point de vue

Là tous les interprètes nous donnent raison.

Divers bills qui montrent à l'évidence qu'une exception législativement formulée est nécessaire pour faire échapper le contrat d'assurance sur la vie au principe « alteri ne no stipulari potest. »

fiscal, causé un préjudice sérieux à l'État. Du reste, le privilége a été rendu aux *Friendly societies*, par le bill 18 et 19 Victoria, ch. LXIII, sect. XXXI, et il est même question d'en faire le droit commun de toutes les compagnies : une pétition a été présentée à cet effet par M. Hibbert *M. P.*, et un projet de loi préparé, dans le but de concilier les droits du fisc avec l'innovation proposée. Mais jusqu'à présent, je ne me fais pas le défenseur de telle loi plutôt que de telle autre : je ne me fais que l'interprète d'une loi actuellement en vigueur, et, en cette qualité, je déclare que la jurisprudence anglaise est restée conforme aux principes généraux, tandis que la nôtre s'en est écartée.

Je me réserve, d'ailleurs, d'examiner plus loin si la loi ne devrait pas être amendée en notre matière, par la consécration législative d'une nouvelle exception au vieux principe romain :

« *Nemo alteri stipulari potest.* »

CHAPITRE VI

Si l'on peut, dans l'Assurance sur la vie, stipuler valablement même à défaut d'intérêt.

———

Nous venons de revendiquer, au nom des principes généraux, l'empire qui leur appartient dans la question précédente. Notre tâche n'est pas épuisée; il est un second point pour lequel il nous reste à faire rentrer l'Assurance sur la vie dans le domaine du droit commun.

Nous avons vu plus haut ce qui, selon nous, constitue la différence décisive entre le jeu ou le pari d'une part, et de l'autre l'Assurance dans sa généralité. Dans le jeu et le pari chacune des deux parties a la chance de faire une acquisition totalement gratuite; il y a là ce que nous pourrions appeler un contrat *synallagmatiquement aléatoire par excellence*, parce que les deux équivalents, les deux « συναλλάγματα », dont chacun est la cause de l'autre, consistent en deux obligations réciproques, toutes deux aléatoires, aussi complètement aléatoires l'une que l'autre, puisque toutes

Comment la question doit être posée.

deux sont conditionnelles dans leur existence même. Nous avons au contraire reconnu que l'assurance sur la vie appartient à la classe plus nombreuse des contrats, dans lesquels il y a toujours au moins une partie qui ne fera jamais qu'une acquisition partiellement gratuite. C'est là une différence de configuration même, une différence externe qui ne demande pas, pour qu'on l'aperçoive, qu'on entre dans l'appréciation de l'opération en elle-même et dans l'examen de son résultat soit immédiat, soit ultérieur. La confusion semble donc impossible à faire? Comment donc comprendre alors que, se trouvant en présence d'un contrat mal dessiné, on ait jamais pu se poser la question de savoir s'il y avait là une assurance sur la vie, ou bien un simple jeu, un simple pari? C'est qu'on s'exprimait mal : n'ayant pas peut-être une idée bien nette de ce que c'est que le jeu ou le pari, on entendait par là désigner une autre opération qui a tous les caractères extérieurs de l'assurance : je veux dire la loterie! A ce propos, qu'on nous permette de rappeler ce que nous avons dit plus haut.

C'est avec la loterie que l'assurance pourrait être confondue.

Comme l'assurance, la loterie est un contrat qui ne présente pas pour l'une ou l'autre des deux parties l'occasion d'une acquisition totalement gratuite ; comme l'assurance aussi, c'est un contrat aléatoire à l'état pur, c'est un contrat (*ut ita dicam*) « principalement » et non pas « accessoirement » aléatoire. Ce dernier caractère rapproche la loterie du jeu et du pari, et la sépare de toutes autres opérations aléatoires, non compris l'assurance, c'est-à-dire, par exemple, du prêt à la grosse, de la rente viagère, des achats et ventes de nue propriété, d'usufruit, etc. [1]

La question est ainsi rétablie dans ses véritables termes :

« Qu'est-ce qui différencie l'assurance de la loterie ? »

Le diagnostic n'est plus si facile que tout à l'heure! Ici, c'est dans les entrailles mêmes de l'opération qu'il faut entrer; il ne suffit plus, comme en présence du jeu et du pari, de jeter les yeux sur la forme extérieure du contrat : à cet égard il y a de part et d'autre la symétrie la plus parfaite. Et voilà pourquoi il peut y avoir et il y a souvent eu une certaine hésitation, sur la question de savoir si telle association, qui s'appelle tontine, n'est pas tout simplement une grande loterie, et non pas une entreprise d'assurance. Nous l'avons dit, c'est à une appréciation interne de l'opération qu'il faut se livrer : il faut se demander si le contrat ne s'est fait, pour l'une ou l'autre des parties, que

De lucro captanao;

ou bien, au contraire, si l'une d'elles n'a pas contracté

De damno vitando.

Au premier cas, loterie ;

(1) D'ailleurs la loterie pourra, comme l'assurance, constituer tantôt un contrat *synallagmatiquement*, tantôt un contrat *unilatéralement* aléatoire. La plupart du temps elle appartiendra, il est vrai, à cette dernière classe. Mais le contraire se comprend facilement : on n'a qu'à supposer une loterie dans laquelle les mises auraient une valeur indéterminée.

Au second cas, assurance !

Cette même différence distingue aussi, je le sais, le jeu ou le pari de l'assurance ; mais comme là ce n'est plus la seule différence qui subsiste, il est plus simple de s'en tenir à l'autre différence que nous avons signalée, puisque celle-là est à la fois plus facile et plus sûre à considérer. Pour la loterie, au contraire, c'est le seul critérium que nous ayons : il faut bien y avoir recours.

Ce critérium, nous venons de le dire, c'est que l'assurance est un contrat *de damno vitando,* ou, pour mieux dire, un contrat d'indemnité ! L'assureur peut bien être mû par un motif de spéculation, mais quant à l'assuré, tout ce qui lui est permis, c'est d'obtenir la garantie d'une perte : on ne peut faire assurer une chose à moins d'avoir un intérêt pécuniairement appréciable à la conservation de cette chose, et que dans les limites de cet intérêt, appelé par les Anglais :

« *Insurable interest,* »
au-delà ou en dehors de cet intérêt, on retombe dans la loterie (dans le jeu ou pari, si l'on veut se contenter d'un langage approximatif) ; et la conséquence juridique, tout le monde la connaît : c'est que l'opération se trouve à peu près nulle en droit : toute action sera refusée par la loi.

Ces principes sont tellement certains, tellement incontestés dans toutes les législations, qu'il serait puéril à moi de m'arrêter à les établir, en ce qui concerne les assurances maritimes et les assurances terrestres, contre l'incendie ou autres, à l'exception toutefois des assurances sur la vie.

C'est pour cette dernière classe d'assurances seulement que la question peut être mise en doute : le système qui semble prévaloir aujourd'hui voudrait les mettre à part : quant à moi, je propose de s'en tenir à l'application des règles communes à toutes autres espèces d'assurances.

« *Principale fundamentum assecurationis est risicum, seu interesse assecuratorum, sine quo non potest subsistere assecuratio.* »

Ainsi s'exprime Casaregis, Disc. IV, n° 1.

John Wesket ne s'exprime pas autrement dans son ouvrage intitulé : *A complete Digest of Theory, laws and pratice of life Insurance,* au mot Wager, 585.

De même encore M. Pardessus :

« L'Assurance ne peut jamais être pour l'assuré un moyen d'acquérir », écrit-il au tome II, n° 519.

Enfin, selon MM. Bravard et Demangeat, ouvrage déjà cité, chap. x : tout contrat d'assurances a pour but d'indemniser l'assuré d'une perte résultant d'un événement accidentel ou fortuit.

Dans ces quatre passages il n'est question que de « l'Assurance en général », je le sais : mais les auteurs, qui connaissent tous l'Assurance sur la vie, ne peuvent pas l'avoir perdue de vue, et pourtant les termes qu'ils emploient ne souffrent aucune idée de distinction. Je crois être en droit, à mon tour, de ne pas distinguer, et je dis, en termes généraux et sans exception, que l'Assurance est un contrat d'indemnité, tout aussi bien l'Assurance sur la vie que les autres espèces d'assurances !

Faut-il renoncer à appliquer ces principes généraux à l'assurance sur la vie ?

Je sais qu'on pourrait m'arrêter de prime abord en m'engageant à laisser là une assimilation qui est démentie par la notion même de l'Assurance sur la vie. Ce genre d'assurance, dirait-on, n'a rien de commun avec l'idée d'une perte dont on se fait indemniser ; en effet, le sinistre a tout au plus pour effet de nous empêcher d'acquérir, de nous priver d'un gain espéré ; il n'y a là, à proprement parler, aucune diminution effective de notre patrimoine : en un mot, c'est un contrat qui se fait *de lucro captando* pour nous assurer la continuation d'un bénéfice purement éventuel, ce n'est pas un contrat d'indemnité, *de damno vitando* : il ne faut donc pas chercher à appliquer dans la matière les règles établies pour les assurances en général ; l'assurance sur la vie n'est pas une véritable assurance, elle n'en a que le nom : aussi Casaregis avait-il raison de dire, en parlant de ce genre d'opération : « *Altera est « species assecurationis quæ in solo vocabulo « talis dici solet : in effectu autem non est « talis.* » Disc. VII, n° 2.

On ajouterait que l'esprit de toutes les législations, en matière d'assurances ordinaires, c'est de prohiber l'assurance de simples bénéfices espérés. Et à l'appui on pourrait invoquer :

La France ; en effet, chez nous, article 347 du Code de commerce, « le contrat d'assurance est « nul s'il a pour objet le fret de marchandises « existant à bord du navire ;

« Le profit espéré des marchandises, les loyers « des gens de mer ;

« Les sommes empruntées à la grosse, les pro-
« fits maritimes des sommes prêtées à la
« grosse! »

L'Allemagne, où le nouveau Code général de commerce, de 1861, formule dans son article 784 une partie des prohibitions de notre article 347.

La Hollande (articles 592 à 668) et le Portugal (articles 1672 à 1788), qui permettent bien l'assurance du fret, mais non pas des salaires soit de l'équipage, soit du patron;

L'Espagne et le Mexique qui, dans leurs Codes de commerce respectifs (art. 885 du Code de commerce espagnol, et art. 650 du Code de commerce mexicain, le dernier copié mot pour mot sur l'autre), portent que l'estimation des marchandises à assurer se fera sur le pied de leur valeur au port d'embarquement.

L'Angleterre elle-même; car si la jurisprudence y admet l'assurance soit pour le fret, soit pour le profit espéré, soit même pour les salaires du patron, elle a décidé dans une espèce célèbre (qui forme l'arrêt capital en la matière, *Webster* versus *De Tastel*, et qui est rapporté dans Turner et Russell, VII, 157), que les salaires des matelots ne peuvent pas être assurés. Lord Ellenborough a même décidé dans l'affaire *Wilson* versus *Royal exchange assurance Company*, qu'une assurance faite pour dette contractée par le capitaine et payable par prélèvement sur le fret, ne serait pas légale, bien que l'assurance du fret lui-même le soit (espèce rapportée dans la collection Campbell, II, 625).

L'Italie, la Russie pourraient encore être citées. Bref, sauf l'Amérique du Nord qui se tient en dehors de ce système prohibitif, il semble que, partout où l'assurance est connue, le législateur veuille en renfermer l'application dans les limites d'une garantie de droits nés et actuels, et refuse d'en étendre le bénéfice aux droits qui ne sont pas encore entrés dans le patrimoine du titulaire présomptif. Profits espérés, fret, salaires : si tout cela ne peut pas être assuré, c'est qu'il n'y a risque assurable que dans un événement qui doit amener pour nous la perte d'une valeur préexistante, — et non pas dans celui qui ne fait qu'empêcher la naissance d'un avantage sur lequel nous comptions! Eh bien! dirait-on, la mort d'une personne ne peut jamais entraîner pour nous que l'extinction d'une source de profits à venir, elle ne pourra pas nous priver de profits antérieurement acquis!

Si ce raisonnement était vrai, il ne mènerait pas à dire que l'assurance sur la vie doit être gouvernée par des règles à part, distinctes de celles qui sont applicables aux autres espèces d'assurances, il mènerait du même coup à refuser à l'assurance sur la vie toute place dans notre droit. Je n'hésite pas à le dire, s'il nous fallait reconnaître que ce contrat n'est pas un contrat d'indemnité, en d'autres termes que ce n'est pas une assurance, que ce n'est qu'une simple loterie, ou, pour parler le langage commun, qu'un simple jeu ou pari, nous nous associerions aux doutes émis naguère encore par feus MM. Bugnet et Dupin sur la valeur juridique des assurances sur la vie !

Mais il est facile de répondre à l'objection et de montrer que l'assurance sur la vie peut être considérée comme une véritable assurance, comme un véritable contrat d'indemnité.

En effet, il est faux de dire qu'il n'y ait que les droits actuellement acquis qui soient susceptibles d'une assurance véritable ! Toute expectative réelle et bien fondée peut suffire : tout ce que l'on veut, c'est que l'assuré ne puisse pas gagner à l'assurance. Or ce résultat reste intact, aussi longtemps que l'assuré ne touche rien au-delà de ce qu'il aurait gagné si le sinistre n'avait pas eu lieu : le contrat n'en sera pas moins *de damno vitando*, parce que, s'il est vrai qu'il touche quelque chose de plus que l'indemnité de perte proprement dite, cet excédant, qui représente le bénéfice espéré de l'opération, n'est pas un bénéfice résultant du contrat d'assurance, c'est quelque chose qui figurera dans son patrimoine, à supposer les risques écartés : j'ai un intérêt légitime à stipuler qu'en cas de réalisation des risques, mon patrimoine ne soit pas moindre qu'il ne l'eût été dans le cas contraire.

Si les diverses législations ci-dessus invoquées prohibent, en divers cas, l'assurance de certains bénéfices espérés, c'est plutôt par des considérations de fait que par des motifs de droit : on veut conjurer la baraterie, on veut intéreser les hommes d'équipages à ce que leur vaisseau arrive à bon port, et, pour cela, les diverses législations varient, suivant les lieux, suivant les temps

Non.

En effet, la notion des assurances en général n'est pas incompatible avec l'idée de la garantie d'un bénéfice espéré.

où elles ont pris naissance, en raison du plus ou moins de défiance des législateurs ; ce n'est pas là une question de principe même ; car une matière d'intérêt aussi international que l'assurance maritime ne peut pas manquer d'être régie, au fond, par les mêmes principes, chez toutes les grandes nations du monde. D'ailleurs de bons esprits verraient avec satisfaction la modification de notre art. 347, dans le sens éminemment libéral de la loi des États-Unis.

« De simples expectatives, jointes à des titres actuellement existants, forment un intérêt suffisant pour fonder une assurance. » (Arnould, *on Insurance*, p'. 230.) Cette doctrine, je la crois incontestable, non-seulement en Angleterre et partout où le profit espéré d'une cargaison peut être assuré, mais même en France. En effet : supposons un homme sur la tête duquel repose une rente viagère, l'usufruit d'une maison, l'usufruit de tel champ : la perception d'un arrérage de cette rente, d'un loyer de cette maison, de la récolte du champ ne forme-t-elle pas une espérance qui présente tous les caractères de la certitude la plus absolue, abstraction faite des risques qui entourent la tête de cet homme ? Lorsque j'assure une récolte contre la grêle, j'assure un bénéfice espéré qui n'a guère plus de certitude que la récolte dont la perception repose sur la tête de cet individu, qui en a moins peut-être que l'usufruit d'une maison et qu'une rente viagère. Quoi ! si j'avais pour débiteur un homme, qui ne m'offrirait pour garantie de ma créance que l'usufruit de ce champ je pourrais assurer les récoltes futures contre les dangers de l'orage, et je ne pourrais pas les assurer contre le péril du décès de l'usufruitier? Le résultat serait au moins bizarre! Je me refuse à l'admettre et je conclus qu'une perception future, qu'une espérance sérieuse d'enrichissement peut former l'objet d'une assurance, toutes les fois que la loi n'a pas cru trouver de motif spécial pour le prohiber.

L'Assurance sur la vie peut donc être considérée comme une assurance ordinaire, comme un véritable contrat d'indemnité.

Une fois admis que l'assimilation entre l'assurance sur la vie et les autres espèces d'assurances n'est pas impossible, je dis que cette assimilation est nécessaire; je dis que, pour moi, dans tout contrat qui prendra le nom d'Assurance, en cas de décès, il faut que nous trouvions un intérêt assurable, « pecuniary interest », sinon l'opération tombe sous le coup du principe qui se retrouve dans tous les temps et dans tous les lieux, à Rome comme de nos jours à Londres et à Paris :

« Senatusconsultum vetuit in pecuniam ludere, » dit le jurisconsulte Paul, 1. II, § 1, *De aleatoribus* [1] : « Præterquam si quis certet hasta vel pilo jaciendo, vel currendo, saliendo, luctando, pugnando, quod virtutis causa fiat. »

Et de même notre Code :

« La loi n'accorde aucune action pour une dette de jeu ou pour le paiement d'un pari.

« Les jeux propres à exercer au fait des armes,

---

[1] *Dig.*, liv. XI, tit. V.

les courses à pied ou à cheval, les courses de
chariot, le jeu de paume et autres jeux de même
nature qui tiennent à l'adresse et à l'exercice du
corps, sont exceptés de la disposition précédente.

« Néanmoins, le tribunal peut rejeter la demande quand la somme lui paraît excessive, 1965
et 1966. »

De même, enfin, le statut de la XIVe année du
règne de George III, chapitre XLVIII, connu sous
le nom de Gambling Act, lequel a été rendu expressément pour réglementer notre contrat spécial,
et porte pour intitulé : « Loi réglementant les
assurances sur la vie, et prohibant toute assurance de ce genre dans tous les cas où la personne
qui fera assurer n'aura pas un intérêt dans les
chances de vie ou de mort de celle qu'elle fera
assurer. » S'il y a un intérêt, l'assurance ne sera
faite que jusqu'à concurrence de cet intérêt.

Deux raisons de décider ainsi. — Pour nous, Français, il semble donc qu'il y ait
double raison pour nous en tenir aux principes
généraux.

L'Assurance sur la vie n'étant pas formellement permise par nos Codes, nous ne pouvons
l'y introduire que par assimilation au genre
d'assurances qui y sont réglées, sinon le contrat tombera sous le coup des articles 1965 et
1966, parce qu'il ne sera plus qu'un simple jeu
ou pari (pour nous servir du langage du Code,
de la jurisprudence et des auteurs), qu'une simple loterie, pour parler plus exactement.

L'Assurance sur la vie étant d'importation anglaise, il est à supposer qu'on a dû la prendre

— 151 —

telle qu'elle était au pays d'origine. Or là, il y
avait, antérieurement à la création de nos premières Compagnies, un texte de loi précis, st. XIV
George III, chap. XLVIII, qui ne reconnaît l'As-
rance sur la vie qu'à la condition de trouver tous
les éléments d'un contrat d'indemnité.

Ces deux arguments me semblent décisifs ;
malheureusement, ni la jurisprudence française
ni la jurisprudence anglaise ne l'ont pensé ainsi.

Je vais d'abord montrer quel a été le sort de la
raison tirée du statut George III, chap. XLVIII, en
Angleterre ; j'exposerai ensuite l'état de la jurisprudence française sur la question ; nous verrons
qu'il n'y a rien encore de bien fixé à cet égard.

Dans une espèce célèbre qui a longtemps fait
loi en Angleterre, l'affaire *Godsall* versus *Boldero* (arrêtiste East, IX, 72), à propos d'une
police d'assurance effectuée le 29 novembre 1803
sur la tête de William Pitt, par ses créanciers
MMs. Godsall et autres auxquels le grand homme
d'Etat devait une somme considérable, lord Ellenborough déclara que « pareille assurance, comme
toute autre reconnue par la loi, est un contrat
d'indemnité, par opposition à un contrat de jeu ou
de pari, » et, en conséquence, le Parlement ayant
décrété l'acquittement intégral des dettes de
W. Pitt aux frais de la nation, il prononça la
libération de la Compagnie d'Assurance.

Mais cette doctrine, que plusieurs écrivains
français, en retard de quelque cinquante ans,
présentent encore dans des traités tout récents
comme étant la jurisprudence actuellement en

vigueur chez nos voisins, je dois dire à regret qu'elle n'a pas été longtemps dominante. Antérieurement au statut XIV George III, l'assurance sur la vie, d'après les autorités les plus considérables, d'après lord Mansfield, *Hamilton* versus *Mendes*, Burr., II, 1178 (en 1761, le *Gambling act* étant de 1774), n'avait, à la différence de l'assurance maritime, aucun des caractères d'un contrat d'indemnité; lord Ellenborough, en se fondant sur le nouveau statut, avait cru pouvoir se séparer de lord Mansfield, mais on en revint bientôt aux anciens errements; non pas que l'on prétendît fouler aux pieds le « Gambling act », c'eût été impossible : mais on chercha à l'éluder sous prétexte que c'était une loi d'innovation et non pas une loi purement déclarative. La décision *Godsall* versus *Boldero* produisit un effet tout contraire à celui qu'on avait dû prévoir : la Compagnie d'Assurance qui avait intenté l'action reconnut bientôt qu'elle aurait gagné à perdre son procès; le public défiant s'éloigna d'elle ; elle se repentit et vit qu'il fallait revenir à un mode de procéder plus libéral.

Les autres Compagnies se tinrent pour averties par cet exemple, et aujourd'hui celle qui voudrait entrer dans l'examen de l'intérêt allégué lorsqu'on lui fait une proposition d'assurance sur la vie, ferait aussi bien de fermer boutique sans délai, comme l'a fort énergiquement exprimé dans une affaire ultérieure, en 1831, un des employés de cette même Compagnie qui avait donné lieu à la décision *Godsall* versus *Boldero* (voir l'espèce

Barber versus *Morris*, collection Moody et Robinson, I, 62). En présence de cette tolérance de la pratique, laquelle alla jusqu'à imaginer des polices « *indisputables* » afin de rassurer complètement le public, la jurisprudence dut se modifier ; car on sait qu'en Angleterre le pouvoir n'a pas l'habitude de faire violence aux mœurs ; toutefois, quant à considérer une assurance sur la vie sans intérêt assurable comme autre chose qu'une gageure, il ne fallait pas y songer ; aller jusque-là eût été se mettre trop manifestement en contradiction avec la loi ; on imagina seulement d'y porter un tempérament. Le statut XIV George III exige un intérêt assurable, c'est incontestable ; mais à quel instant cet intérêt doit-il exister? A toute époque, c'est-à-dire depuis le moment où la police est souscrite jusqu'à celui où le paiement de la somme stipulée devient exigible, selon la doctrine *Godsall* versus *Boldero*. Tandis que, suivant la nouvelle jurisprudence, il suffit que l'intérêt ait existé au moment de la stipulation ; ainsi il a été jugé qu'un créancier n'en avait pas moins le droit de toucher le montant intégral de la police souscrite à son profit, bien qu'il eût été désintéressé par les ayants-droit du défunt; affaire *Dalby* versus *India and London office* (XV, Common Bench, 365), et affaire *Law* versus *London indisputable office* (I, Kay et Johnson, 223) ; il est curieux de faire remarquer en passant que la Compagnie qui agissait dans cette dernière affaire, bien qu'elle se fût décorée du titre menteur d' « Indisputable », n'a pas longtemps survécu à la défaveur qui résulta pour elle de ce procès.

Comment on a pu raisonner pour donner à la loi ce'te interprétation nouvelle.

Cette interprétation donnée par la jurisprudence à la loi, a été adoptée par tous les auteurs, par Ellis, par Bunyon, par Smith, par Léone Levi, par Scratchley ; je crois néanmoins que si les termes du statut ne la repoussent pas à coup sûr, l'esprit qui l'a dicté l'a démentie. L'intention du législateur me semble bien évidemment avoir été d'annuler toute opération qui, se cachant sous le nom d'Assurance sur la vie, ne serait pas bien réellement un contrat d'indemnité. « Non, disent les partisans de la nouvelle doctrine, il est faux que l'assurance sur la vie soit un contrat d'indemnité : tout ce qu'il nous faut reconnaître c'est que le statut, innovant sur le droit commun, a exigé, pour la validité du contrat, qu'il y ait un intérêt en jeu ; mais il suffit que cet intérêt ait existé *ab initio*, peu importe qu'il vienne à faire défaut plus tard, *ex post facto :* le contrat ne sera plus dès lors un contrat d'indemnité, c'est vrai, mais il n'en sera pas moins valable, car il ne tombera pas sous le coup de la prohibition du statut : or c'est tout ce qu'il nous faut ». C'est là un raisonnement qui n'est pas tout à fait sans valeur : j'examinerai tout à l'heure s'il aurait la même valeur dans notre droit.

Ce raisonnement n'est pas absolument sans valeur en Angleterre.

Je dis qu'en Angleterre, si l'on admet comme vraie l'interprétation donnée aujourd'hui aux termes du *Gambling act*, ce raisonnement est décisif. C'est que là, une opération qui se présente sous la forme d'une assurance et qui, au fond, n'en est pas une, n'est pas nulle pour cela, tant qu'il n'y a pas un texte formel de loi à la déclarer telle ; en effet, la gageure, d'après le droit anglais, peut engendrer une action, pourvu qu'elle n'ait rien de contraire à l'ordre public : c'est donc comme gageure que vaudrait une assurance sur la vie qui ne serait pas un contrat d'indemnité.

Si nous transportons maintenant la question sur notre propre terrain, c'est-à-dire dans notre droit français, la décision me semble absolument injustifiable, puisque, chez nous, il faut nécessairement :

Ou que le contrat soit bien une assurance véritable, ou qu'il soit nul (art. 1965 et 1966).

Pourtant nous allons voir que certaines décisions de notre jurisprudence ne se sont pas contentées de suivre seulement les magistrats anglais dans leur voie nouvelle : elles les y ont laissés de fort loin en arrière. Ici cependant je suis loin d'être seul à combattre pour l'application des principes généraux, comme je l'étais dans la discussion précédente.

Outre le nom de plusieurs auteurs et par exemple de MM. Grün et Joliot, qui écrivent aux n°ˢ 377 et 379 de leur tome II, que « l'Assurance ne peut être une cause de bénéfice » et ajoutent plus loin que « si l'assuré n'a pas intérêt à la conservation de la chose sur laquelle repose le risque, son espérance tout entière est dans la perte de l'objet de la gageure », cela dans un ouvrage qui traite de l'assurance sur la vie, outre les noms de MM. Sebire et Carteret, qui n'admettent pas non plus la

SECONDE RAISON
Loi française.

Elle est interprétée dans le sens que l'assurance sur la vie doit être un contrat d'indemnité,

Par certains auteurs ;

validité d'une assurance sur la vie à défaut d'intérêt, à moins qu'il ne s'agisse de l'assurance
d'une rente viagère de survie, 1971 (*Encyclopédie du droit*, v. Assurance sur la vie, n° 32).

Par quelques monuments de jurisprudence. Outre ces autorités, nous pouvons invoquer à
notre appui quelques décisions judiciaires, notam-
ment un jugement du tribunal de commerce de la
Seine, à la date de 24 juin 1852, annulant une
assurance sur la vie pour défaut d'intérêt, et un
arrêt de la chambre des requêtes de la Cour de
cassation du 6 juillet 1852 dans le même sens;
enfin, plus récemment, un arrêt de la Cour impériale de Paris, du 16 août 1860, lequel confirme
un jugement du tribunal de commerce de la Seine
du 4 mai de la même année, dans une espèce précédemment citée, affaire *Semen* contre *Union* et
veuve Grassot. Cet arrêt, conforme à l'ancienne
jurisprudence anglaise, c'est-à-dire à la doctrine
Godsall-Boldero, décide que le créancier qui a
fait assurer sur la vie de son débiteur la somme
à lui due, n'a droit, à la mort de ce dernier, qu'à
la portion de sa créance restée impayée.

Mais la grande majorité des arrêts l'interprète autrement. Mais la grande majorité des arrêts ont soutenu
la doctrine contraire : je citerai les principaux
seulement.

Cour de Limoges. D'abord les célèbres arrêts de la Cour de
Limoges, 1er et 2 décembre 1836, lesquels sont
rapportés dans la plupart des ouvrages de droit
qui se sont occupés de l'Assurance sur la vie.

Cour de Paris. Puis les arrêts de la Cour de Paris des 12 et
13 décembre 1851, sanctionnés par un rejet sur
pourvoi à la Cour de cassation, en date du 14 dé-

cembre 1853, dans l'affaire *la Providence* contre *Ledoux*. L'arrêt de la Cour de Paris, comme celui de Limoges, avait été jusqu'à décider que l'assurance sur la vie d'un tiers est valable en l'absence de tout intérêt pour le bénéficiaire à la conservation de la vie assurée : c'était une doctrine soutenable, quoiqu'elle ne nous semble pas conforme aux principes. L'arrêt de la Cour de cassation imagine un système qui n'est pas seulement en contradiction avec les principes, mais qui l'est avec lui-même. Suppléant à la loi qui manque par une vieille instruction ministérielle du 11 juillet 1818, et sans nier que l'intérêt soit nécessaire pour légitimer une assurance sur la vie, elle décide que le contrat sera valide ou ne le sera pas, suivant que le tiers sur la tête duquel il repose a donné ou n'a pas donné son consentement à l'opération. « On peut tout soutenir, excepté l'inconséquence », disait Mirabeau. Les honorables magistrats n'y ont pas pris garde, et voilà pourquoi, dans un même arrêt, ils ont cru pouvoir affirmer, d'une part, qu'à défaut d'intérêt le contrat est nul, et, d'autre part, que le contrat est valable pourvu que le tiers ne s'y soit pas opposé, c'est-à-dire malgré le défaut d'intérêt.

Au fond, mais avec moins de franchise que les deux Cours inférieures, la Cour suprême a donc admis qu'une assurance sur la vie ne tombe pas sous le coup des art. 1965 et 1966, quoiqu'il n'y ait pas là contrat d'indemnité.

La même doctrine se retrouve, non pas formellement reproduite, mais implicitement admise dans certaines décisions plus récentes :

Dans un jugement du tribunal civil de la Seine du 25 novembre 1858, affaire *Swensson* contre *la Paternelle*. Il s'agissait là d'une assurance sur la vie d'un tiers, pour laquelle il était parfaitement avoué qu'aucun intérêt n'avait jamais existé dans la personne du bénéficiaire sur la tête de l'individu assuré ; rien de plus simple, par conséquent, que de libérer par ce motif la Compagnie d'Assurances ! Il n'en fut rien cependant : le tribunal prit la peine d'entrer dans l'examen de certains faits beaucoup moins clairs, afin de trouver une autre raison d'annuler la police :

Dans un jugement du tribunal de commerce de la Seine, du 26 novembre 1866, affaire *Marquis de Beaumont* c. *Internationale*. L'*Internationale*, compagnie anglaise, alléguait d'une façon absolue (ce qui est faux) que la loi anglaise n'admet pas la validité d'une assurance constituant, comme dans l'espèce, un jeu et un pari sur la vie humaine. Ignorant la loi anglaise, le tribunal n'a pas nié qu'elle ne décidât comme l'alléguait la Compagnie [1] : il déclara seulement que cette loi n'avait

---

[1] Nous tenons à bien constater quel est l'état du droit anglais sur ce point, quoique cela puisse nous sembler contraire, ou plutôt précisément par cette raison.

Or, en Angleterre, je le répète, la common law ne s'opposant pas d'après la jurisprudence actuelle à la validité d'une obligation née d'un jeu ou d'un pari, pourvu que cela ne constitue pas une des gageures expressément prohibées par une disposition statutaire, une soi-disant assurance sur la vie, nulle en cette qualité, pourra néanmoins valoir comme gageure. C'est ce qu'on décide, par exemple, d'une assurance dans laquelle l'*insurable interest*, réel et incontestable à l'origine, aurait disparu par la suite.

rien à faire ici. Quant à la loi française, je regrette de dire que le tribunal ne paraît pas l'avoir connue beaucoup mieux que celle de nos voisins : en effet, en réponse à la seconde allégation de la Compagnie (parfaitement fondée celle-là), voici ce que je lis dans un des considérants :

« Attendu que l'assurance faite sur la vie d'un tiers désintéressé dans le contrat, ne saurait être considérée comme une opération de jeu ou de pari sur la vie humaine; qu'en effet, le contrat est basé sur l'existence d'une dette certaine et que l'aléa existe seulement sur l'époque d'exigibilité de cette dette. »

Je me demande quelle valeur conserverait cet argument, si nous nous placions dans l'hypothèse d'une assurance temporaire, ou d'une assurance de survie? ce n'est plus alors l'époque de l'exigibilité qui est seule aléatoire; c'est bien l'existence même de la dette! Ce qui fait que l'on ne voit pas toujours bien clair dans cette question de savoir si tel contrat sur la vie est bien ou non un véritable contrat d'indemnité, c'est, je le répète, que la question est mal posée : le tribunal, dans l'espèce, a raison de dire que l'assurance sur la vie, même à défaut d'intérêt, n'est pas un jeu ni un pari; il a raison, mais par un autre motif que celui qu'il donne : il a raison parce que, comme nous l'avons dit en commençant, le jeu ou le pari ne présentent avec l'assurance aucune ressemblance extérieure. Mais il n'aurait plus raison si nous rétablissions le problème dans ses termes véritables; si nous comparions, en effet, le contrat attaqué avec la loterie, il faudrait bien reconnaître identité parfaite entre les deux opérations. Dans l'une et l'autre, qu'est-ce que nous voyons ?

Un homme qui donne un équivalent et, en échange, obtient la chance d'acquérir un équivalent plus considérable.

Voilà ce qui est apparent. Si vous me présentez un contrat qui, avec ces traits extérieurs, est, au fond, un contrat d'indemnité, je reconnaîtrai là un contrat d'assurance — assurance sur la vie, dans l'espèce. S'il n'y a pas, au fond, contrat d'indemnité, je défie qu'on puisse distinguer l'assurance d'avec la loterie.

C'est ce que le tribunal n'a pas aperçu.

Je retrouve encore la même adhésion, au moins tacite, à la doctrine de la Cour de Limoges et autres, dans un jugement du tribunal civil de la Seine, à la date du 14 juin 1865, dans la fameuse affaire *Pauw, la Pommerais* et *Cies d'assurance*. L'avocat impérial Aubépin, dans ses conclusions en faveur des Compagnies, arrivant à supposer que les polices souscrites en apparence au profit de Madame de Pauw n'avaient en réalité et dès l'origine d'autre bénéficiaire que la Pommerais lui-même, se demande quelles seraient les conséquenses de cette hypothèse une fois admise : « Le contrat est nul! » répond-il. Et pourquoi nul ? — Nous aurions répondu : «Nul, parce qu'il n'y a pas là une assurance, mais une loterie — pas d'intérêt, donc pas contrat d'indemnité! » Au lieu de cela, M. Aubépin croit nécessaire d'avoir recours à une argumentation

rien moins que sûre, qui consistait à affirmer
que, l'assassin ayant médité son crime dès le
moment de la signature du contrat, l'opération
était entachée de fraude. C'est là une suppo-
sition toute gratuite et qui, en tout cas, ne présente pas la même certitude qu'un argument tiré
du droit lui-même : évidemment M. l'avocat général ne se. serait pas engagé sur un terrain
aussi peu solide que celui des inductions et des
appréciations de fait, s'il avait senti sous ses
pieds le sol ferme des principes juridiques.

On ne trouve rien non plus dans les considérants du jugement qui puisse faire penser que
le tribunal ait considéré comme admissible l'annulation d'une assurance sur la vie, par cela seul
que le bénéficiaire de la police n'avait aucun
intérêt à la conservation de la vie assurée.
(1ʳᵉ chambre, MM. Benoît-Champy, prés.; Larnac,
Sénard, Lachaud, Allou, Dufaure et Ernest Picard, avocats.)

En résumé, si l'on fait la balance des arrêts
rendus sur la question soit en Angleterre, soit
en France, on est obligé de reconnaître que la
jurisprudence n'est encore définitivement fixée
ni dans un sens ni dans un autre.

La série des décisions contraires à notre opinion n'est pas encore assez considérable pour
anéantir l'autorité des monuments de jurisprudence qui nous donnent raison; si, de part et
d'autre du détroit, la doctrine *Godsall Boldero*
n'a pas pour le moment l'avantage, chez nous
comme chez nos voisins d'outre-Manche cette

doctrine a été consacrée par plusieurs arrêts. Ce n'est donc pas par la jurisprudence qu'il faut chercher à trancher la controverse; ce sont des raisons qu'il nous faut, et nous pensons que celles que nous avons exposées sont décisives pour faire reconnaître que l'assurance sur la vie est bien un contrat d'indemnité; en d'autres termes, que l'assurance sur la vie est une véritable assurance!

CHAPITRE VII

Différents points de droit civil. — Terminologie. — Conditions essentielles.

Si l'on admet avec nous que l'assurance sur la vie, pas plus que toute autre espèce de contrat, et spécialement pas plus que toute autre espèce d'assurance, ne déroge :

Soit à la prohibition de stipuler en son propre nom pour autrui;

Soit à la nécessité d'un intérêt qui donne à la stipulation une validité qui ne lui appartient ni dans la loterie, ni dans le jeu, ni dans le pari;

On verra comment toutes les questions qui peuvent se présenter dans la matière vont se résoudre facilement et comme d'elles-mêmes!

Il importe d'abord de se bien fixer sur la valeur des termes à employer.

Nous avons vu ce qu'il fallait entendre, à proprement parler, par assurance sur la vie : il n'y a pas que là que la confusion soit à craindre. En

effet, nous trouvons souvent le mot « assuré »
employé dans un sens impropre.

L'assureur ici, et il n'y a pas à s'y tromper,
c'est celui qui promet, moyennant une prime,
de payer une somme à l'époque du décès d'une
personne déterminée.

La vie assurée, c'est-à-dire la chose assurée,
c'est la tête de cette personne déterminée, de
même que dans l'Assurance maritime ce serait le
navire assuré, dans l'Assurance contre l'incendie
l'immeuble assuré.

L'assuré, c'est-à-dire la personne assurée,
c'est celui qui, ayant intérêt à la continuation
de l'existence assurée (que cette existence soit
la sienne propre ou celle d'un autre), s'est fait
promettre pour lui, ou tout au moins pour ses
ayants-droit, le paiement d'une somme stipulée
pour le cas échéant.

La plupart du temps la vie assurée et l'assuré,—
en autres termes la chose assurée et la personne
assurée, — seront un seul et même individu ;
voilà pourquoi il arrive souvent de confondre
les termes, et d'appeler « assuré » la personne
sur la tête duquel repose l'assurance, bien que
ce ne soit pas le stipulant. Mais alors celui-ci, le
stipulant, comment l'appellera-t-on ? Il faut bien
l'appeler aussi « assuré », — et dès lors voilà un
même mot servant à désigner deux individus parfaitement distincts en droit comme en fait !

Par *prime*, il faut entendre l'équivalent, quel
qu'il soit, donné par l'assuré en échange de la
promesse qu'il obtient : l'origine de ce mot vient

soit du latin *præmium*, en italien et en espagnol
« premio » lequel signifie « soulte, profit de change
et spécialement, en matière d'assurance, prime »,
soit de *prima* (qui en espagnol s'emploie indifféremment avec « *premio* », pour désigner ce que
nous appelons « prime »), parce qu'il est d'usage
de payer la prime par avance. — Les Anglais disent « premium ». Quoi qu'il en soit de cette question d'étymologie, qu'il me semble à peu près impossible de résoudre, puisque dans une même
langue nous trouvons à la fois des arguments
pour et contre (*prima* et *premio* étant synonymes en espagnol), ce qu'il importe de résoudre
ici, c'est la question de la valeur actuelle du mot
prime.

Nos Compagnies françaises se distinguent en
Compagnies à primes et Compagnies en mutualité, de sorte qu'il semble qu'il peut y avoir
des assurances « à primes » et des assurances
non « à primes ». Erreur! il est évident qu'il
faut bien que l'assuré donne quelque chose en
retour de ce qu'il va recevoir : il y aura donc
bien toujours une prime. Seulement, quelquefois cette prime sera fixe, quelquefois elle ne le
sera pas. J'aime mieux la terminologie des Anglais, qui ne parlent jamais d'assurances à primes,
ce qui appelle par opposition l'idée d'assurances
non à primes, mais qui parlent de Compagnies
avec actionnaires, par opposition aux Compagnies
en mutualité.

La « police » (ici tout le monde est d'accord), Police.
c'est l'écrit qui constate l'obligation de l'une et

de l'autre des parties, — si le contrat est synallagmatique, ou seulement de l'une d'elles — si le
contrat est unilatéral : car rien n'empêche de
concevoir que l'équivalent fourni par l'assuré
consiste en une valeur fournie une fois pour
toutes, *hic et nunc*, au lieu de consister en une
obligation de payer une ou plusieurs primes. On
chercherait vainement l'origine de ce mot « police »
dans les mots grecs πολις, πολιτεια, qui ont donné
naissance à un mot semblable dans notre langue :
l'origine en est dans le mot latin « polliceri »; cette
différence d'extraction se montre à l'évidence
dans plusieurs langues contemporaines : en italien « polizza » billet, cédule [1], se distingue très
nettement de « politica » police ; — en espagnol,
c'est à peine si une personne qui saurait parler
la langue se douterait qu'il y a une ressemblance
quelconque entre le mot « *poliza*, » billet, promesse, et le mot « *policia* »; de même en anglais,
le mot « policy [2] » sonne tout différemment de
« police »; de même enfin en allemand, où le mot
police, police d'assurance, est tout différent du
mot *polizei*, police d'un Etat; si l'étymologie du
mot n'est pas si facilement reconnaissable chez
nous, c'est que l'accent tonique y disparaît. S'il
pouvait encore, à cet égard, rester un doute dans
quelques esprits, il me suffira de renvoyer au

---

[1] Par exemple, billet de loterie, *polizza di lotto ;* par exemple
encore, cédule de chargement, c'est-à-dire connaissement, *polizza di
carico*.

[2] J'avoue toutefois que ce mot *policy* présente la même équivoque
que notre mot français police, puisqu'il veut dire à la fois police
d'assurance et politique.

Diccionario razonado de legislacion y jurisprudencia, par D. Joaquin Escriche — au mot « poliza ». Voir aussi le mot « *premio* » qui veut dire « change », change maritime, par exemple.

Passons maintenant en revue les conditions essentielles du contrat : le consentement, l'objet et la cause.

Je subdivise le consentement en « consentement quant au fond », « consentement quant à la forme » ; dans le consentement quant au fond, je comprends la question de capacité ; dans le consentement quant à la forme, je comprends la question de preuve. Cette méthode n'est peut-être pas parfaitement orthodoxe [1] ; mais on comprendra que ce n'est pas ici le lieu de m'arrêter à examiner la valeur de l'article 1108 du Code Napoléon.

Et d'abord, capacité.

Je dis que la capacité rentre dans le consentement : « Pour contracter, dit Toullier, tome VI, 97, il faut être sain d'esprit et en état de donner un consentement avec discernement, liberté et réflexion. »

Du côté de l'assureur, c'est la capacité ordinaire pour s'obliger qu'il faut avoir, en y ajoutant

---

[1] Les rédacteurs du Code Napoléon, en effet, semblent faire deux conditions à part du consentement et de la capacité de la personne qui consent, comme s'il pouvait y avoir consentement là où il n'y aurait pas capacité de consentir.

D'un autre côté, quant à la question de preuve, partout où la loi établit des règles spéciales pour la preuve d'un contrat, écartant ainsi les modes ordinaires et réguliers de preuve, n'est-ce pas uniquement pour assurer que le consentement des parties a été donné en toute connaissance de cause, avec *discernement, liberté* et *réflexion*, comme dit Toullier ?

ceci que, dans le cas où l'assurance pourra constituer un acte de commerce (ce que nous examinerons plus tard), il faudra de plus la capacité spéciale requise pour faire le commerce [1].

Du côté de l'assuré il n'est plus besoin d'une capacité aussi complète, car l'assurance considérée à ce second point de vue est un acte d'administration. Un mandataire, soit légal, soit judiciaire, soit conventionnel, pourra donc contracter une assurance au nom et pour le compte de celui qu'il représente : par exemple un tuteur, un mari pour le compte de son pupille, de sa femme : *sic* Grün et Joliat (chap. VIII, section III, 374); nous avons vu précédemment qu'une assurance sur la vie pourrait encore être contractée par un *negotiorum gestor*, soit dans l'intention de faire une libéralité, soit même, ainsi que le décident les mêmes auteurs (ib., 376), en se réservant le droit d'exercer la *negotiorum gestorum contraria*, c'est-à-dire de recourir contre celui pour le compte duquel il aurait fait l'assurance (*sic* Pardessus; II, 593, 3°, et Alauzet, n° 559). Un incapable même, pourvu qu'il ait la libre administration de ses biens, pourra contracter sur ses revenus une assurance sur la vie : ainsi la personne pourvue d'un conseil judiciaire, ainsi le mineur émancipé (comme le décide M. Pardessus, tome II, n° 562, 2°), ainsi la femme séparée de biens

---

[1] Nous n'avons pas à faire ici un cours complet sur les diverses capacités ou incapacités juridiques que l'on peut distinguer dans notre droit; disons seulement que tel peut avoir la capacité d'aliéner ses meubles et de s'obliger, qui n'aurait pas celle d'aliéner ses immeubles, ou de plaider, d'emprunter, de transiger, etc.

(même auteur, ibidem) : bien entendu sous les restrictions que comporte cette capacité imparfaite ; c'est-à-dire en ce qui touche le mineur émancipé, en faisant application, avec MM. Grün et Joliat de l'art. 484, qui prononce la réductibilité en cas d'excès : car si l'assurance, assurance sur la vie comme toute autre, est dans son] principe un acte de bonne dmiinstration, il n'en est pas moins vrai que, poussée à l'excès, la pratique pourrait en avoir pour effet de priver le mineur émancipé du plus clair de son avoir, c'est-à-dire d'un revenu qui peut-être n'est rien de plus que suffisant, en échange d'une opulence lointaine : administrée outre mesure, l'assurance sur la vie est un remède pire que le mal qu'il veut combattre : au lieu de supprimer l'aléa, il en ajoute ; — en ce qui concerne la femme, en faisant observer que si l'on se range dans une opinion qui a ses partisans, bien qu'elle ait contre elle et un texte assez formel, l'article 2092, et les autorités les plus considérables (telles Duranton, Valette, Demolombe) l'obligation contractée par elle ne pourrait s'étendre qu'à ses meubles : en effet, dirait-on, l'administration, si libre que vous la supposiez, ne comporte jamais le droit d'aliéner même à titre onéreux les immeubles ; or on ne peut faire indirectement ce qu'on n'aurait pas le droit de faire directement !

Quand nous parlons de capacité à contracter une assurance sur la vie, nous ne distinguons pas entre celle où la même personne est à la fois l'Assuré et la Vie assurée, et celle où ce sont deux

En droit pur, le consentement de celui dont la vie est assurée, s'il est un autre que l'assuré, n'est pas nécessaire.

personnes distinctes. C'est toujours à la capacité de l'assuré que nous nous attachons : celui-là seul joue le rôle de personne juridique dans l'opération : quant à l'autre, c'est pour ainsi dire la chose assurée. Je sais bien qu'une instruction ministérielle du 11 juillet 1818 exige que le tiers sur la tête duquel porte l'assurance, donne son consentement au contrat : je sais bien que cette exigence qui a été adoptée par le Code prussien (articles 1973 *und* 1974), a trouvé crédit auprès de quelques-uns de nos auteurs, notamment MM. Quenault, Grün et Joliat, Sebire et Carteret, Pardessus (II, 577), et auprès de la jurisprudence comme cela ressort des arrêts de Limoges du 2 décembre 1836 et de Paris, 12 et 13 décembre 1851 déjà cités : dans ce système il faudrait encore s'occuper de la capacité de la personne dont la vie est assurée, et si elle était incapable de donner un consentement valable, obtenir celui de ses père, ou mère, ou tuteur, ou mari. On ajoute cependant que, s'il s'agissait d'une femme mariée, le consentement du mari ne suffirait pas, elle serait mise en demeure de donner le sien propre. Je n'ai pas à m'occuper de la question de savoir si, en législation [1], il ne vaudrait pas mieux au système prussien préférer le système anglais, qui est en même temps celui du Code hollandais (art. 303) et du Code de Wurtemberg (art. 497),

---

[1] La loi de 1868 sur les assurances en cas de décès n'a pas tranché formellement la question : il a seulement été dit dans la discussion que l'intention des rédacteurs était qu'aucune police ne pût être souscrite sans le consentement de celui dont l'existence formerait la base de l'opération.

je reste dans le domaine de l'interprétation, et je dis qu'à ce point de vue il vaut mieux penser, avec M. Alauzet, que l'assurance est, à l'égard du tiers dont la vie est assurée, *res inter alios acta,* affaire entre l'assureur et l'assuré : ce sont les principes généraux en matière d'assurance et, plus généralement, en matière de conventions quelconques; pourquoi s'en écarter ? Une instruction ministérielle ne peut pas changer le droit civil, et je me demande comment on pourrait contraindre un créancier à subir le caprice de son débiteur, lorsqu'une assurance sur la tête de ce dernier semblera nécessaire pour se récupérer d'une insolvabilité menaçante !

Si nous passons maintenant à ce qui touche à la question du consentement quant à la forme, je n'hésite pas à décider avec la majorité des auteurs que, d'après notre droit civil pur, et à la différence de la jurisprudence anglaise, le contrat peut être fait avec ou sans écrit : qu'on ne m'objecte pas que je m'écarte ici de la règle posée par le Code de commerce pour l'assurance maritime : je transporte à notre matière spéciale ce que je trouve formellement établi pour la seule espèce d'assurance dont notre loi se soit occupée, mais je le transporte *mutatis mutandis;* de l'assurance maritime j'arrive, par la méthode inductive, à l'assurance en général, et de celle-ci je redescends par voie de déduction à l'assurance sur la vie : or, de ce que je trouve la nécessité de rédiger un écrit dans la matière spéciale de l'assurance ma-

PREUVE.

Elle peut être, indifféremment, écrite ou verbale, ou résulter de présomptions.

ritime, puis-je généraliser cette règle et l'étendre à tout contrat d'assurance ? Non : car ce n'est pas en tant qu'assurance, que l'assurance maritime est soumise à la nécessité d'un écrit, c'est en tant que contrat maritime : comme tous les autres contrats maritimes, il faut, en effet, que l'assurance contre les risques de la mer, pouvant donner lieu au loin à des contestations, soit sur son existence même, soit sur son interprétation, puisse porter partout avec elle un mode de preuve susceptible de se déplacer facilement et de faire foi dans toutes les parties du monde : or, comment faire venir des témoins de par delà l'Océan ? Comment s'éclairer par des présomptions tirées de faits qui se seraient passés à quelques milliers de lieues de distance ? (*Sic* MM. Rataud et Léveillé[1] à leurs cours.)

Il est vrai que l'on pourra être tenté de m'opposer les lois récentes qui ont soumis les contrats d'assurance sur la vie, comme les autres, à la condition du timbre ; nous en parlerons lorsque nous examinerons la question des lois de l'enregistrement : dès à présent je me contente de dire que la validité d'un contrat, au point de vue du droit civil, n'est pas inséparable de sa conformité aux lois spéciales du timbre ou de l'enregistrement. Ces lois ne sont donc pas absolument incompatibles avec l'idée que le contrat peut se faire avec ou sans écrit.

---

[1] Qu'on me permette de renvoyer ici au remarquable cours de droit maritime professé à l'Ecole de droit de Paris, publié ensuite à la librairie Cotillon, par M. Jules Léveillé, qui est à la fois un des plus jeunes et des plus distingués parmi les professeurs de notre Faculté.

Ayant ainsi examiné les éléments constitutifs du consentement, il nous reste à jeter un coup d'œil sur les vices qui peuvent affecter ce consentement.

En ce qui touche le dol, la violence et l'erreur, application des principes généraux; en ce qui concerne la lésion, comme nous sommes ici en présence d'un contrat aléatoire, on ne pourra jamais l'invoquer à son appui même dans les cas, si rares qu'ils soient, où le Code la prend en considération. Disons d'ailleurs que ces cas ne se présenteront guère : pour qu'il en fût autrement, il faudrait se placer dans l'hypothèse, peu vraisemblable, où la prime d'assurance consisterait en aliénation d'un immeuble appartenant à l'assuré [1]. Pothier, disait déjà (193) qu'à moins du cas de mauvaise foi un mineur ne serait pas admis à se faire restituer pour lésion contre une assurance : on sait qu'aujourd'hui — c'est ainsi, au moins, que pensent MM. Valette sur Proudhon, page 469, et Duranton, tome X, n° 273, — la lésion n'emporte plus aucunement, en matière de minorité, droit à une resti_ tution : *restituitur tanquam minor non tanquam læsus.*

Nous croyons avoir dit à peu près tout ce que l'assurance sur la vie présente de particulier au point de vue du consentement.

Passons maintenant à ce qui concerne l'objet du contrat.

---

[1] En effet, on sait que dans notre droit, il n'y a, abstraction faite de l'hypothèse d'un partage, qu'un seul cas de rescision pour cause de lésion : celui de la vente d'immeubles avec perte de plus des sept douzièmes.

Nous n'avons qu'à rappeler ici ce que nous avons tâché d'établir plus haut, lorsque nous nous sommes demandé si l'on pouvait, en matière d'assurance sur la vie, stipuler, en son propre nom, pour autrui : un pareil contrat, avons-nous dit, serait radicalement nul, faute d'objet dans l'obligation de l'assuré ; car, en droit, pas d'objet, ou objet inutile, c'est la même chose : or un intérêt de simple affection ne suffit pas : « Inventa sunt enim *hujusmodi* obligationes ad « hoc ut unusquisque sibi adquirat quod suâ inte- « rest : cæterum ut alii detur, nihil interest stipu- « latoris [1]. » (Institutes de Inutilibus stipulationi- bus, 19).

C'est pour cela que les Romains, un peu subtils sans doute, mais conséquents avec eux-mêmes, admettaient bien la stipulation « cum moriar, » tandis qu'ils repoussaient celle-ci : « mihi dari post « mortem meam » (sic Gaius [2], III, 100).

Peut-être trouvera-t-on ma décision rigoureuse, mais qu'on réfléchisse combien de questions, in-

---

[1] Je traduis : « Les stipulations ont été imaginées afin de procurer « à chacun le moyen d'acquérir ce qu'il a intérêt à avoir. Mais sti- « puler que telle chose sera donnée à un tiers, c'est stipuler une « chose qu'on n'a pas intérêt à avoir ».

[2] Voici comment raisonnait le jurisconsulte Gaius « Quand je stipule qu'une chose me sera donnée *au moment de ma mort*, je stipule une chose qui fera partie, ne fût-ce qu'un instant de raison, de mon pa- trimoine ; tandis que lorsque je stipule que la même chose me sera donnée *après ma mort*, je n'ai aucune espèce d'intérêt à cette stipu- lation, parce que la chose ne m'appartiendra jamais. Je stipule pour autrui, je stipule pour un tiers ; car mon héritier ne cesse d'être un tiers à mon égard que pour les droits qu'il n'exerce qu'après qu'ils ont pris naissance en ma personne ; et ici le droit aura commencé dans la personne de mon héritier : j'ai donc stipulé pour autrui et, par conséquent, la stipulation est nulle. »

solubles autrement, vont se trouver par là et du même coup tranchées.

trouvent, par le fait, péremptoirement tranchées.

D'abord on s'est demandé si, dans le cas où le contrat offrirait les caractères d'une donation, il ne serait pas besoin d'un acte authentique pour le constater ? Non, disent MM. Sebire et Carteret (v° assurance sur la vie, 45); et ils invoquent le second paragraphe de l'article 1973. — On pourrait répondre que cet article n'est rien moins que concluant, pour les raisons que nous avons déjà déduites plus haut. Mais, pour moi, la question ne peut pas même se poser. Je n'ai donc pas à la résoudre.

Si l'assurance sur la vie constitue une libéralité est-elle soumise aux conditions de forme exigées en matière de donation ?

De même, on s'est demandé si la libéralité, qui pourrait ainsi résulter d'une assurance sur la vie faite au profit d'un tiers, devait être acceptée du vivant du donateur pour être valable : le tribunal civil (28 août 1857) et la Cour de Douai (21 décembre 1859) ont décidé dans le sens de la négative : pourtant on peut répondre qu'il faut voir là un don manuel. Or, depuis longtemps la jurisprudence, appliquant le principe de l'article 2279 [1], valide les dons manuels pour les donations ordinaires, comme le faisait déjà l'ordonnance de 1731; pourquoi n'en serait-il pas de même des donations résultant d'un contrat d'assurance sur la vie ?

Faut-il qu'elle soit acceptée du vivant du donateur ?

De même encore, comment appliquer les règles du rapport, de la réduction ? Est-ce sur la prime que l'on devra opérer pour faire le calcul ? Ou bien,

Faut-il appliquer les règles ordinaires de la réduction et du rapport ? — Et comment les appliquer ?

---

[1] « En fait de meubles la possession vaut titre », dit le premier alinéa de cet article.

au contraire, est-ce sur le montant de la somme payée par l'assureur? Cette dernière solution est généralement repoussée : en effet, peut-on dire, comment considérer qu'il y ait rien eu de donné au delà de ce qui est effectivement sorti du patrimoine du donateur? Sans doute le résultat ultérieur de la libéralité sera, pour le bénéficiaire de la police, le même que si le donateur s'était lui-même obligé à payer ce qu'il appartient à l'assureur de payer; mais ce n'est pas à l'augmentation produite dans le patrimoine du donateur qu'il faut s'attacher, c'est à la diminution causée dans le patrimoine du donateur, *quod abest*. D'ailleurs, « la prime étant basée (comme l'a proclamé l'arrêt de Limoges des 1er et 2 décembre 1836, doctrine contestée, il est vrai, et notamment par M. Pouget), la prime étant basée d'après l'analyse mathématique de la loi de la mortalité combinée avec l'intérêt de l'argent à un taux fixé », faire rembourser au donataire la totalité de ce qu'il aura reçu de la Compagnie, ce serait réclamer de lui non-seulement le bénéfice aléatoire qui se trouvera être résulté pour lui de l'issue définitive de l'opération, cela en plus des sommes réellement versées par le donateur, mais encore les intérêts accumulés de ces sommes depuis le temps de leur versement; ce qui est contraire aux principes généraux de la réduction et du rapport dans lesquels le capital seul doit être remis à la masse.

Il est une troisième opinion encore plus radicale sur la question : c'est celle qui consiste à nier qu'il y ait aucunement lieu, soit au rapport, soit à la réduction : cette opinion, développée par M. Merger, se fonde sur ce que les primes payées à la Compagnie étant prises sur les revenus du donateur, il n'y a pas là une donation soumise aux prescriptions sévères de la loi sur les successions [1].

Une autre question qui a été débattue est de savoir comment, à un partage de communauté, il faudra régler le sort des deniers provenant du paiement de l'assurance. Est-ce aux héritiers à recueillir le bénéfice de la stipulation ou doit-elle profiter à la veuve ? A la veuve, selon un jugement du tribunal civil de la Seine (27 juillet 1866) rendu entre les parties « *Louis veuve* c. *Jacquier.* »

Ce jugement, parfaitement sain selon moi, a d'ailleurs été infirmé par arrêt de la Cour impériale de Paris, déjà rapporté, en date du 7 avril 1867, sur les conclusions de M. l'avocat général Descoutures : c'est le cas de dire avec Ulpien au sujet de l'appel « nonnunquam bene latas sententias in pejus reformat. Neque enim utique melius pronunciat, qui novissimus sententiam laturus est. [2] »

N'en déplaise à la Cour, je rapporte les considérants de ce jugement, parce que je les adopte sous cette seule restriction que, d'après le tribunal, il semblerait que le bénéfice de l'assurance eût pu appartenir à un autre qu'à la veuve, si le

---

[1] Pour combattre ce dernier système on invoque l'article 1970 du Code Napoléon, aux termes duquel la rente viagère, constituée au profit d'un tiers, est réductible dans les limites de ce dont il est permis de disposer. Toujours cette éternelle argumentation d'analogie de la rente à l'assurance sur la vie !

[2] Liv. XLIX, tit. I, l. I. Dig.

contrat l'avait ainsi stipulé, tandis qu'à mon sens les parties, même à supposer leur intention incontestable, n'eussent pas été libres de faire pareille stipulation.

« En ce qui touche la somme de 10,000 francs, montant de l'assurance : attendu qu'un contrat d'assurance sur la vie est un contrat synallagmatique qui fait naître, au moment où il est formé, en échange de l'obligation d'acquitter une prime annuelle, un droit éventuel à un capital dont l'exigibilité est seulement différée jusqu'à· la réalisation d'un événement prévu; — attendu que ce droit éventuel tombe nécessairement à sa naissance dans la communauté, quand le contrat est passé par un mari administrateur de cette communauté, ainsi que l'obligation corrélative du paiement des primes, même de celles en retard au jour de la dissolution, pourvu qu'elles soient échues auparavant;

« Qu'il est hors de doute que si le contrat dont il s'agit venait à être résolu avant le paiement de l'assurance, et si sa résolution donnait lieu à des dommages et intérêts en faveur de l'assuré, ces dommages-intérêts tomberaient dans la communauté et ne constitueraient pas un propre au profit du mari à qui la loi ne permet pas d'enrichir sa succession au préjudice de la communauté; — qu'il s'ensuit que lorsqu'une assurance sur la vie est constituée au cours d'une communauté et de ses deniers, le montant de cette assurance doit figurer à son actif au moment de la liquidation, sans préjudice des droits des héritiers du mari nommément désignés, s'il y en a, sur la part revenant à celui-ci..... etc. »

Je ne rapporte de cette décision que ce qui a trait à la question de droit proprement dit, à la question de principe ; quant à la question d'intention, qui n'est autre chose que le point de fait, elle était aussi agitée dans l'espèce, et ici nous entrons dans un nouvel ordre de questions.

D'abord on peut avoir à se demander, comme c'était l'hypothèse dans le cas de cette dernière affaire, quelle interprétation donner à un contrat d'assurance sur la vie fait au profit des *ayants-droit* du stipulant, lorsqu'à sa mort on se trouvera en présence d'une part de la veuve, instituée légataire universelle et commune en biens, et d'autre part d'héritiers réservataires, père et mère du défunt. Il y a (dans l'opinion de ceux qui admettent la liberté de volonté chez le stipulant) trois solutions possibles à cette interprétation de volonté : — ou bien, comme l'a décidé le tribunal en homologuant purement et simplement le travail du notaire liquidateur, admettre, sur la somme stipulée, la veuve en concours avec les héritiers réservataires, en sa double qualité de femme commune et de légataire universelle ; — ou, comme le soutenait devant la cour M. l'avocat général Descoutures, ne l'admettre à aucun titre ni comme femme commune, ni comme légataire universelle ; — ou enfin, et c'est le système de l'arrêt, admettre la veuve à concourir avec les réservataires, mais en sa simple qualité de légataire universelle, et non pas en sa qualité de femme commune en biens.

Qu'on se place maintenant dans une hypothèse voisine, celle d'une femme instituée par contrat de mariage légataire universelle de son mari, comme tout à l'heure , mais en face, non plus d'héritiers à réserve , mais d'héritiers institués par testament postérieur à l'institution contractuelle. C'est ce qui s'est présenté dans l'affaire *Farjon* contre *Farjon :* le stipulant avait, dans l'espèce, contracté avec la Compagnie *la Nationale* une assurance payable à son ordre ou à ses héritiers, en date du 6 février 1866, après avoir, six jours auparavant, le 1ᵉʳ du même mois, par testament olographe, disposé du montant de cette assurance au profit de certains de ses héritiers, avec indication de la somme qu'il voulait attribuer à chacun d'eux. Le tribunal civil de Rouen, par un jugement du 30 août 1867 a jugé que c'était à la veuve et non aux héritiers institués, que devait revenir le bénéfice de la stipulation, en se fondant sur cette considération qu'aux termes des articles 1083 et 1088 du Code Napoléon, les donations faites entre époux par contrat de mariage sont irrévocables.

Une autre hypothèse analogue aux précédentes se présentait dans l'affaire *Weiss* contre *Weiss*, où il s'agissait d'interpréter une police d'assurance, que le souscripteur avait stipulée payable *à sa femme ou à ses enfants ou à toute autre personne désignée par endossement*. La première femme du souscripteur était morte postérieurement à la confection de la police, en laissant des enfants ; à son tour le stipulant était mort après avoir contracté un second mariage et sans avoir disposé du montant de l'assurance ni par endossement ni par testament. A qui attribuer la somme stipulée? A la seconde femme, ou aux enfants issus soit du premier soit du second mariage? Voici ce que répond le tribunal civil de Mulhouse (14 juin 1867), dont la décision fut du reste confirmée l'année suivante, avec adoption de motifs, par la Cour impériale de Colmar (arrêt du 19 février 1868) :

« Attendu, quant aux intentions de Weiss,
« qu'en stipulant le 30 décembre 1865 un avan-
« tage au profit de sa femme, il est évident qu'il
« n'avait en vue que celle qui alors lui était unie
« par les liens du mariage, Madeleine Franck-
« hausser ; qu'il est inadmissible que, dans ses
« prévisions, alors qu'il stipulait, lui, pour le cas
« de son décès, ait pu entrer l'hypothèse du pré-
« décès de la femme dont il cherchait à assurer
« l'avenir, d'un second mariage qu'il contracterait
« et d'une seconde femme encore inconnue, qu'il
« aurait ainsi avantagée par avance ; qu'il faut
« d'autant plus la rejeter si l'on admet que Weiss
« ait, sous cette expression : « *ma femme* »,
« compris une autre que celle qui possédait ce
« titre à ce moment même, il faudrait admettre
« aussi qu'il aurait, par avance, au profit d'une
« inconnue, dépouillé ses enfants du premier lit,
« puisque, si tout revient à sa seconde femme,

« ceux-ci n'auraient évidemment rien à prétendre;
« que l'on comprend que, marié en premières
« noces, il ait préféré la mère aux enfants, à rai-
« son des liens étroits qui les unissent entre eux,
« mais que l'on ne comprend plus que, dans la
« prévision d'un second mariage, il ait pu vou-
« loir tout attribuer à la seconde femme, quelle
« qu'elle pût être, et ne rien délaisser à ses enfants
« du premier lit; qu'il est évident que s'il avait
« pu prévoir une seconde union, il eût stipulé au-
« trement et aurait fait entrer en ligne de compte
« d'une manière égale, tous ceux entre lesquels
« se partageait son affection, et qu'il avait un de-
« voir égal de protéger contre la misère; qu'il faut
« conclure de l'ensemble de ces considérations,
« qu'en contractant l'assurance du 30 décembre
« 1865 et en stipulant au profit de sa femme, l'as-
« suré Weiss n'a entendu avantager que Made-
« leine Franckhausser; que celle-ci étant décédée
« avant lui, la libéralité dont elle a été l'objet est
« devenue caduque et s'est trouvée par le fait
« même transférée aux enfants de l'assuré, grati-
« fiés en seconde ligne. »

Même en acceptant le débat sur ce terrain, celui
de la question d'intention, la décision du tribunal
dans cette affaire n'est pas à l'abri de tout reproche.
En effet, après avoir entendu déclarer par le tribunal *que l'hypothèse d'un second mariage n'a
pu entrer dans les prévisions du défunt, alors
qu'il stipulait,* on s'attendrait à en voir tirer cette
conclusion, qu'il n'avait entendu stipuler que pour
sa première femme ou pour les enfants nés ou à

naître de cette première femme, attendu que, s'il est improbable qu'un homme stipule dans la prévision de la mort d'une première femme actuellement vivante et d'un second mariage, il est non moins improbable qu'il stipule dans la prévision de la survenance d'enfants à naître de ce second mariage. Si j'ai pu prévoir cette survenance d'enfants d'un second lit, à plus forte raison ai-je dû prévoir la possibilité d'un second mariage indispensable pour la naissance de ces nouveaux enfants! Le raisonnement du tribunal mènerait donc à dire que, dans l'espèce, les enfants du premier lit seuls auraient droit au montant de l'assurance; or, le jugement décide que les enfants nés ou à naître du second lit concourront avec les premiers. On ne prouve rien quand on veut trop prouver.

Enfin, toujours en acceptant le débat sur ce terrain de l'interprétation, quel sens donner à une police souscrite en faveur de *nos héritiers*, lorsque nous, stipulant, étant mort, ceux qui se trouvent par la loi appelés à recueillir notre succession s'en abstiennent? Faut-il considérer que nous avons entendu désigner par ce mot : « *héritiers* », même nos héritiers n'acceptant l'héritage que sous bénéfice d'inventaire, même nos héritiers n'acceptant en aucune manière? — Jugé par la Cour de Colmar, le 27 février 1865 (affaire *Schneider c. Schneider*), que, dans l'espèce, « l'expres-« sion d'héritiers employée dans le contrat « d'assurance n'a eu pour objet que de désigner « les bénéficiaires du contrat dans leur indivi-

« dualité , par une qualification qui ne pût
« laisser aucun doute, c'est-à-dire que les bénéfi-
« ciaires devraient être les personnes qui, au mo-
« ment du décès, seraient appelées, d'après la loi,
« comme héritiers, soit qu'elles acceptent, soit
« qu'elles renoncent. »—Jugé dans le même sens
par la Cour de Bruxelles, arrêt du 2 août 1866,
aff. *Le Pharec*. Bavais, que « ce sont ses enfants
« et non pas son hérédité que Bavais a eus en vue ;
« que ce sont eux et eux seuls qu'il a voulu avan-
« tager ; que c'est avant tout à leur avenir qu'il a
« songé, en prévision de revers de fortune pos-
« sibles, mais nullement à ses créanciers et à
« l'idée de leur garantir à l'avance un gage as-
« suré. »

Il est évident qu'une fois engagés dans cette
voie où il nous a bien fallu suivre la jurisprudence,
ne fût-ce que pour la connaître, nous verrions se
multiplier et varier à l'infini les questions d'interprétation qui peuvent se présenter sur les
termes de telle ou telle police d'assurance, en face
de telles ou telles circonstances données.

Eh bien ! toutes ces questions, questions de
principe ou questions d'intention, si l'on se réfère
aux principes généraux, c'est-à-dire si l'on admet
avec nous qu'une assurance sur la vie faite *donandi animo*, en notre propre nom et au profit
d'un tiers que nous avons l'intention de gratifier,
est nulle faute d'objet, parce que *ut alii detur
nihil interest stipulatoris,* « celui-là stipule sans
intérêt qui stipule dans l'intérêt d'autrui » ; si
l'on admet enfin que ce résultat de gratifier un

tiers par la voie de l'assurance sur la vie, ne peut être obtenu que par une *negotiorum gestio* entreprise *donandi animo*, je veux dire par une stipulation faite au profit d'autrui, mais au nom d'autrui ; toutes ces questions alors cessent de présenter la moindre difficulté. Voyez, en effet, comme elles vont se résoudre avec aisance et simplicité.

Et d'abord, sur les premiers points, qui tous trois constituent de véritables points de droit, voici notre réponse :

Dans l'assurance sur la vie constituant un avantage au profit d'un tiers, il y aura une libéralité, non pas déguisée, mais indirecte ; cette assurance suivra, par conséquent, le sort des libéralités indirectes ordinaires ; quant à la forme, il n'y aura évidemment besoin ni d'instrument authentique pour la constater, ni d'acceptation intervenue du vivant du donateur ; quant au fond, ce ne sera incontestablement que sur le montant des primes versées que devra se faire le calcul des opérations du rapport et de la réduction. Je raisonne, bien entendu, dans un système qui admettrait la validité des libéralités indirectes, mais en même temps les déclarerait soumises à la loi du rapport et de la réduction. Je n'ai pas, d'ailleurs, à examiner ici l'inextricable controverse qui a surgi sur la question entre la jurisprudence et les auteurs, et qui dure encore : *adhuc sub judice lis est !*

Quant à la quatrième question, j'en dis autant que des précédentes : dans mon système, la poser c'est la résoudre. — Je stipule : le bénéfice de ma stipulation revient à mes ayants-droit ; si je suis

marié sous le régime de la communauté, qu'importe? Le bénéfice de cette stipulation suivra le
sort de mes autres biens, c'est-à-dire que, à supposer la valeur par moi fournie tirée de la caisse
de la communauté, le montant de la somme stipulée appartiendra à la communauté comme tous
autres acquêts ; puis, sur cette communauté, qui
est mon ayant-droit, ma veuve et tous mes héritiers viendront exercer leurs droits respéctifs [1].

Si nous passons maintenant aux points de fait,
aux questions d'intention qui, dans le système de
nos adversaires, peuvent donner lieu à des discus-
sions et à des procès sans fin, ils tombent d'eux-
mêmes dans notre opinion. En effet, il n'y a pas
à se demander ce qu'a voulu faire le stipulant,
quand on admet qu'il n'a pu vouloir qu'une seule
chose : stipuler pour ceux qui seront *juridiquement* et *effectivement* ses héritiers, soit testamentaires, soit naturels. En quelques termes que
soit conçue la police, et quelles que puissent être
les circonstances du fait, le bénéfice de l'assurance
fera partie de son patrimoine, pour y être recueilli
après sa mort et distribué dans l'ordre de la loi ou
dans l'ordre de ses dernières volontés. Si donc des
questions d'interprétation viennent à surgir, ce
pourra être sur l'interprétation de son testament
ou sur l'interprétation de la loi; ce ne sera jamais
sur l'interprétation de la police d'assurance sur la
vie.

[1] Le rapporteur de la loi de 1868, critique, comme nous, la jurisprudence aux termes de laquelle le bénéfice de l'assurance ne tomberait
pas dans la communauté : pour lui, comme pour nous, le montant de
la police fait partie du patrimoine du stipulant.

J'arrive à l'examen de ce qui concerne la cause dans l'assurance sur la vie :

Ici, tout d'abord une remarque, afin de ne laisser dans les idées aucune confusion.

Dans tout contrat commutatif (*lato sensu*), nous pourrions dire même dans tout contrat absolument, s'il n'était admis en France que la donation est un contrat; dans tout contrat, qui dit « cause » dit en même temps « objet »; cela dépend du point de vue auquel on se place; mais c'est une seule et même chose; l'objet de l'une des parties dans son obligation est précisément la cause de l'équivalent fourni par l'autre; de sorte qu'en réalité, tout à l'heure, au lieu de dire « l'assurance sur la vie au profit d'un tiers est nulle faute d'objet », ce qui est vrai si l'on considère l'obligation de l'assuré, nous aurions pu dire : « elle est nulle, faute de cause »; c'eût été alors envisager l'opération au point de vue de l'obligation de l'assureur; car il est évident que si l'obligation de l'assuré, qui est la cause de l'obligation de l'assureur, est nulle faute d'objet, celle de l'assureur se trouve nulle à son tour, faute de cause.

Le contrat d'assurance sur la vie (et ici nous ne faisons que revenir sur ce dont nous avons déjà parlé plus haut) serait nul pour défaut de cause, ou tout au moins de cause sanctionnée par la loi, si l'obligation de l'assureur qui, est pour l'assuré la cause de l'équivalent qu'il donne en retour, devait s'analyser pour lui en un aléa *de lucro captando*, de la nature de celui qui existe dans le jeu, dans le pari, et, pour se rapprocher davantage de l'assurance sur la vie, dans la loterie; en d'autres termes, l'opération serait sans valeur en droit, si elle ne constituait pas un véritable contrat d'indemnité, une véritable assurance proprement dite. Jusque-là nous ne faisons que rappeler ce que nous croyons avoir démontré précédemment. Nous savons qu'il faut un intérêt à la base du contrat, *subsit causa;* — mais quelle espèce d'intérêt? C'est ce qu'il me reste à déterminer.

Un simple intérêt d'affection ne suffirait pas : il faut un intérêt pour notre patrimoine.

Cet intérêt, d'abord, chacun est censé l'avoir en ce qui touche sa propre vie : il y a présomption que chaque homme constituant par son travail une valeur au point de vue de la science économique, son patrimoine se trouvera entre les mains de ses ayants-cause, à son décès, diminué de toute la valeur de ce travail; je n'ai pas à rechercher ici jusqu'à quel point cette présomption sera toujours justifiée dans le fait : souvent, au moins, elle le sera.

On peut aussi avoir intérêt, pour le même motif, à la conservation de l'existence d'un ascendant, d'un descendant, d'un collatéral, d'un conjoint, mais cela selon les circonstances.

Il y aura intérêt bien plus évident et bien plus juridique encore à faire assurer la vie d'un débiteur : c'est même par là qu'a commencé la pratique de l'assurance sur la vie.

A supposer cet   Dans tous les cas, la vie ne pourra être assurée que dans les limites de l'intérêt du stipulant ; seulement, je m'empresse d'ajouter que l'appréciation exacte de cet intérêt présentera la plus grande difficulté, pour ne pas dire qu'elle sera impossible dans la plupart des cas ; je crois cependant qu'un tribunal devrait refuser de prêter le concours de la justice à une assurance, non-seulement qui ne serait basée sur aucun intérêt, mais qui contiendrait la stipulation d'une somme en disproportion trop grande avec l'étendue réelle du véritable intérêt. Les Compagnies refusent généralement d'assurer au delà d'une certaine somme, mais c'est plutôt, je crois, par une considération de prudence que par un scrupule de droit proprement dit ; d'ailleurs, au delà du chiffre fixé par les statuts des Compagnies, il y a la ressource de la réassurance. Ce qu'il y a de sûr, c'est qu'en doctrine je leur reconnaîtrais le droit de se refuser à payer ce qui pourrait dépasser les limites du juste intérêt. L'arrêt de la Cour de cassation du 14 décembre 1853, déjà cité, ne semble pas, je le confesse, interpréter la loi avec autant de rigueur ; mais les principes ont été plus religieusement observés par la jurisprudence anglaise : un arrêt encore récent « Hebden v. West », à la date de 1863, qui se trouve rapporté dans le *Law Journal*, xxxii, 85, Queen's Bench, dit que s'il y avait eu assurances contractées à deux Compagnies différentes, et dans chacune pour le plein, après que l'une aura payé, on ne pourra rien réclamer de l'autre. C'est la vraie théorie, la seule conciliable avec les principes juridiques, et

intérêt établi, on ne peut pas assurer au-delà de ses limites.

j'ajoute : la seule conciliable avec la sécurité indi-
viduelle ; permettre d'assurer la vie des personnes
à l'existence desquelles on n'est pas intéressé,
même avec la garantie illusoire de leur consentement, c'est mettre en danger la vie de chacun,
c'est s'exposer à voir renouveler les horribles
assassinats comme ceux de l'affaire des *Rugby
Murders* en Angleterre (1858), de l'affaire Swensson ci-dessus citée, en Suède, et de l'affaire La
Pommerais en France. Il serait bon que nos Compagnies, à défaut de la loi, prissent soin, à l'imitation des Compagnies anglaises, de toujours exiger
du stipulant la déclaration qu'il n'a assuré nulle
part ailleurs la vie dont il propose de nouveau
l'assurance ; ou, s'il l'a fait, jusqu'à concurrence
de quelle somme l'a-t-il assurée? Et surtout quel
est le genre d'intérêt qu'il a à la conservation de
la vie qu'il veut assurer, et quel en est le montant?

Si nous nous arrêtons plus spécialement sur le
cas où c'est un créancier qui assure la vie de son
débiteur, là il nous sera plus facile de trouver des
éléments d'une exactitude toute juridique.

Nous avons une dette dont le montant est le
maximum de l'intérêt que peut avoir l'assuré à la
conservation de la vie du stipulant. Si une partie
ou la totalité de la dette se trouve payée par
ailleurs, non-seulement il se pourra que la Compagnie d'assurance n'ait rien à payer, parce que
le juge déciderait qu'il lui semble, d'après les
termes du contrat, d'après le taux plus ou moins
élevé des primes, que la somme n'a été stipulée

que pour le cas où le créancier ne serait pas remboursé ;— mais je vais plus loin : j'ai décidé qu'il fallait, toujours et sans distinction, déclarer en pareil cas la Compagnie acquittée : parce que décider le contraire, ce serait admettre que l'on peut s'assurer au-delà de son plein, ce serait en un mot donner une consécration légale aux loteries, ou, si l'on aime mieux, au jeu et au pari sur la vie des hommes. Si deux personnes s'entendaient entre elles pour feindre une relation de créancier à débiteur qui n'existerait pas en réalité, je n'hésiterais pas non plus à prononcer nul en droit un contrat basé sur ce prétendu intérêt. J'ai reconnu que notre jurisprudence s'était montrée plus facile ; de même pour la jurisprudence anglaise, dans son interprétation du statut XIV George III, de même pour le Code de Wurtemberg, lequel (art. 497) exige que le contractant soit intéressé à la vie assurée, seulement au moment du contrat.

Un des cas où l'intérêt de l'assuré est le plus évident et le plus incontestable a cependant été l'objet d'une controverse pour savoir si l'assurance sur la vie pourrait s'y appliquer. Je veux parler de l'assurance sur la tête d'une personne qui a une rente viagère ; il se peut que cette rente soit la seule garantie à laquelle le créancier puisse prétendre. Comment ne pourrait-il pas s'assurer contre l'éventualité d'une mort prématurée chez son débiteur? On a imaginé certaines objections tirées de la nature de la rente viagère considérée en elle-même ; je dis que c'est précisément sa nature qui la rend essentiellement susceptible d'occasionner une assurance sur la vie, et je ne distingue pas, comme M. Quenault (pages 45 et 46) et MM. Sébire et Carteret (*Encyclopédie du droit*, v° Assurance sur la vie, n° 24), suivant que la rente a été constituée à titre gratuit ou que, au contraire, l'ayant été à titre onéreux, on est exposé à perdre par son expiration un capital important. C'est là une assurance d'acquisition future, je le veux bien, mais je crois avoir montré que pareille assurance est parfaitement licite, quand la loi n'a pas cru trouver des motifs spéciaux de la limiter; tout ce qu'il faut, c'est que l'assuré n'ait pas intérêt à ce que le sinistre se réalise.

M. Alauzet semble n'admettre qu'avec peine une assurance sur la vie qui garantirait au mari le remboursement de la dot de sa femme; ce serait là, dit-il, donner un encouragement aux dépositaires infidèles (tome II, 484) : M. Merger pense différemment, et il a raison, selon moi : il faut observer que le mari n'est pas un dépositaire, mais bien un propriétaire puisqu'il a la libre disposition du mobilier dotal; est-ce là un véritable droit de propriété ou n'est-ce autre chose qu'une large administration comprenant le droit de disposer, s'il le faut, du mobilier? Il peut y avoir doute là-dessus; cependant je crois qu'il faut admettre dans ce cas l'assurance; à supposer qu'il y ait là un dépositaire véritable, faut-il s'arrêter à la crainte de voir le mari abuser de la situation, plus qu'on ne s'est arrêté aux nombreux exemples de négligence qui ont été la suite naturelle de l'assurance contre l'incendie, aux cas fréquents de baraterie engendrés par l'assurance maritime?

M. Alauzet fait aussi observer que l'assurance stipulée par un créancier sur la vie de son débiteur peut avoir ce résultat, immoral et dangereux, de l'intéresser à la mort de ce débiteur; c'est que M. Alauzet n'a pas réfléchi qu'une assurance sur la vie est limitée, par hypothèse, à l'étendue de l'intérêt véritable de l'assuré; or son espèce est en contradiction avec l'hypothèse. Pour que le créancier puisse avoir intérêt à la mort de son débiteur, il faudrait que celui-ci fût absolument insolvable; eh bien, s'il en est ainsi, sa créance se trouve réduite d'autant, et, par conséquent aussi, son intérêt dans l'assurance, et, enfin, le montant maximum de la police qu'il doit pouvoir légalement souscrire. Je vais plus loin et je déclare que si un créancier ayant fait assurer la vie de son débiteur, à une époque où sa créance sur celui-ci avait encore de la valeur, cette valeur disparaît ou diminue postérieurement par la survenance de l'insolvabilité du débiteur, il faudra réduire d'autant le montant de la somme à payer au créancier. A moins pourtant qu'il n'y ait là, en outre, une assurance de solvabilité ; mais, dans l'assurance sur la vie à l'état pur, il faut que le stipulant ne puisse avoir aucun *desiderium mortis :* autrement je déclare le contrat à la fois dangereux pour l'ordre public et nul en droit civil, d'après le principe que l'assuré ne doit jamais retirer de l'assurance aucun bénéfice.

On s'est demandé si un créancier hypothécaire

pourrait faire assurer la vie de son débiteur;
quoiqu'on l'ait contesté en se fondant sur ce que,
dans ce cas, il n'a aucun intérêt à la vie de son
débiteur, puisque la garantie n'est plus ici personnelle, mais bien réelle, il me semble qu'il ne
faut pas hésiter à admettre qu'il le peut : c'est
qu'en effet, il n'est pas impossible que la garantie
réelle vienne à ne pas suffire : soit que l'immeuble
ne soit pas d'une valeur égale au montant intégral de cette créance unique, soit que le créancier étant primé par des créanciers privilégiés ou
par d'autres créanciers hypothécaires antérieurs
en date, il y ait à craindre qu'il ne vienne pas
en ordre utile dans la collocation (*sic* Encyclopédie de droit, n° 35 ; — Dalloz, n° 322). C'est ainsi que
la question est résolue par la jurisprudence anglaise
comme le rapporte Parke dans son traité classique
« *On Insurance* » II, 914, affaire Anderson versus
Edie.

Tout le monde accorde, en France comme en
Angleterre, qu'une dette de jeu ne pourrait pas
donner à un créancier un intérêt légitime qui pût
former la base d'une assurance sur la vie du débiteur.

Un débiteur pourrait-il prétendre avoir intérêt
à la conservation de la vie de son créancier, en
se fondant sur ce que celui-ci ne lui réclamera pas
le paiement de sa dette, tandis que ses héritiers
pourraient se montrer plus impatients ? S'il était
intervenu entre les créanciers et le débiteur une
convention juridique de la nature des pactes
« *ne petatur* » chez les Romains, des « post-obit

bonds » chez les Anglais, il n'y a pas de doute, ce me semble, qu'il y aurait un intérêt parfaitement suffisant pour légitimer une assurance : mais, tant qu'il n'y a là qn'une simple probabilité tirée de l'existence de relations d'amitié entre les deux parties, toute base légale fait défaut. C'est ce qui a été décidé en 1863 dans l'affaire « *Hebden versus West*, » rapportée au *Law journal* XXXII, 85, Queen's Bench.

De même, un légataire en expectative, et même un héritier présomptif, n'ont qu'une simple espérance que le hasard peut déjouer; il faut donc dire que celui qui ne serait intéressé à la vie d'un autre qu'en vertu d'une pareille espérance, ne pourrait pas assurer cette vie : tel serait celui qui compterait sur la succession d'un oncle ou d'un ami, dont la fortune devrait se trouver considérablement augmentée par la prolongation de sa vie; par exemple si j'attends l'hérédité d'une personne qui elle-même en attend une autre, je suis moralement intéressé à ce que cette personne ne meure pas avant l'ouverture de la seconde hérédité, mais il n'y a là ni droit acquis, ni même certitude positive d'un droit à acquérir : ainsi le jugent et la jurisprudence et la doctrine en Angleterre : *sic* en 1850, aff *Cooke v. Field* (*Law* journal, XIX, 441, Q. B.) On doit décider de même chez nous. S'il s'agissait de la vente, et non plus seulement de l'expectative d'une succession future, je crois qu'il faudrait donner la solution contraire, comme l'ont fait Lord Campbell (arrêt précédent) et Bunyon (déjà cité); mais, chez nous, la question ne

On peut, même à défaut d'intérêt, assurer la vie d'un tiers en se faisant le negotiorum gestor d'une autre personne.

peut pas se présenter, puisqu'il est défendu de pactiser sur successions non ouvertes, art. 1130 du Code Napoléon.

Voilà l'énumération des différents cas où l'on peut avoir un intérêt assurable, « pecuniary interest, » à la conservation d'une vie déterminée. Hors de ces cas, pas de difficulté : la jurisprudence française n'admet pas, mais la jurisprudence anglaise est d'accord avec moi pour admettre que l'assurance est nulle : la police appartient en pareil cas à la Compagnie qui l'a délivrée (ainsi jugé en 1858, affaire « Freme versus Brady » *Law* journal, XXVII, 697, chancery).

Mais sans sortir des cas où il y a un intérêt en jeu peut-on admettre qu'une assurance faite au delà des limites de cet intérêt puisse être valable même pour ce qui le dépasse? C'est ici encore que la faculté de *negotiorum gestio* vient tempérer la rigueur des principes : je crois que l'on pourra quelquefois présumer d'après le taux des primes, d'après les termes du contrat, que tel créancier qui, n'ayant qu'un certain intérêt à la vie de son débiteur, l'a assurée pour une somme supérieure, a entendu faire une assurance en son propre nom, à ses propres frais et pour son compte, jusqu'à concurrence de son intérêt légalement justifié — et au delà, pour le compte de son débiteur, en se réservant d'exercer contre lui la *negotiorum gestorum contraria* : c'est ainsi qu'en matière d'assurance contre l'incendie, la Cour de Colmar (27 juin 1823) et la Cour de cassation (rejet 29 décembre 1824) ont décidé

que « lorsqu'un créancier hypothécaire inscrit sur
« un immeuble fait, en cette qualité, assurer l'im-
« meuble et paie la prime sur la valeur totale,
« l'assurance doit avoir son effet, non-seulement
« dans l'intérêt du créancier et jusqu'à concur-
« rence de sa créance, mais aussi dans l'intérêt du
« propriétaire et pour la valeur totale de l'immeu-
« ble; » un arrêt de la même Cour de Colmar
(25 août 1826), encore plus explicite, établit que
« celui qui, en assurant des biens qui lui appar-
« tiennent, en assure d'autres qui ne lui appar-
« tiennent pas, est censé agir, quant à ces derniers
« biens, en qualité de negotiorum gestor du tiers
« propriétaire et comme tel il est soumis au désa-
« veu ou à l'approbation de celui-ci » (Dalloz,
XXVII, 2,262). Et de même de la matière plus
spéciale de l'assurance sur la vie : la jurisprudence
a décidé que, du fait que le créancier assurant la
vie de son débiteur avait porté les primes au
compte de ce dernier, on pouvait induire que, la
dette une fois acquittée, celui-ci aurait droit
au montant de l'assurance (*Holland* v. *Smith;* —
Espinasse VI, 11).

Il ne faudrait pas croire, néanmoins, que ce tempérament porté à ma règle la détruise, et qu'après
avoir bien haut proclamé **ma** scission d'avec la
jurisprudence soit anglaise soit française en théorie pure, je me trouve, en définitive et dans le
résultat pratique, parfaitement d'accord avec elle!

Voici d'abord en quoi je me sépare de la jurisprudence anglaise : elle admet qu'une assurance
faite par un créancier sur la tête de son débiteur

Ce qui ne détruit pas le principe que toute assurance est nulle à défaut d'intérêt.

Différence qui subsiste entre notre doctrine et celle de la jurisprudence anglaise actuelle.

ayant été suivie du paiement de la dette, ce sera une question d'interprétation, que de savoir si les deniers stipulés dans la police appartiendront au créancier ou au débiteur. C'est un débat entre eux : la Compagnie d'assurance y est désintéressée: tantôt, suivant les circonstances, ce sera le débiteur qui l'emportera, comme dans l'espèce *Holland* v. *Smith* ci-dessus citée, tantôt, au contraire, ce sera le créancier, comme, par exemple, dans l'espèce *Triston* versus *Hardey* (rapportée dans Beavan, XIV, 232) — Moi, je soutiens qu'il faut, conformément à la doctrine *Godsall* v. *Boldero*, mettre le créancier en dehors de la question : ce sera une interprétation à débattre entre le débiteur et la Compagnie d'assurances ; le débiteur peut-il invoquer une *negotiorum gestio* en sa faveur? il aura droit à toucher le montant de l'assurance. — S'il en est autrement, l'assurance est caduque, faute d'intérêt, les deniers stipulés resteront dans les coffres de la Compagnie.

Voici maintenant quel est le point qui me sépare de la jurisprudence française :

Je veux bien admettre, comme nos tribunaux, une assurance contractée par un *negotiorum gestor* au profit d'un tiers sur une vie déterminée ! Mais quelles personnes faut-il alors considérer pour se demander s'il y a bien là, à la base du contrat, un intérêt légitime?

La jurisprudence s'attache au *negotiorum gestor*, qui n'est après tout qu'un porte-voix ; et, partant de là, elle admet que, chacun ayant intérêt à la conservation de sa propre vie, peut stipuler, au nom et au profit de toute personne quelconque , intéressée ou non à cette même vie , une assurance par *negotiorum gestio;* grossière erreur de droit, qui a conduit à l'assurance souscrite par Hoffstedt au profit de Swensson , devenu plus tard son assassin, qui a conduit à l'assurance souscrite par Mme de Pauw au compte et au profit de La Pommerais, déclaré (par le jugement déjà cité du 11 juin 1865), le véritable bénéficiaire de la police ; le contrat eût été nul de droit, dans mon système, comme il le serait d'après la loi anglaise! La personne qu'il faut, selon moi, prendre en considération pour se demander si l'opération n'est pas nulle faute de cause, faute d'intérêt, c'est celui pour le compte duquel l'assurance est souscrite. C'est le « maître », en un mot, et non pas le *negotiorum gestor :* je pourrai donc bien, moi, créancier, souscrire au profit et au nom de mon débiteur, au-delà de mon propre intérêt à la conservation de sa vie, une assurance dont il sera le bénéficiaire légitime, parce qu'il a intérêt à la conservation de sa propre vie ; je pourrai, par simple intérêt d'affection, souscrire au nom et pour le compte des enfants d'un ami, une assurance sur la vie de cet ami, parce que les enfants ont intérêt à la conservation de la vie de leur père ; mais je ne pourrai pas assurer une vie à la conservation de laquelle j'ai moi-même intérêt, la mienne propre, celle de mon père ou toute autre, au profit d'un tiers qui n'y a, lui, aucun intérêt. Voilà ma doctrine.

CHAPITRE VIII

Différents points du Droit civil (suite et fin)
Effets du contrat.

—————

L'effet de tout contrat est de produire un rapport d'obligation : c'est là l'effet inséparable du
contrat ; nous pourrions ajouter, à un point de vue
purement spéculatif, que c'en est l'effet unique :
mais les rédacteurs de notre Code, qui se défen-
daient d'en savoir autant que les idéologues,
pour avoir l'air d'en savoir plus, n'ont pas su ou
n'ont pas voulu se conformer aux règles de la
saine raison : ils ont brouillé les idées, ils ont
confondu les rapports de personne à personne et
les modes de les établir, c'est-à-dire les obligations et les contrats, avec les rapports de personne à chose, c'est-à-dire : la propriété et les
modes de l'acquérir. Voilà pourquoi ils en sont
venus à reconnaître des contrats qui transfèrent
la propriété ; puisqu'il en est ainsi, nous pourrions
supposer que le contrat d'Assurance sur la vie
eût pour effet une translation de propriété : ce

serait le cas, où la prime consisterait en une valeur une fois donnée et fournie au moment du contrat; c'est une hypothèse possible, mais rare dans la pratique. Ayant ainsi payé le tribut à cette singularité de notre loi, nous pouvons passer à l'examen du cas le plus ordinaire, celui où l'opération n'aura d'autre effet que d'engendrer un rapport d'obligation.

Le rapport d'obligation est toujours double et réciproque; la division des contrats en contrats unilatéraux et contrats synallagmatiques est loin d'être aussi irréprochable que paraîtrait le faire croire son ancienneté; c'est là, comme le fait remarquer Toullier, une « théorie fort imparfaite « qui pourrait égarer si l'application n'en était « faite avec discernement » tome, VI, n. 19; cependant, ici encore, pour nous mettre en règle avec la loi positive, nous noterons en passant que l'Assurance sur la vie pourrait n'être qu'un contrat unilatéral, de même qu'elle pourrait à la rigueur être translative de propriété.

Mais la plupart du temps, il y aura là un contrat synallagmatique parfait [1]. La question a été agitée pour un autre contrat qui opère aussi sur les probabilités de la vie humaine : on s'est demandé si le contrat de constitution de rente viagère est synallagmatique ou unilatéral; on le regarde

---

[1] On appelle contrat synallagmatique *parfait*, celui dans lequel l'équivalent fourni par l'une et l'autre des parties consiste directement et principalement en une obligation; *imparfait* celui dans lequel l'une des parties ne s'oblige que subsidiairement et conditionnellement, pour le cas, par exemple où la chose dont elle transfère sur-le-champ la possession à l'autre partie viendrait à donner à celle-ci sujet de plainte.

généralement comme unilatéral (Delvincourt, tome II, p. 4); cependant M. Duranton fait remarquer qu'il peut en être autrement; par exemple, si la rente est constituée pour prix d'objets dont le débiteur peut être évincé, la garantie dont le créancier est tenu constitue une réciprocité d'obligations qui rend le contrat bilatéral (Duranton tome X, n. 70); on aurait pu mieux choisir l'exemple, puisqu'il n'y a pas là l'hypothèse d'un contrat synallagmatique parfait; cette hypothèse n'est pas impossible[1] : néanmoins, le plus souvent la rente viagère sera créatrice d'obligation unilatérale.

Le contrat d'assurance sur la vie sera, au contraire, presque toujours synallagmatique, si bien que, négligeant les cas d'exception, nous pouvons examiner successivement l'obligation qui en naîtra de part et d'autre.

Et d'abord, obligation de l'assureur.

L'assureur s'oblige à garantir l'assuré du préjudice qui pourra résulter pour celui-ci de la mort qui viendrait soit à l'atteindre lui-même, soit à atteindre un tiers.

Quelle espèce d'obligation cela constitue-t-il? Les anciens auteurs se sont ingéniés à assimiler l'obligation qui dérive d'un contrat d'assurance à celle qui naît dans quelque autre contrat, comme

Le contrat est presque toujours synallagmatique parfait.

OBLIGATION DE L'ASSUREUR.

---

[1] Cette hypothèse, qui ne se présentera que rarement pour la rente viagère immédiate, est au contraire des plus fréquentes quand il s'agira de la rente viagère différée dont nous avons parlé plus haut. Dans ce cas, en effet, la Compagnie d'assurances reçoit, en échange de son obligation de payer, des primes annuelles, ou même semestrielles la plupart du temps.

c'était l'habitude en droit romain [1]; ainsi Pothier, I, 9, 249; ainsi l'auteur de la *Rotæ genuæ
decisio* III, n° 28 : « Contractus assecurationis, id
« est avertendi periculi, dicetur contractus inno-
« minatus, facio ut des, do ut facias, unde debet
« regulari juxta naturam contractuum quibus assi-
« milatur. Assimilatur autem, emptioni et vendi-
« tioni propter pretium quod datur ratione peri-
« culi, quia qui assecurationem facit, propter
« pretium dicitur emere eventum periculi[2] ». Aujourd'hui même, en Espagne, l'assurance est généralement considérée comme une vente. Mais
d'autres jurisconsultes cherchèrent ailleurs leur
analogie, dans le mandat, par exemple. Toutes
ces assimilations, quelles qu'elles soient, nous
n'en avons pas besoin : il vaut mieux dire que
c'est un contrat *sui generis*, avec Stypmannus,
Part. 4, chap. VII, n° 159 : « Assecuratio est
« contractus nominatus, quia sua natura et pro-
« priis qualitatibus constat; sicut reliqui, usu et
« necessitate exigente, nomen invenit[3]. »

---

[1] Les jurisconsultes romains, et à leur imitation nos anciens auteurs juridiques, reconnaissaient deux espèces de contrats différents :
les contrats nommés, c'est-à-dire ceux qui avaient un nom particulier, et ceux qui n'en avaient pas, et que, pour cette raison, ils qua-
lifiaient de contrats innomés.

[2] Je traduis ainsi : « Le contrat d'assurance, c'est-à-dire le con-
« trat de garantie d'un risque, est un contrat innomé, en d'autres
« termes contrat qu'on ne peut qualifier qu'en exprimant que l'une
« des parties fait telle chose, pour que l'autre fasse telle autre; par
« conséquent il doit être régi conformément aux règles des contrats
« dont on peut le rapprocher le plus. Or, on le rapproche de la vente,
« à cause du prix que l'on paie en raison du danger; car, celui qui
« contracte une assurance, on peut dire qu'il ne fait autre chose que
« d'acheter une éventualité! »

[3] « L'assurance est un contrat nommé, qui a une nature et des

Avec *Emérigon*, Ch. I, section II : « C'est un contrat tel qu'il a été créé par la nature des choses. »

On a dit que l'obligation de l'assureur est de droit étroit (sic *Valin* sur l'ordonnance article 3; *Emérigon*, ch. I, section V, et *Pothier*, n° 68).

On a dit aussi qu'elle était de bonne foi (Valin et Emérigon, *ib.*)

Il est évident que voilà deux assertions qui se neutralisent. Je n'adopterai donc pas ces qualifications et je dirai tout simplement qu'ici, comme partout ailleurs, l'intention des parties doit être interprétée conformément aux règles du bon sens, c'est-à-dire que, d'une part :

« Lorsqu'une clause est susceptible de deux sens, on doit plutôt l'entendre dans celui avec lequel elle peut avoir quelque effet, que dans le sens avec lequel elle n'en pourrait produire aucun » (article 1157);

D'autre part :

« Dans le doute, la convention s'interprète contre celui qui a stipulé en faveur de celui qui a contracté l'obligation » (art. 1162).

C'est en ce sens-là qu'il est vrai de dire « l'obligo del assicuratore è stricti juris, non si « puo estendere da un corpo all altro realmente « distincto. » (Targa, ponderazione sopra i contrate d'assecurazione marittime, chap. LII, 8), et en même temps, comme le disent les juriscon-

---

« qualités propres, et qui, comme tous les autres, sous l'empire des « besoins de l'homme et du fréquent usage qu'on en fit, a su trouver « un nom particulier ».

sultes anglais, qu'on a droit, de la part de l'assurance, à une « uberrima fides ».

Mais ce n'est là que l'application des principes généraux, et l'on pourrait dire, en ce sens, que tous les contrats sont à la fois des contrats *stricti juris* et *bonœ fidei* : laissons donc de côté ces expressions qui ne sont plus de mise dans notre droit, et disons, en bon français, que l'assureur est tenu à tout ce qui semble conforme à l'intention des parties, rien de plus, rien de moins !

A quoi sera-t-il tenu ? Cela dépend entièrement des termes de la stipulation, des probabilités résultant des circonstances, de l'usage des Compagnies : on ne peut pas ici poser de règle juridique ; les parties sont libres de convenir ce qu'elles veulent.

Risques dont l'assureur est tenu.

Le risque est à la charge de l'assureur du jour de la signature de la police, mais il pourrait y avoir stipulation d'un délai. En sens inverse, le risque cesse d'être à la charge de l'assureur, du jour désigné dans la stipulation : c'est-à-dire que, dans l'assurance temporaire, on n'applique pas l'article 1975, lequel porte :

Quel temps embrasse son obligation ?

« Tout contrat de rente viagère créé sur la tête d'une personne qui était atteinte de la maladie dont elle est décédée dans les vingt jours de la date du contrat, ne produit aucun effet. » On aurait pu, par analogie, prétendre que dans le cas où la personne dont la vie est assurée viendrait à mourir dans les vingt jours de l'expiration de l'assurance, l'assureur ne sera pas libéré. Mais la plupart des auteurs ont repoussé cette doctrine.

De même si, après l'expiration de l'assurance, survient un décès qui est la conséquence d'une maladie contractée pendant l'assurance, les auteurs anglais et français s'accordent à dire que l'assureur n'en sera pas moins libéré.

Mais on applique l'article 1974, parce que, si sa disposition n'était pas dans le Code, on y aurait suppléé par les principes généraux; nous dirons donc que toute assurance faite « sur la tête d'une personne qui était morte au jour du contrat, ne produit aucun effet. »

Quelles sortes de sinistres comprend-elle ?

Pour que le sinistre donne lieu à réparation de la part de l'assureur, il faut que la réalisation en soit due au hasard; « Conditio casualis est quæ a « casu vel fortuna aut arbitrio hominis juri nostro « minime subjecti tota pendet,[1] » dit Wolf, Jur. nat, III. 487 : la volonté d'une personne autre que le stipulant sera donc considérée comme une circonstance casuelle, tandis que la volonté du stipulant lui-même exclut toute idée d'accident. Si donc le stipulant, c'est-à-dire le bénéficiaire dans notre doctrine, est l'auteur du décès, que la vie assurée soit la sienne propre ou celle d'un tiers, l'assureur se trouvera libéré envers ses ayants-cause, dans le premier cas ; envers lui-même ou ses ayants-cause, dans le second.

Suicide. Exécution. Duel.

Le stipulant sera considéré comme ayant mis fin à sa propre vie, non-seulement s'il y a suicide, mais encore s'il y a exécution capitale, car c'est

---

[1] « La condition casuelle est celle qui dépend d'un cas fortuit, c'est-« à-dire du hasard, ou de la volonté d'une personne qui n'est pas « sous notre dépendance. »

bien par sa volonté qu'il a commis le crime qui le fait monter à l'échafaud, mais encore s'il périt dans un duel.

Il sera considéré comme étant l'auteur de la mort du tiers dont la vie est assurée, non-seulement quand il y aura assassinat ou meurtre proprement dit, mais encore lorsqu'il lui aura donné la mort dans un duel, ou lorsqu'il se serait fait le complice de son suicide. Quant à l'homicide par imprudence, il faut le considérer comme un accident. *Meurtre.*

Nous avons des exemples de cas où le décès de la personne dont la vie était assurée n'a pas donné lieu au paiement de la somme stipulée, parce qu'il avait eu lieu par la volonté de l'assuré, dans trois espèces déjà citées : affaire *Swensson*, en Suède ; affaire des *Rugby Murders*, en Angleterre (25, Beavan, 605) ; affaire *La Pommerais* chez nous. Cela pour le cas où il y a eu assassinat, l'assuré et la vie assurée étant deux personnes différentes ; dans deux arrêts (*lato sensu*), l'un du tribunal civil de la Seine (25 juillet 1854), l'autre du 7 mars 1862 (même tribunal), en ce qui concerne le suicide, c'est-à-dire dans le cas où la vie assurée est celle de l'assuré lui-même.

Le suicide, bien entendu, ne peut être considéré comme un événement qui vienne porter le trouble dans le libre cours du hasard, qu'autant qu'il a été commis par l'assuré dans la pleine possession de sa raison : c'est ce qui a été reconnu par ce jugement, cité tout à l'heure, du 25 juillet 1854, dans l'affaire *Deluen* contre *Caisse des écoles* : autrement, en effet, le suicide n'est plus un acte *Suicide en état d'aliénation mentale.*

de la libre volonté du stipulant : c'est un fait maladif et accidentel : *Non agit, sed agitur*[1]. Il a été décidé dans le sens contraire en Angleterre, dans l'espèce *Borrodaile* v. *Hunter* (Manning and Granger, V, 639); mais cette jurisprudence n'a pas fait loi, et il a bientôt été jugé que le suicide doit être volontaire, que l'auteur doit en être auteur responsable, *felo de se*[2], pour qu'il constitue autre chose qu'un accident ordinaire : aff. *Clift* v. *Schwabe*. (III, Common Bench, 481).

En ce qui concerne la mort par les mains de la justice, nous n'avons pas de monument dans notre jurisprudence qui ait eu à statuer sur la question : c'est seulement dans les polices des Compagnies qu'on rencontre chez nous cette hypothèse. Au contraire, en Angleterre, le point a été formellement établi par un arrêt de la Chambre des lords, dans l'affaire *Amicable society* versùs *Bolland* » (II Dow and Clark, 1).

En vain la police comprendrait-elle dans le risque les cas de duel, suicide, meurtre, exécution.

Tous ces cas, suicide, meurtre, duel, peine capitale, sont généralement exceptés du risque par une clause spéciale de la police; mais, même à défaut d'une stipulation pareille, il faudrait les suppléer : je vais plus loin, et je n'hésite pas à déclarer que toute stipulation contraire devrait être tenue pour nulle, en considération de l'ordre public. C'est ce qui a été déclaré au parlement par lord Lyndhurst, dans l'arrêt précédemment cité : c'est pourtant ce qui a été méconnu par un jugement du tribunal civil de la Seine (rapporté dans

---

[1] « Il n'agit pas; c'est une force étrangère qui agit sur lui ».
[2] « Criminel envers lui-même. »

le *Droit* du 26 mars 1862). Je sais bien que nombre de Compagnies, en Angleterre comme en France, insèrent de pareilles clauses qui forment ce que nos voisins appellent une « *indisputable, unquestionable, unchallengeable policy* »; mais c'est un principe de droit comme de raison universelle que l'on ne peut s'interdire à l'avance d'exercer plus tard en justice des droits qui ne sont pas encore nés. Eh bien! ces droits, je dis que les clauses de la police ne peuvent pas les empêcher de naître, parce que la morale publique y est intéressée. Le jugement du tribunal de la Seine s'est peu inquiété de la morale publique; il a constaté que, dans l'espèce, la police de la Compagnie lui interdisait d'exciper d'un cas de suicide : et, partant de là, il a décidé que, puisqu'il n'était pas prouvé que l'assuré ait commis le suicide dans une intention frauduleuse, d'après une résolution conçue dès l'époque de la signature du contrat, l'assureur devait payer. Je réponds que la fraude n'a rien à faire ici : ce qu'il faut considérer, et qui est incontestable, c'est que le suicide n'est pas moins un acte immoral parce qu'il a été commis sans la pensée de frauder la Compagnie d'assurance, de même que l'assassinat ne cesserait pas, par là, d'être un acte criminel! Nos magistrats ont-ils oublié qu'il leur est interdit de prêter l'appui de la justice « aux conventions particulières qui dérogent aux lois intéressant l'ordre public et les bonnes mœurs[1] »? (Ju-

---

[1] Article 6 du Code Napoléon.

gement du 7 mars 1862, **MM.** Sage de Maisonfort, *président ;* Durier et Nicolet, *avocats.*)

M. Alauzet (tom. II, 494) semble néanmoins disposé à valider les stipulations, assez usuelles dans les Compagnies anglaises, d'assurance même en cas de suicide ou d'exécution ; mais il fait une distinction : il ne les admettrait que dans les assurances sur la vie perpétuelles : son idée, c'est que, dans celles-là, le fait volontaire de l'assuré ne fera, en définitive, qu'accélérer la réalisation du risque. C'est que M. Alauzet, pas plus que le jugement du tribunal de la Seine, ne s'est souvenu de la disposition de l'article 6 de notre Code ; de même que le tribunal n'avait aperçu que la question de savoir si pareille stipulation était ou non entachée de fraude, M. Alauzet s'est contenté de l'examiner au point de vue de la règle que « l'on ne peut pas s'assurer contre son fait ». A ce point de vue restreint on ne voit pas, je l'avoue, pourquoi il ne serait pas possible de faire une assurance même contre l'assassinat, puisque ce ne serait là qu'une augmentation de risques ; or, du moment que la réalisation du risque présente quelque incertitude, si faible qu'elle soit, le contrat aléatoire est possible. Mais si l'on se place plus haut, si l'on songe au péril social, à la sécurité de chacun menacée, on ne peut s'empêcher d'adopter la solution donnée par lord Lyndhurst dans le Parlement anglais !

Ce n'est pas seulement la législature britannique[1]

---

[1] Il en est autrement dans le droit des États-Unis, où la question est, comme chez nous, l'objet des plus vives controverses, du moins

qui a prohibé toute assurance sur la vie contre l'éventualité du suicide et de l'exécution capitale, tout aussi bien que contre celle d'un assassinat (hypothèse qui n'a jamais fait doute pour personne), c'est le Code hollandais (article 307), c'est le fameux Code de Wurtemberg, article 501. C'est enfin le Code prussien (article 1969).

Il est évident, et je ne comprends pas que cela ait pu faire difficulté dans l'esprit de personne, que si le décès de celui dont la vie est assurée avait été causé par le fait volontaire d'une personne autre que l'assuré, soit d'un tiers, soit de lui-même (s'il n'est pas en même temps l'assuré), le décès n'en sera pas moins, *inter partes* [1], le résultat d'un accident : MM. Pardessus (II, n° 580) et Quénault (72) n'en font pas de doute. Pourtant M. Persil conteste que l'assureur doive être tenu de payer la somme stipulée, lorsque, l'assurance étant faite sur la vie d'un tiers, celui-ci a recours au suicide pour terminer ses jours ; cette confusion ne peut s'expliquer que parce que la notion de « l'assuré » ne se sépare pas bien nettement, dans l'esprit de l'auteur, de celle de la personne « dont la vie est assurée ». Toutefois, ici, comme l'ordre public n'est plus en question, il est libre aux parties de convenir que le risque assuré ne comprendrait pas le cas de suicide du tiers qui fait l'objet de l'assurance, de même qu'on pour-

au point de vue théorique ; car, en pratique, les Compagnies ont toujours soin de stipuler dans leurs polices qu'elles n'assurent pas contre pareilles éventualités.

[1] « Dans les rapports entre parties contractantes. »

rait exclure tous les cas de mort donnée par une main humaine.

Il faut faire la preuve et la notification à l'assureur de l'événement qui rend l'indemnité exigible (*sic* Quénault, 185; — Persil, n° 281;— Alauzet, II, 487); cela sera très facile à faire lorsque le décès est certain.

L'assureur doit-il payer en cas d'absence ?

Mais l'assureur doit-il payer et quand doit-il payer, dans le cas d'absence?

Selon les uns, la preuve étant à la charge du stipulant et cette preuve étant impossible dans l'espèce, l'assureur ne doit rien, même à supposer l'absence déclarée.

M. Pardessus (*Cours de droit commercial*, tome II, n° 600) se contente d'un jugement de déclaration d'absence, sous cette restriction que le bénéficiaire sera tenu de donner caution.

Plusieurs auteurs, MM. Quénault (185), Persil (n° 284), Grün et Joliat (408), Merger (175), exigent la condition de trente ans d'absence ou de cent ans d'âge, c'est-à-dire qu'ils font application pure et simple des art. 129 et 131, — les uns en réservant à l'assureur le droit de répéter, si l'absent reparaît, — les autres en lui refusant ce droit. (En ce dernier sens, Grün et Joliat.)

D'autres enfin, et c'est à ce dernier avis que je m'arrête, décident que le juge devra s'en remettre aux présomptions : la jurisprudence anglaise, plusieurs fois saisie de la question, l'a décidé ainsi : aff. *Napean* v. *Doe* et aff. *Rex* v. *The inhabitants of Harborne :* seulement il me semblerait équitable, en pareil cas, de permettre à la Compagnie de répéter en cas de retour de l'absent, et d'exiger, en conséquence, une caution : ainsi jugé dans l'affaire in bonis *J. Kemp* (XVII, Jurist, 240; Prerog., C').

L'assureur, qui aurait payé à une personne sans qualité ou sans droit, aurait la *condictio indebiti* (Persil, 283). S'il avait payé par suite d'un événement qui donnait au bénéficiaire une action, serait-il subrogé dans l'exercice de cette action? Je crois que si la mort avait eu lieu par le fait d'un tiers, maladresse ou crime, il aurait le droit d'agir contre ce tiers : M. Alauzet (tome II, 486) tient la négative (contra Grün et Joliat).

Une question analogue a été posée, celle de savoir si l'assureur qui aurait payé un créancier assuré, à la mort de son débiteur, serait subrogé à ce créancier assuré dans les hypothèques ou garanties qu'il pourrait avoir contre le patrimoine du débiteur défunt. M. Alauzet, ici encore, répond négativement : la jurisprudence anglaise est fixée dans le sens de l'affirmative. Pour moi la question ne peut pas même se présenter, car je m'en tiens à la doctrine *Godsall* v. *Boldero :* or, ici on suppose que le débiteur, tout en ayant des moyens de se faire payer, par ailleurs, au moins une partie de sa créance, a touché le montant total de l'assurance. C'est là une hypothèse qu'on ne peut pas rencontrer dans notre système.

Étant admis que les risques se réalisent dans les conditions de la police, pas de difficulté : l'assureur paiera la somme stipulée dans les délais convenus. Mais s'il en est autrement, de quoi sera-

t-il tenu? A la rigueur, il pourrait se prétendre libéré : mais ici les parties sont souveraines, et la
plupart des Compagnies s'engagent, en pareil cas,
à restituer les primes versées.

OBLIGATION DE L'AS-
SURÉ
Paiement d'une
prime.
Passons maintenant à l'obligation de l'assuré.

L'assuré s'oblige d'abord au paiement d'une
certaine somme au temps et sous les délais déter-
minés dans la police : somme unique ou primes
périodiques, les conventions peuvent là-dessus
varier à l'infini.

La prime est-elle
quérable ou portable?
La prime est-elle quérable ou portable?

Pour soutenir qu'elle est quérable, à défaut de
convention expresse à cet égard, on invoque l'article 1247, d'après lequel :

« Le paiement doit être exécuté dans le lieu
désigné par la convention ; si le lieu n'y est pas
désigné, le paiement, lorsqu'il s'agit d'un corps
certain et déterminé, doit être fait dans le lieu où
était, au temps de l'obligation, la chose qui en
fait l'objet. Hors ces deux cas, le paiement doit
être fait au domicile du débiteur. »

Incertitude de no-
tre jurisprudence sur
la question.
C'est ce qui a été décidé par la Cour de Paris
(9 février 1852), par la Cour de cass. (15 juin 1852),
par le tribunal de commerce de la Seine (10 août
1852); bien plus, cette doctrine n'admet pas seulement que, dans le silence de la police, il en sera
ainsi; même à supposer que la police soit en
termes expressément contraires, si les Compagnies sont dans l'usage de se présenter au domicile des assurés, pour leur plus grande commodité, elles rentrent sous l'empire de l'art. 1247.

La même doctrine semble implicitement admise dans un second jugement du tribunal de commerce de la Seine, du 14 décembre 1854. Toutes ces décisions ont trait à des sociétés à primes fixes : quant aux Compagnies en mutualité, la Cour de Paris (27 mars 1852) et la Cour de cassation, requête (12 janvier 1853) déclarent la prime portable.

La prime a même été reconnue portable en matière d'assurance sur la vie à primes fixes dans l'affaire *la Nationale* contre *Huet de Barochez*, cela aux trois degrés de juridiction :

D'abord au tribunal de commerce de la Seine (jugement du 22 novembre 1853);

Puis en cause d'appel (arrêt confirmatif de la Cour impériale de Paris, à la date du 15 juillet 1854);

Enfin devant la Cour suprême (arrêt de rejet, 15 mai 1855; Jaubert, prés.; Raynal, avoc. g.; Paignon, avoc.).

Il est fâcheux de trouver sur une même question, à la même époque, une divergence pareille, non-seulement entre les différentes Cours de l'empire, mais entre les différentes chambres d'une même Cour : en Angleterre, où un pareil résultat est impossible, grâce à la puissante centralisation du pouvoir judiciaire, où la magistrature n'est pas une profession, mais le couronnement d'une longue et brillante carrière de juriconsulte, la jurisprudence est d'accord avec elle-même sur la question pour interpréter, avec la plus stricte rigueur, la stipulation de termes de grâce accordés dans la police pour l'acquittement des primes : ainsi jugé dans l'espèce « *Want* v. *Blunt* » (XII, East., 183), et dans l'espèce « *Acey* v. *Fernie* » (VII, Meeson and Welsby, 151). La conséquence de cette dernière doctrine c'est que, bien que les Compagnies puissent être dans l'habitude de faire des mises en demeure aux assurés, « *renewal notices* » (selon les Anglais), elles sont libres de ne pas s'y astreindre en s'appuyant sur un principe qui est renfermé chez nous dans l'article 1139 du Code Napoléon [1].

La prime est en général portable.

C'est bien là l'opinion qui me semble la plus raisonnable : je n'hésite donc pas à retourner la proposition affirmée par la doctrine du tribunal de commerce (10 août 1852) et autres, et à déclarer que, non-seulement la prime est portable lorsqu'elle a été stipulée telle dans la police, mais qu'à défaut même de pareille stipulation, elle le sera encore.

En effet, il ne faut pas argumenter ici de l'article 1247 : nous sommes dans une convention *sui generi*s : « C'est un contrat tel qu'il a été créé par la nature des choses, » comme le disait Emérigon: l'obligation de l'assuré sur la vie est d'un genre tout particulier : dans l'assurance sur la vie telle qu'elle se présente partout, il est toujours ou expressément stipulé ou tacitement entendu que le stipulant est libre de cesser ses versements dès

---

[1] Art. 1139 : « Le débiteur est constitué en demeure, soit par une « sommation ou par un autre acte équivalent, soit *par l'effet de la* « *convention,* lorsqu'elle porte que, sans qu'il soit besoin d'acte, et « par la seule échéance du terme, le débiteur sera en demeure. »

qu'il le jugera à propos, — l'assureur ne peut pas l'y contraindre : il n'en est pas ici comme dans certaines classes d'assurances mutuelles, celles, par exemple, contre l'incendie, contre la grêle, contre la mortalité des bestiaux, où l'on applique le principe de la tacite reconduction; dans l'assurance sur la vie, le souscripteur d'une police est libre de continuer ou de ne pas continuer le paiement des primes; chaque paiement qu'il fait est comme un petit contrat *do ut des;* il serait injuste d'exiger que la Compagnie fût tenue de lui faire à chaque échéance une sommation, une mise en demeure; puisqu'elle ne serait pas en droit d'agir contre lui, puisqu'il y a dérogation au principe que « le contrat n'est point résolu de plein droit » (article 1184[1]), pourquoi n'y aurait-il pas aussi dérogation à cet autre principe que le paiement doit être fait au domicile « du débiteur » ? (article 1247).

La raison qui me fait déclarer la prime portable, là où le principe que les conventions ne peuvent être révoquées que du consentement mutuel des parties souffre échec, me mène à reconnaître qu'elle doit être quérable, au contraire, dès que le principe de l'article 1184 reprend son empire. Aussi suis-je parfaitement d'accord avec un arrêt plus récent de la Cour de Paris, lequel a bien donné la même solution que les décisions précédentes dont je combats la doctrine, mais dans des circonstances spéciales : il s'agissait d'une hypo-

La prime peut être par exception quérable.

---

[1] Ce qui est expliqué plus loin dans ce même article : « La résolution doit être demandée en justice... »

thèse où la Compagnie avait stipulé le droit de
poursuivre, par des voies judiciaires, le paiement
des primes; il avait été convenu, en effet, qu'à
défaut de l'exécution des versements par l'assuré
lui-même, trois cautions désignées dans la police
en seraient tenues; la Cour décida qu'en pareil cas
la Compagnie n'avait été en droit de s'adresser
aux cautions que « au refus de l'assuré, » parce
qu'il n'était pas au pouvoir de celui-ci de rompre
le contrat par sa seule volonté, puisque si lui,
assuré, ne voulait pas payer, il restait à la Compagnie la faculté de s'adresser aux cautions.
Voilà donc la prime déclarée quérable à l'égard
de l'assuré; mais à l'égard des cautions, le caractère portable de la prime reparaît : la Cour décide,
en effet, que, quant aux cautions, ce n'était pas à la
Compagnie à aller les trouver, et que, puisqu'elles
ne s'étaient pas spontanément présentées à elle,
celle-ci avait eu le droit de considérer l'opération
comme rompue. (Arrêt du 29 décembre 1864,
2me chambre. — MM. Ernest Picard et Colfavru,
avocats.) En résumé, je crois donc pouvoir invoquer à l'appui de mon opinion, outre l'autorité de
la jurisprudence anglaise, les trois décisions
données dans l'affaire « la *Nationale* c. Huet » et
ce dernier arrêt de la Cour impériale de Paris.

Non-augmentation
du risque.

La seconde obligation que contracte l'assuré,
soit qu'elle ait été formellement écrite et réglée
dans la police, soit même à défaut de toute
stipulation expresse, c'est de ne pas accroître ou de ne pas laisser accroître les dangers
de la vie assurée, par quelque entreprise péril-

leuse. Quand c'est sur sa propre tête que le contrat
repose, on peut dire qu'il y a là une obligation ordinaire ; mais quand c'est sur la tête d'un tiers,
c'est plutôt là une condition casuelle qu'une obligation proprement dite, à moins que l'on veuille
voir là une application de l'article 1120 du Code
Napoléon, lequel permet de « se porter fort pour
un tiers, en promettant le fait de celui-ci, » la
clause pénale étant la rupture de l'opération,
comme sanction de la promesse.

Quoi qu'il en soit, que ce soit la condition résolutoire de l'article 1183, ou que ce soit la condition résolutoire de l'article 1184 [1], dans un cas
comme dans l'autre, le résultat est le même à
l'égard de l'assureur : naissance pour lui du droit
de demander la résiliation.

Mais dans quels cas pourrait-on considérer
qu'il y a ainsi lieu à résolution ? Le Code prussien
a établi des règles formelles là-dessus : aux termes
de son article 2152, quitter l'Europe, aller à la
guerre, voyager sur mer, est considéré comme
augmenter le risque ; il en est autrement de la maladie (2154). Chez nous, comme chez nos voisins
d'outre-Manche, c'est à la jurisprudence d'apprécier suivant la gravité des circonstances et suivant
les termes de la police ; ce serait perdre notre temps
que de nous arrêter à l'examen des variétés infi-
nies que présentent à cet égard les prospectus des

---

[1] C'est-à-dire que ce soit une condition résolutoire formellement
stipulée, ou que ce soit la condition résolutoire sous-entendue dans
tout contrat synallagmatique, pour le cas où l'une des parties n'ac-
complirait pas son obligation.

diverses Compagnies, depuis celles qui défendent à celui dont la tête est assurée de traverser la Manche, jusqu'à celles qui délivrent ce qu'on appelle « *Indisputable and whole world* policy ». Qu'il me suffise de dire qu'il conviendrait aux tribunaux, d'après le principe que nul ne peut s'assurer contre son fait, d'être plus ou moins rigoureux dans leur interprétation suivant qu'il s'agirait d'une assurance faite sur la vie de l'assuré, ou d'une assurance faite sur la vie d'un tiers. Cette distinction a été adoptée dans la pratique par plusieurs Compagnies : qu'il me suffise de citer la « *Briton life Association* » (page 8 du prospectus) : dans le premier cas, si les risques sont augmentés, la Compagnie est libre de résilier ou de consentir la continuation de l'opération moyennant une surprime ; dans le second, ce n'est plus à la Compagnie que cette option appartient ; c'est à l'assuré : pourvu que, dès qu'il apprend que les risques sont accrus par le fait du tiers, il en avertisse l'assureur, il aura la faculté de payer une augmentation de prime, s'il ne préfère pas résilier.

On ne peut pas stipuler l'impunité de la fraude.

Je n'ajouterai pas qu'il est une troisième obligation à la charge de l'assuré, celle de n'apporter au contrat aucune fraude : ni fraude *ab initio*, dans les déclarations faites au moment de l'assurance ; ni fraude *ex post facto*, dans la réalisation des risques, en ne laissant pas au hasard le temps de suivre son libre cours. Ce n'est pas là une obligation pour l'assuré ; c'est un élément essentiel au consentement ; tellement que je n'hésite pas à dire qu'aucune convention formelle ne pourrait avoir pour effet de le dispenser de la bonne foi : il faut considérer les polices stipulées « indisputables », comme ne pouvant s'entendre que du cas d'erreur, et jamais assurément du dol. Cependant la fraude ne doit vicier le contrat qu'autantqu'elle a réuni l'*eventus* avec le *consilium* [1]; c'est à-dire qu'à supposer le cas de réticence, par exemple, les assureurs ne pourront s'en prévaloir qu'à la charge d'établir que la maladie, ou autre circonstance non déclarée, a été cause du décès.

La sanction de ces deux obligations de l'assuré ou, si on aime mieux, de ces deux conditions dont il est responsable, « acquittement des primes — non augmentation des risques », c'est le droit de résiliation qui appartient à l'assureur.

Sanction de l'obligation de l'assuré.

On pourrait convenir que cette résiliation serait considérée comme un refus pur et simple de continuer l'opération, plutôt que comme une résolution proprement dite : ce serait quelque chose comme la cessation d'un bail non écrit; tout serait fini pour l'avenir, tout subsisterait dans le passé. Mais ici, comme nous l'avons dit précédemment, les conventions des parties sont souveraines : or la plupart du temps les Compagnies restituent les primes, ou permettent ce qu'elles appellent le rachat de polices : « *free, paid up policies* » en anglais. Le cas de résiliation se trouve donc assimilé au cas de nullité, bien que dans la raison pure il y ait entre eux une distinction sensible à faire :

Résiliation ; quel en est l'effet ? A la rigueur, les primes devraient être perdues pour l'assuré.

---

[1] L'intention de porter préjudice jointe au fait du préjudice causé.

« L'assurance est nulle, disent MM. Grün et Joliat, lorsqu'elle manque de l'un des éléments nécessaires à son existence légale. Elle peut être résiliée chaque fois que l'assuré contrevient aux obligations que lui imposent la nature du contrat et les clauses particulières de la police. » Dans le premier cas, le cas de nullité, comme il n'y a jamais eu de risque pour l'assuré, il est naturel qu'il n'y ait pas de primes légitimement acquises : il y a eu paiement de l'indû, il y aura donc lieu à répétition, et même à répétition d'intérêts, s'il y a eu mauvaise foi de l'assureur (*sic* mêmes auteurs, 405) ; c'est l'hypothèse où l'assurance aurait porté sur la tête d'une personne antérieurement décédée, ou bien serait nulle pour défaut d'intérêt à la conservation de la vie assurée, etc. Dans le second cas, au contraire, celui où il y a eu un risque couru, les primes correspondant à ce risque devraient se trouver acquises à l'assureur : c'est l'hypothèse de la rupture de l'opération pour défaut de versement des primes ou pour augmentation des risques de la vie assurée.

C'est bien là ce qu'il faudrait décider, je crois, à défaut de stipulation contraire entre les parties : c'est aussi ce qu'a décidé la jurisprudence anglaise ; lord Mansfield a en effet jugé, en 1777, dans l'affaire *Tyrie* versus *Fletcher* (Cowper, 666) et dans l'affaire *Berman* versus *Woodbridge*, en 1781 (Douglas 789) que si, pour quelque raison que ce soit, le risque n'avait jamais existé, il y avait lieu à la restitution des primes, que si, au contraire, le risque avait existé, ne fût-ce que pour 24 heures, il n'y avait pas lieu à cette restitution.

Cette différence entre le cas de nullité et celui de cessation du contrat, *ex post facto*, disparaît dans les clauses des polices des compagnies. Certains même de nos auteurs ne l'ont pas aperçu ; c'est ainsi que M. Alauzet (tome II, 567 et 561) prend pour critérium de la question de restitution ou de non restitution des primes, le point de savoir si l'effet du contrat a ou non été empêché par le fait de l'assuré : c'est mêler la résolution avec l'annulation ; car il peut y avoir résolution sans le fait de l'assuré, par exemple s'il s'agit d'une assurance faite sur la tête d'un tiers, et, en sens inverse, il peut y avoir nullité par le fait de l'assuré, dans le cas, par exemple, où il aurait fait de fausses déclarations qui auraient vicié le consentement de l'assureur. Peu importe que le contrat ne produise pas son effet par son fait : le tout est de savoir si l'effet du contrat est empêché par une nullité ou par une résolution.

En pratique les primes sont restituées dans certains cas de résiliation.

Que les Compagnies se soient attachées à la circonstance que c'est par le fait de l'assuré que l'assurance est restée sans effet, et qu'elles aient laissé de côté la distinction juridique entre la nullité *ab initio* et la résolution *ex post facto*, je ne le nie pas, je le comprends même [1], et ad-

---

[1] Je le comprends, car, me bornant à revendiquer pour les Compagnies le droit rigoureux qui leur appartient, je reconnais qu'à côté de la question de droit pur, il y a la question de conduite, et, à ce second point de vue, on ne saurait trop encourager les Compagnies à se montrer libérales et larges envers leur clientèle, et à renoncer à l'avance, tant que l'ordre public n'est pas en jeu, à toute faculté rigoureuse que la loi leur accorde et qui pourrait effaroucher le public : c'est de l'intérêt bien entendu.

mettant cette pratique comme un fait accompli, examinons une question d'interprétation à laquelle elle peut donner lieu, à laquelle elle a donné lieu dans une espèce assez récente.

C'est l'affaire *Guérin* contre l'*Impériale.*

La Compagnie l'Impériale est une de celles qui s'engagent à ne pas confisquer les primes en cas de résiliation; pour cela plusieurs procédés : il pourrait y avoir le remboursement pur et simple, plus souvent il y a le rachat des polices ou la réduction de la somme assurée en proportion de la somme payée. C'est ce dernier procédé qui avait été stipulé dans l'espèce; lorsque M. Guérin, l'assuré, voulut cesser les versements, il invoqua cette stipulation; mais l'interprétation s'en trouva fort difficile, parce que cela se compliquait d'une autre particularité, c'est que l'assuré n'avait payé que des demi-primes ; la Compagnie donnait, en effet, le droit d'emprunt, jusqu'à concurrence de la moitié des primes versées à charge de servir annuellement et au taux convenu l'intérêt de la somme empruntée.

Comment devait s'opérer la réduction? Le tribunal a pensé qu'elle devait se faire, non pas en considérant, suivant les prétentions de l'assuré, les primes versées comme un capital unique placé au jour de la cessation des versements, sur la tête de l'assuré, ou comme autant de capitaux successifs, valant sommes assurées au fur et à mesure des versements [1], non pas non plus,

[1] Cette première manière d'opérer serait évidemment inique, attendu que faire partir à nouveau le contrat du jour de la cessation

suivant les prétentions de la Compagnie, en retranchant des versements effectués la valeur du risque couru par la Compagnie, plus les sommes retenues comme empruntées et en calculant ce que vaudra la somme restante au décès de l'assuré [1], mais en calculant la somme à payer jusqu'au décès de l'assuré d'après les primes, à les supposer intégrales, et en réduisant cette somme proportionnellement à la moitié desdites primes, seulement versées, sans déduction des demi-primes retenues par l'assuré. Tribunal civil de la Seine, 8 avril 1865. (*Droit* du 6 mai ; — M. Raux, président ; — Isambert, concl. conf. ; — Sorel et Nicolet, av.)

La décision du tribunal n'est peut-être pas tout à fait irréprochable, car on pourrait y objecter qu'il y a une différence entre un contrat fait *ab initio*, moyennant une somme déterminée, à une époque où on ne sait pas comment les chances tourneront, et celui fait après coup, lorsqu'on connaît quel doit être le résultat de ces chances, au moins pour un certain nombre d'années. Pourtant c'est plus raisonnable que ne l'était la prétention de l'assuré lui-même. Néanmoins, j'aurais décidé, conformément à la prétention de la Compagnie, que, pour opérer la réduction, il

Il faut considérer les primes comme diminuées de valeur en raison du risque qu'elles ont couru.

des versements des primes, en faisant le calcul sur le montant intégral des primes payées, c'est admettre qu'en définitive l'assuré aura été, pendant tout le temps écoulé entre l'époque du contrat originaire et le moment de la cessation des versements, couvert *gratuitement, sans rien fournir en échange*, par une police d'assurance.

[1] Ce second mode de calculer est aussi vicieux que le précédent, car, pour obtenir le quantum de la diminution de valeur subie par les demi-primes effectivement versées, on fait entrer en ligne de compte l'autre moitié non payée de ces mêmes primes.

ne faut pas considérer les primes payées comme ayant conservé l'intégralité de leur valeur : en effet, n'ont-elles pas servi, pendant plusieurs années, à faire face aux risques menaçant l'assureur? Il se trouverait donc que celui-ci, en définitive, aurait été, pendant un temps, exposé à un risque, sans recevoir en retour aucun équivalent; il y a donc un déchet sur le montant nominal des versements. Mais c'est quand il s'agit de fixer la quotité de ce déchet, que la Compagnie me semble être allée trop loin! Evidemment, pour se demander de combien ces versements ont perdu de valeur, il faut voir de quelle somme de risque ils se sont trouvés grevés. Je réponds : De tout le risque que contient l'éventualité d'avoir à payer, pendant le temps qui s'est écoulé entre la passation du contrat et la demande de réduction, la somme qui était assurée en retour de ces primes. Mais la Compagnie n'arrêtait pas là ses prétentions : selon elle, les primes payées avaient diminué de valeur de tout le montant du risque contenu dans l'éventualité d'avoir à payer, pendant l'intervalle de la passation du contrat à la réduction, une somme correspondante aux primes payées, plus les primes non payées : voilà où je me sépare de son système. La Compagnie comprend dans les risques un élément qui n'y doit pas figurer : il n'y a eu que des demi-primes payées; ce n'est donc pas sur les primes intégrales qu'il faut faire le calcul! Les primes payées ne peuvent pas, en sus du déchet résultant des risques qu'elles ont courus, se trouver encore

Comment calculer ce risque?

diminuées de valeur par le fait du déchet de celles non payées; car ces dernières n'ont pu éprouver aucun déchet dans le passé : au moment où elles entrent dans la caisse de la Compagnie d'assurance, il est certain qu'elles n'auront à faire face qu'aux éventualités de risques futurs. Pour tout le temps qui a précédé, l'aléa a disparu : or, vouloir faire considérer ces primes qui sont versées après coup, comme ayant été payées dès le commencement, aujourd'hui que l'événement a montré que les craintes conçues pour tout l'intervalle intermédiaire entre les deux époques étaient mal fondées, serait de la part de la Compagnie la même prétention absolument, mais en sens contraire, que soutenir de la part de l'assuré que la portion des primes effectivement versées doit être considérée comme n'ayant été payée qn'au jour de la réduction, c'est-à-dire à un moment où l'assuré sait que les craintes étaient mal fondées et que par conséquent les primes ont pour le temps qui précède été payées en pure perte. En un mot, tout ceci revient à cette idée, que le bon sens suggère, à savoir qu'il faut que ni l'une ni l'autre des parties ne puisse, suivant que les circonstances se présentent de telle ou telle manière déplacer à son gré le point de départ du contrat, pour le reporter à une époque où les chances ne sont plus les mêmes.

J'en ai fini avec ce qui avait trait spécialement à l'obligation de l'assuré : nous avons ainsi examiné les obligations réciproques des deux parties.

Un mot commun à ces deux sortes d'obliga-

Prescription.

Prescr. de 30 ans.

tions : ici, comme partout ailleurs, il peut y avoir lieu à la prescription. Quelle prescription appliquerons-nous?

La prescription de droit commun, celle de trente ans. Cela s'appliquera sans difficulté à l'obligation de l'assureur; quant à celle de l'assuré, il semble qu'il ne peut pas être question de prescription là où il n'y a pas d'obligation dont l'exécution soit susceptible d'être poursuivie en justice ; à cela je réponds : Tant que l'assureur n'a rien payé, c'est vrai, l'assuré est libre de discontinuer ses paiements ; mais si nous supposons que, l'assuré étant en retard pour l'acquittement de sa prime, l'assureur paie sans se prévaloir de ce retard, dès lors comme il y aura eu « *do ut des* » c'est-à-dire exécution de la part de l'une des parties contractantes en vue de l'équivalent promis par l'autre, il y aura obligation parfaite, susceptible de poursuite en justice et, par conséquent, de prescription. Eh bien, quoique les primes puissent avoir le caractère d'annuités, elles ne seraient prescriptibles que par trente ans, parce que l'article 2277 [1] ne doit s'entendre que de dettes susceptibles d'accroissement successif, et qu'ici il s'agit d'une dette de capitaux, quoique divisée en annuités. Nous repoussons donc l'application de la prescription de cinq ans en cette matière; en disant que cette prescrip-

---

[1] Voici le texte de cet article :

« Les arrérages de rentes perpétuelles et viagères, ceux des pensions alimentaires, les loyers des maisons et le prix des baux à ferme des biens ruraux, les intérêts des sommes prêtées et généralement tout ce qui est payable par année ou à des termes périodiques plus courts, se prescrivent par cinq ans. »

tion particulière s'applique en général à tout ce qui est « payable par année ou à des termes périodiques plus courts », l'article, qu'il faut interpréter d'après son esprit, et non pas judaïquement à la lettre, entend parler de tout ce qui est par essence payable à de courts termes, de tout ce qui a pour le créancier le caractère de revenus ; or, s'il est vrai que la prime d'une assurance sur la vie soit susceptible d'être fractionnée en une multitude de petites primes annuelles, semestrielles, trimestrielles, voire mensuelles, ce fractionnement, quelque fréquent qu'il soit, n'est qu'une simple modalité de la prime, modalité qui ne répugne pas à la nature de l'assurance sur la vie, modalité même qui lui convient par excellence, mais qui n'est pas cependant de l'essence de ce contrat ; car la prime à payer par l'assuré peut aussi bien consister en une somme une fois payée qu'en diverses échéances échelonnées de distance en distance.

D'ailleurs, si nous pénétrons dans la pensée intime du législateur et que nous nous demandions quelle était son idée dominante lorsqu'il établit la petite prescription de l'art. 2277, nous ne pouvons nous empêcher de reconnaître que cette idée n'a pas de raison d'être en notre matière et vis-à-vis des Compagnies d'assurances ; cette idée c'est une présomption, la présomption que, les petites créances énumérées dans cet article et autres du même genre étant de celles que l'on consomme au fur et à mesure qu'on les a touchées, de celles sur lesquelles on compte pour vivre, le créancier ne laissera pas écouler cinq ans sans les réclamer; celui qui viendrait après un pareil délai soutenir qu'il n'a pas été payé, serait fort suspect de vouloir être payé deux fois au lieu d'une : la loi écarte son action par une prescription formelle. Eh bien! pareille suspicion serait-elle raisonnable à l'égard d'une Compagnie d'assurances? Non, car il est manifeste qu'une Compagnie ne vit pas au jour le jour du produit des primes qu'elle encaisse; si donc elle vient après cinq ans les réclamer, on pourra certainement l'accuser de négligence, mais on ne pourra pas dire que sa réclamation est mal fondée, attendu qu'une pareille négligence est absolument inadmissible.

TROISIÈME PARTIE

DES ASSURANCES SUR LA VIE DANS LEUR RAPPORT
AVEC LE DROIT COMMERCIAL
ET LES LOIS DE L'ENREGISTREMENT

CHAPITRE IX

Des Assurances sur la vie dans leur rapport
avec le droit commercial

Nous venons d'étudier le contrat d'Assurance sur la vie, au point de vue de l'application qui doit lui être faite des principes généraux du droit civil. Voyons maintenant si ces principes sont les seuls qui puissent trouver leur place en cette matière, ou si, au contraire, le contrat n'est pas susceptible, à certains égards, soit pour l'assuré, soit pour l'assureur, de s'affranchir des règles du Code Napoléon pour tomber sous l'empire des dispositions du Code de commerce.

Posons-nous la question, d'abord en ce qui touche l'assuré, puis en ce qui concerne l'assureur !

Peut-on concevoir qu'en ce qui concerne l'assuré le contrat puisse jamais présenter le caractère d'une opération commerciale ?

La notion même de ce que c'est que l'assurance

PREMIER POINT
EN CE QUI CONCERNE
L'ASSURÉ.

En principe, le

contrat est essentiellement civil du côté de l'assuré.

sur la vie semble répugner à une semblable idée; c'est en effet tout l'opposé d'une spéculation; l'assuré n'y pourra jamais rien gagner; c'est un acte de conservation, un acte de bonne administration.

Cela est vrai, en principe, et restera vrai dans la plupart des cas. Que l'on suppose un époux qui souscrive sur sa propre tête une police d'assurance, pour le cas de survie de son conjoint ou pour la restitution de sa dot; que l'on suppose un père qui assure sa vie en vue de ses enfants; que l'on suppose un fils qui s'assure lui-même sur la tête de son père, ou, en sens inverse, un père qui assure à son profit la vie d'un fils seul soutien de la famille, ce sera toujours, dans chacune de ces hypothèses, la sage prudence du père de famille qui sera le mobile du contrat, jamais l'ambition avide du négociant qui spécule !

Cependant, par exception, il pourrait offrir un caractère commercial.

Mais on peut supposer qu'il en soit autrement. Souvent, en effet, ce sera un créancier qui s'assurera contre le décès de son débiteur; souvent ce sera un associé qui prendra la même précaution contre la mort prématurée de son coassocié, — ou bien un chef de maison qui s'assurera ainsi contre l'éventualité, où pourrait se trouver plus tard celui qu'il emploie, de ne pouvoir faire face aux déficits que l'on découvrirait à l'époque de la reddition de ses comptes; on peut encore supposer que ce soit le débiteur lui-même, l'associé, l'employé, qui contractât sur sa propre tête une pareille assurance, non pas directement au profit de son créancier, coassocié ou patron, car nous n'admettons pas les assurances faites au profit d'un bénéficiaire étranger à l'opération, mais en vue d'atteindre indirectement le même but, c'est-à-dire, de leur donner la garantie qu'ils exigent; car nous avons vu qu'à la mort de l'assuré, s'il est en même temps celui dont la vie est assurée, le montant de la police doit faire partie de sa succession; de sorte que tous ceux qui ont sur cette succession un droit de créance auront le droit de se faire payer sur le montant de l'assurance, avant les héritiers ou légataires du défunt; de plus, nous verrons tout de suite qu'il est un moyen plus parfait encore de donner à un tiers, dont on est débiteur actuel ou seulement éventuel, la garantie qu'il sera payé sur le montant d'une assurance souscrite par nous-mêmes.

Il est donc bien constant qu'une assurance sur la vie, soit qu'elle soit souscrite par un créancier, par un coassocié, par un chef sur la tête de son débiteur, de son associé, de son employé, soit quelle soit souscrite par le débiteur, associé, employé, lui-même, sur sa propre tête, peut avoir pour objet quelque chose qui n'a rien de commun avec des intérêts de famille.

Application de la théorie a de l'accessoire.

Celà étant, nous n'avons qu'à supposer qu'il s'agisse d'un débiteur, d'un associé, d'un employé en matière commerciale : il arrive tous les jours en France qu'une dette commerciale soit garantie par une assurance sur la tête du débiteur; quant aux exemples d'apports sociaux dans une maison de commerce consistant en une pareille assurance, rien de plus commun en Angleterre; j'en dirai autant des polices souscrites, pour servir de garantie à un patron, sur la tête de son commis, secrétaire ou caissier : c'est ce que nos voisins appellent *life and guarantee policy ;* pareille garantie remplace, en effet, à peu de frais et très avantageusement, les cautionnements.

Eh bien, dans toutes ces hypothèses, ne pourrait-on pas, faisant fonctionner ici la théorie de l'accessoire, prétendre que l'assurance sur la vie doit suivre la nature de l'opération dont elle n'est que la garantie et l'annexe, *sequitur principale ?*

Comme cette question est assez grave et que je ne puis espérer d'en trouver l'éclaircissement ni dans les auteurs français ni dans la jurisprudence française où la question n'a pas encore été soulevée à ma connaissance, comme je dois même renoncer aux lumières de la législation d'outre-Manche, où la question ne sera jamais soulevée, puisqu'elle n'y présente aucune espèce d'intérêt ni au point de vue de la juridiction, ni à celui de la faillite [1], comme je me trouve abandonné à mes propres lumières, je crois ne devoir m'exprimer qu'avec réserve; il me semble qu'il y aurait là possibilité d'un doute qu'il ne m'appartient pas de trancher.

Voilà pour l'assurance considérée *ab initio.*

L'assurance sur la vie est-elle susceptible de se prêter aux Mais ne se peut-il pas que l'assurance, sans être quant au fond et dans son origine autre chose

---

[1] On sait qu'en Angleterre on ne connaît pas la distinction entre tribunaux de commerce et tribunaux de droit commun ; de plus, depuis 1861, en vertu du statut XXIV et XXV Victoria, chap. 134, une même loi de faillite s'applique aux commerçants et aux non-commerçants.

qu'un contrat essentiellement civil, soit cependant susceptible de revêtir une forme qui lui permette de jouer, *ex post facto*, le rôle d'un contrat commercial?

Je m'explique. Il est certains titres qui, tout en constatant une opération dont le but et l'origine sont dans l'idée d'un placement de famille, peuvent prendre néanmoins la qualité d'effets de commerce. Eh bien! peut-on ranger dans ce nombre le titre qui constate un contrat d'assurance sur la vie — la police d'assurance sur la vie?

Oui, dira-t-on dans un premier système : il est universellement reconnu que l'art. 136 du Code de commerce [1] n'a rien de limitatif, qu'il peut être étendu par analogie à bien d'autres effets que ni ce Code lui-même ni aucune loi spéciale ne range dans la catégorie des effets de commerce, des effets négociables ; c'est la jurisprudence, c'est la pratique qui a le soin de décider la question. Toutes deux l'ont décidée dans le sens de l'affirmative pour les actions et obligations d'entreprises même civiles, pour les connaissements, les lettres de voiture, les polices mêmes pour certaines assurances, les chèques, les warrants : quelquefois la loi est venue sanctionner la décision de la pratique et de la jurisprudence ; c'est ce qui a eu lieu pour les warrants, pour les chèques ; la loi dans ce cas n'était pas une loi d'innovation, mais une simple loi déclarative : et s'il venait à être formellement établi par un texte législatif que la po-

---

[1] Art. 136 : « La propriété d'une lettre de change se transmet par « la voie de l'endossement ».

lice d'assurance maritime, par exemple, péut être
stipulée à ordre ou au porteur, ce texte ne chan-
gerait rien aux principes actuels, pas plus que
l'art. 281 du Code de commerce ne dérogeait
aux règles de l'ordonnance de 1681 en matière de
connaissement (ainsi que l'a reconnu la Cour de
cassation, 13 juillet 1817, rejet, collection Sirey,
XX, I, 3), pas plus que l'art. 1ᵉʳ de la loi du 23
mai 1865, sur les chèques, n'a détruit les règles
du Code de commerce en matière de négociabilité.
Ce sont des corrections interprétatives du droit
ancien plutôt qu'introductives d'un droit nouveau.
Ce qui a été proclamé par la jurisprudence pour
le connaissement, ce qui a été adopté par la
pratique pour les chèques, ce que personne ne
conteste pour l'assurance maritime, bien qu'il
eût été facile de raisonner *à contrario* par la
comparaison du titre IX avec le titre X du Code
de commerce, l'art. 313 déclarant que

« Tout acte de prêt à la grosse peut être négocié par la voie de l'endossement s'il est à
ordre; »

Tandis qu'en matière d'assurance le silence le
plus absolu est gardé sur la question; ce qui est
ainsi dans plusieurs contrats reconnus à l'évidence, pourquoi ne pas l'admettre aussi en matière d'assurance sur la vie?

On pourrait répondre, en sens inverse, que
l'analogie n'est pas irréprochable, que le connaissement, que le warrant et le chèque ont dû naissance à l'esprit de spéculation commerciale; que
la charte-partie, la lettre de voiture, l'assurance

maritime, sont le corollaire habituel, sinon inséparable, d'une entreprise de négoce ; que même les actions ou obligations des grandes Compagnies, qui souvent constituent un placement de famille, ne présentent pas un caractère aussi essentiellement civil que les assurances sur la vie : celles-ci, en effet, sont intimement liées au droit des successions, et forment en quelque sorte des règlements d'hoirie ; c'est la création d'un patrimoine héréditaire ; livrer le bénéfice d'une pareille opération à la circulation publique, faire de la police un titre transmissible par la voie facile des effets négociables, c'est dénaturer le contrat, c'est le détruire, c'est mettre dans le commerce ce qui appartient à l'esprit de conservation dans la famille ; c'est faire et défaire ce qu'on a fait !

Quoi qu'il en soit, examinons comment notre jurisprudence a résolu la question.

Etat de la jurisprudence sur la question.

Chose étrange, ce sont des juges de commerce qui se sont faits gardiens ici des principes du droit civil dont les magistrats de profession semblent faire si bon marché.

Le tribunal de commerce de la Seine a décidé, comme je voudrais le voir décider universellement, dans les circonstance suivantes :

Négative soutenue par un jugement du tribunal de commerce de la Seine.

Le 18 novembre 1839, M. Mermilliod, alors membre de la Chambre des députés, a souscrit une police de 20,000 francs sur la vie de Mme Nourtier.

M. Mermilliod a cédé ce titre à Mme Nourtier, par simple endossement ; MM. Homberg et Compagnie l'ont transmis de la même manière à

M. Thurneyssen. Mme Nourtier est tombée en faillite, et M. Lefrançois, son syndic, a réclamé la
restitution de ce titre, soutenant que la transmission par endossement ne pouvait constituer ni un
gage ni un privilége.

Les considérants du jugement méritent d'être
rapportés :

« Attendu que l'acte aux termes duquel Mer-
« milliod s'est engagé à payer à la Compagnie
« d'assurance une prime annuelle pour toucher,
« au décès de la dame Nourtier, une somme de
« 20,000 francs, est un contrat purement civil;
« — que les défendeurs même commerçants et
« traitant avec une commerçante de la cession
« des droits résultant du contrat, ne pouvaient,
« dès lors, être saisis à l'égard des tiers que par
« la signification du transport fait au débiteur,
« conformément aux dispositions de l'article 1690
« du Code Napoléon;

« Attendu d'ailleurs que le contrat porte la
« mention que le transfert sur le titre suffit à
« l'égard de la Compagnie, mais qu'à l'égard des
« tiers la loi indique d'autres formalités; qu'il
« faut voir notamment l'article 1690 du Code Na-
« poléon ; — Attendu qu'il résulte de tout ce qui
« précède que les défendeurs, malgré leur bonne
« foi, ne sont pas régulièrement saisis de la pro-
« priété des titres en litige à l'égard du deman-
« deur, et que celui-ci est, dès lors, fondé à en
« poursuivre la restitution dans l'intérêt de la
« masse des créanciers de la faillite, etc. » (Jugement du 17 décembre 1855. — M. Quinault, prési-

dent; MM. Augustin Fréville et Tournadre, agréés.)

Appel ayant été interjeté, le jugement du tribunal de commerce fut infirmé par la Cour impériale[1] en ces termes :

Affirmative adoptée par la Cour de Paris.

« La Cour,

« Considérant que le titre objet du litige est « une police d'Assurance sur la vie, émanée « d'une Compagnie anonyme constituée par ac-« tions, stipulant à primes et stipulant avec « chances de perte et de gain; qu'une semblable « entreprise offre un caractère éminemment « commercial qui se communique aux actes « souscrits par elle dans la sphère de ses opéra-« tions;

« Considérant que, sous ce rapport, les polices « délivrées par les Compagnies d'assurances sur « la vie sont transmissibles par voie d'ordre, « lorsque telles sont les conditions sous lesquelles « elles ont été souscrites ;

« Considérant que ce mode de cession est « affranchi des formalités exigées par l'article « 1690 du code Napoléon; qu'à la vérité, les ar-« ticles 130, 137 et 313 du Code de commerce « ne s'expliquent sur les transferts par voie « d'ordre et d'endossement qu'à l'égard des « lettres de change, des billets à ordre, des con-« naissements et des contrats à la grosse, mais « que jamais, dans l'application, ces articles n'ont « été regardés comme présentant un sens limitatif;

[1] Arrêt du 12 février 1857, 2e ch.; M. Lamy, prés.; M. Moreau, av. gén., concl. conf.

« Considérant que, pour rendre les transactions
« commerciales plus commodes et plus rapides,
« l'usage a étendu , soit à raison de la nature ,
« soit à raison des stipulations des contrats, cette
« faculté de transport par voie d'ordre et d'en-
« dossement, à d'autres titres dont la législation
« ne s'était pas nommément occupée, telles que
« lettres de voiture, polices d'assurances mari-
« times, actions nominatives dépendant de socié-
« tés industrielles, etc.;

« Considérant qu'en matière commerciale, l'u-
« sage acquiert force de loi lorsqu'il est général
« et qu'il n'est contraire ni au texte ni à l'esprit
« de la loi écrite;

« Considérant qu'il résulte des énonciations de
« la police souscrite par la Compagnie générale
« et invoquée par Thurneyssen, que le transport
« en peut être fait sur le titre même, c'est-à-dire
« par endossement, à la seule condition d'être
« écrit, daté et signé par le cédant, d'indiquer le
« nom du cessionnaire et d'être consenti par
« l'assuré;

« Considérant qu'aux termes des mêmes énon-
« ciations, l'accomplissement de ces formalités
« suffit pour saisir le cessionnaire vis-à-vis de la
« Compagnie débitrice; que si, par forme de
« renvoi rejeté au pied du titre, il est dit qu'à
« l'égard des tiers la loi indique d'autres forma-
« lités, ce n'est là qu'une recommandation sura-
« bondante qui n'a rien d'obligatoire, et dont
« l'inobservation ne saurait infirmer l'effet naturel
« d'un transfert conforme aux conditions essen-

« tielles du titre, comme l'est celui qui est cons-
« taté par l'intimé. »

Dans cette dernière partie de leur considérant, les savants magistrats qui ont rédigé l'arrêt ne me semblent pas seulement violer la loi : c'est l'intention des parties elles-mêmes qu'ils foulent aux pieds. J'admets pour un instant qu'il n'y ait rien d'illégal dans une stipulation formelle de clause à ordre, en matière d'assurance sur la vie ; pareille stipulation, là où on la rencontrera, devra être respectée, sanctionnée par les tribunaux ; mais là où elle n'existera pas, là où elle sera formellement exclue par les termes du contrat, la présumer, l'imposer au mépris de la volonté des contractants, là où les parties ont expressément réservé l'application de l'article 1690, déclarer que l'article 1690 ne s'appliquera pas, ce n'est plus seulement une erreur d'interprétation juridique, c'est en même temps une atteinte à la liberté des conventions.

Mais, rentrons dans la question de droit.

L'arrêt annule comme surabondante la recommandation faite par la police de s'en tenir aux prescriptions du droit commun, c'est-à-dire :

« Qu'il ne faudrait tenir aucun compte d'une
« stipulation qui a pour but de consacrer les
« principes de la loi civile. »

Moi j'affirme tout le contraire et je dis « qu'il
« ne faudrait tenir aucun compte d'une stipula-
« tion qui a pour but de méconnaître les principes
« de cette même loi. »

J'adresserai tout d'abord un reproche à la Cour

de Paris, c'est qu'elle raisonne en s'appuyant précisément sur ce qu'elle prétend démontrer; son argumentation pivote sur elle-même : la police d'assurance, dit-elle, appartient au droit commercial; — pourquoi donc ne pas lui permettre de revêtir la forme d'un effet de commerce? Si la première proposition était vraie, la seconde pourrait l'être aussi, mais toutes les deux sont encore à démontrer.

Je dis que la commercialité d'une police d'assurance est encore à démontrer. A moins toutefois que la Cour ne croie l'avoir établi en disant que le caractère commercial de la Société se communique aux actes souscrits par elle! Or, qui ne voit par où pèche ce raisonnement? Ce que nous examinons ici, c'est de savoir si l'opération est commerciale et, par suite, peut donner naissance à des modes de transfert du droit commercial, *en ce qui concerne l'assuré;* ce n'est donc pas répondre à la question que de nous montrer l'assurance en ce qui a trait à l'assureur; que les actions ou parts dans la Société soient susceptibles d'endossement parce que la Société offre un caractère commercial, c'est possible ; mais dire qu'il en sera de même des polices, c'est évidemment confondre en un seul deux points de vue bien distincts, c'est ne pas se rappeler qu'à côté des actes synallagmatiquement commerciaux , c'est-à-dire commerciaux pour chacune des parties, il y en a qui ne le sont qu'unilatéralement.

Non, la police d'assurance sur la vie n'est pas commerciale, par cela seul que la Compagnie qui

l'a délivrée est une société commerciale, pas plus
que l'écrit constatant ce que je dois à mon bou-
langer pour ma consommation, à mon maquignon
pour l'achat d'un cheval à mon usage, ne serait,
par essence, un effet de commerce. Si cet écrit
remplit les conditions d'un billet à ordre, il
pourra alors, mais alors seulement, se transmettre
par la voie de l'endossement ; de même si la police
d'assurance sur la vie peut revêtir la forme d'un
billet à ordre ou d'une lettre de change, elle
jouira du même privilége, mais cela est presque
irréalisable en pratique, car d'une part, si l'on
suppose une assurance temporaire, nous nous
trouvons en présence d'une obligation sous condition; or, le billet à ordre (187) ni la lettre de
change (129) ne sont susceptibles de cette modalité[1]; d'autre part, pour l'assurance sur la vie entière, nous nous heurtons à une autre modalité
également impossible, le *dies incertus*, le jour indéterminé. Je sais que cette seconde difficulté
pourrait être éludée en stipulant la somme payable
à un certain délai de présentation à partir du décès ; néanmoins, tout le monde conviendra que

---

[1] Art. 129, Code de comm. :

« Une lettre de change peut être tirée à vue

« à un ou plu-ieurs jours

« à un ou plusieu s mois   } de vue,

« à une ou plusieurs usances

« à un ou p'usieurs jours

« à un ou plusieurs mois   } de date,

« à une ou plusieurs usances

« à jour fixe ou à jour déterminé, en foire. »

Cette énumération ne comprend pas, comme on le voit, les modalités d'échéance que suppose l'assurance sur la vie.

Et il en est de même du billet à ordre, auquel, aux termes de l'article 187, même Code, sont applicables : « toutes les dispositions rela-
« tives aux lettres de change et concernant l'échéance… etc. »

l'hypothèse est bien invraisemblable. Si je n'ai pas cru puéril de m'y arrêter, c'est que d'autres avant moi se sont posé la question, notamment des auteurs (comme Bunyon [1]), et des magistrats (affaire *Cooke* v. *Colehan*, H. Strange, 1247).

Du reste, si l'on se place en présence d'une assurance sur la vie mélangée d'une assurance de capital différé, on peut facilement échapper à l'article 129 (complété par l'article 187), car là, nous pouvons concevoir que la police prenne la forme d'une stipulation à jour fixe et déterminé ; par exemple, si les parties conviennent que dans dix ans il sera payé à l'assuré, s'il vit, — à ses héritiers, s'il n'est plus, une certaine somme ; c'est la combinaison de l'assurance mixte dont nous avons dit quelques mots précédemment. Revenant à l'assurance sur la vie à l'état pur, je me résume et je dis qu'il ne faut pas argumenter du fait que l'opération peut être pour l'assureur un acte commercial, afin de soutenir que la police d'assurance peut, abstraction faite du cas où elle présenterait tous les caractères extérieurs d'une lettre de change ou d'un billet à ordre, être considérée comme un effet négociable, transmissible par la voie de l'endossement.

Mais je vais plus loin, et je fais observer, qu'à supposer que l'argument tiré de la commercialité de l'acte du côté de l'assureur puisse avoir quelque valeur en ce qui touche la police, c'est-à-dire, du côté de l'assuré, la démonstration ne serait

---

[1] *The law of life assurance*, 2ᵉ édit., p. 61.

encore faite qu'en partie. C'est qu'en effet, on ne m'a pas montré que, pour l'assureur même, l'opération soit commerciale : nous verrons tout à l'heure que, s'il en est quelquefois ainsi, d'autres fois, au contraire, il n'en est plus de même.

Quant à l'analogie tirée par la Cour impériale, de ce qui a eu lieu en matière de lettres de voiture, d'actions de compagnies industrielles, d'assurances maritimes, je crois avoir établi précédemment qu'elle est fort imparfaite, et je me borne à traduire ici une observation de l'ordre moral, faite à ce sujet par un éminent jurisconsulte anglais, que j'ai souvent eu occasion de citer :

« Établir que les polices sont transmissibles « par l'endossement, ou négociables comme des « lettres de change et des billets à ordre, serait « un acte insensé que les nécessités du com- « merce ne demandent pas, et qui ôterait beau- « coup aux Assurances sur la vie, de leur « vraie valeur, comme pourvoyant à l'ave- « nir des familles. » (Bunyon [1]). Cela montre qu'en Angleterre, laissant de côté la question législative et se bornant à l'application des prin- cipes actuels, aucun auteur, aucun magistrat, aucun praticien n'a jamais insinué qu'une police d'assurance sur la vie pût être transmise par la voie de l'ordre, et cependant là, non moins qu'en France, il en est autrement pour les connaisse- ments (bills of lading), pour certaines valeurs

Il n'y a aucune analogie entre l'assurance sur la vie et certains contrats susceptibles de revêtir la forme d'un effet à ordre.

---

[1] Dernières paroles de la 1re édition de son traité : « *The law of* « *life assurance.* »

très nombreuses (comme les *public securities*).
Quant à la police d'assurance, au contraire, aucun
interprète n'a jamais songé à l'enlever aux vieux
principes du droit romain; tout le monde reconnaît que le bénéfice ne peut en passer sur la tête
d'un tiers qu'au moyen de la fiction du *procura-
tor in rem suam*. Je sais bien qu'en France nous
ne sommes pas, à la différence de la législation
anglaise, restés absolument fidèles à l'antique
théorie des jurisconsultes de Rome : nous sommes
plus hardis que Papinien et que Blackstome, nous
admettons que tous droits de créances, « *res in-
corporales* » en latin, « *choses in action* » en
anglais, peuvent passer *jure civili* sur la tête d'un
cessionnaire. Mais pareil transfert est soumis aux
formalités de l'art. 1690 : nous allons donc plus
loin que nos voisins d'outre-Manche, puisque nous
admettons du moins la cessibilité sans détour.
Arrêtons-nous là! Rien ne nous autorise à aller
plus loin encore, et à en admettre la négociabilité,
ni la loi, ni la nature de l'assurance sur la vie!

La doctrine de cet arrêt de 1857, qui est aussi
celle de MM. Grün et Joliat (n° 381), a été adoptée
depuis par le tribunal de commerce de la Seine
lui-même : un jugement du 23 octobre 1862
admet, en effet, qu'une police d'assurance sur la
vie peut être transférable par l'endos. Bien plus, la
police peut être stipulée au porteur! Ce n'est que
la conséquence logique d'un système qui me
semble faux par la base : la Cour de Limoges,
1er décembre 1836, n'admet que le transfert, — la
Cour de Paris, 12 février 1857, fait un pas de

plus, elle admet l'endossement : le tribunal de commerce fait le dernier pas : il admet les polices au porteur ! La monstruosité de cette dernière conséquence me paraît tellement évidente qu'il serait ridicule d'en faire ressortir les inconvénients : tout le monde voit que c'est détourner le contrat de son but principal, unique. Cependant, je dois le dire, je ne m'étonne pas de voir notre jurisprudence aller jusque-là ; elle est d'accord avec elle-même : la raison qui rend inconcevable, à nos yeux, que l'assurance sur la vie puisse être stipulée au porteur, n'existe pas pour elle ! Que signifierait de proclamer en principe que le contrat n'est valable qu'autant que la stipulation n'est pas faite pour autrui, et que l'assuré a un intérêt à la conservation de la vie assurée, s'il était impossible de savoir qui est le bénéficiaire du contrat, qui est l'assuré ? Quoi de plus facile que de violer les règles que l'on aurait établies soi-même, s'il suffisait d'un endos, d'une livraison de la main à la main, pour faire passer une police d'un souscripteur apparent à un bénéficiaire qui se cache ! Ces règles, la jurisprudence ne craint pas de les violer : elle ne les reconnaît pas ; pour elle, le contrat est affranchi de tous les principes du droit civil : elle n'a pas à craindre qu'il y échappe indirectement puisqu'elle lui permet de le faire directement et sans détour !

La Cour d'appel de Bruxelles, par un arrêt déjà cité, du 2 août 1866 [1], a suivi les erre-

Même doctrine adoptée par la Cour de Bruxelles ;

---

[1] Ci-dessus, page 134.

ments de la Cour de Paris et admis implicitement la validité de la clause à ordre, mais en déclarant de nul effet la remise d'une police avec
endossement en blanc.

Enfin, la Cour de Paris elle-même a de nouveau
affirmé sa doctrine par un arrêt du 18 mai 1867
(3e ch., M. Roussel, prés., M. Sallé, av. gén. [1]).
Une question particulière, qui ne peut pas trouver
place dans notre système, se présentait dans l'espèce, celle de savoir si, la clause de la police
exigeant qu'il fût énoncé dans l'endossement
quelle contre-valeur était fournie, aux termes
des art. 137 et 138 du Code de commerce, cette
exigence devait s'appliquer au cas où l'endossement aurait lieu à titre gratuit, *donandi animo :*
oui, avait répondu le tribunal (avec pleine raison
selon nous [2]); non, décida la Cour en infirmant
sur ce chef la décision des premiers juges. Quoi
qu'il en soit de cette question spéciale, que nous
ne mentionnons que pour montrer à quels embarras inextricables conduit le système de nos
adversaires, le principe même de la négociabilité
était proclamé dans l'affaire aux deux degrés de
juridiction!

---

[1] Rapporté dans le journal *le Droit,* du 5 juin 1867.

[2] Sous quel prétexte, en effet, si l'on étend à la police d'assurance
la faculté de l'endossement, la dispenser des conditions auxquelles
cette faculté est subordonnée ? Cela étant, je défie qu'on échappe au
dilemme posé par le tribunal (Jugem. du 14 avril 1866) : ou la contre-
valeur, non mentionnée dans l'endos, a été en réalité fournie, et alors
l'opération est nulle comme endossement, ou cette contre-valeur
n'existe pas, et alors l'opération est nulle comme donation. En effet,
la disposition dont il s'agit n'ayant pas été faite avec les formalités
exigées par la loi pour la validité des donations entre vifs, n'a aucune
valeur légale à ce titre.

Plus récemment encore, à la date du 16 mars 1868, la même doctrine a été adoptée par le tribunal civil de Lyon [1], dans un jugement longuement et soigneusement motivé, mais où néanmoins, à côté d'une argumentation de droit pur assez serrée, se trouve un exposé de considérations de fait, au milieu desquelles se trahit dans l'esprit des juges une certaine méfiance de la valeur de leur propre théorie :

« Attendu, » lit-on dans un de leurs considérants :

« Que la signification du transport est un mode indiqué par la loi pour rendre publique à l'égard de tous l'existence d'un transport, mais que cette fiction légale devient sans objet et la formalité superflue, quand les faits de la cause démontrent évidemment, comme dans l'espèce, que l'existence du premier transport a été portée à la connaissance du deuxième cessionnaire, non pas d'une façon vague, douteuse et indirecte, mais d'une manière complète et manifeste par la production même des pièces, sur le vu desquelles il a traité avec le cédant. »

Ainsi les juges reculent un instant devant la témérité de la doctrine qu'ils vont consacrer, et ils ne se décident à la formuler dans leur jugement qu'après avoir fait remarquer que, dans l'espèce, le résultat n'en sera pas contraire à l'équité! A quoi bon ces tergiversations, ces précautions oratoires si le point de droit était certain?

[1] On trouvera ce jugement, précédé d'une longue rubrique, dans le *Journal de l'Assureur et de l'Assuré*, tome XXII, p. 36 et s.

Pourquoi descendre à l'examen des circonstances particulières de la cause si le principe qu'on invoque était juridiquement incontestable? Cette surabondance, et si je puis m'exprimer ainsi, cette superfétation d'arguments n'aboutit qu'à mieux faire ressortir l'inanité de chacun d'eux.

En somme, et malgré ce nombre imposant de décisions judiciaires qui ont adopté le système de la négociabilité des polices d'assurance, nous n'hésitons pas à déclarer qu'il est plus prudent de s'en tenir au système contraire, parce que ce qu'il faut examiner dans un arrêt, ce n'est pas la décision qu'il adopte, ce sont les motifs qu'il donne à l'appui de cette décision : or à ce second point de vue la jurisprudence qu'on pourrait nous opposer nous semble encore assez pauvre.

Que peut-on répondre, en effet, à l'argument tiré par nous de l'art. 1690 [1], lequel s'exprime en termes généraux et ne comporte aucune restriction?

Dira-t-on que la disposition de cet article est générale, sans doute, mais qu'elle n'exclut pas la possibilité d'une stipulation dérogatoire aux principes qu'elle établit; en autres termes, que cette disposition est purement interprétative de volonté, et que, par conséquent, les parties peuvent, par un accord exprès de volonté contraire, se soustraire à son application?

---

[1] Voici les termes de cet article :

« Le cessionnaire n'est saisi à l'égard des tiers que par la signification du transfert faite au débiteur. Néanmoins, le cessionnaire peut être également saisi par l'acceptation du transport faite par le débiteur dans un acte authentique. »

Ce serait méconnaître la raison qui a dicté au législateur cet art. 1690. Ce serait supposer que le législateur, n'ayant en vue que les rapports entre les parties contractantes, c'est-à-dire entre le créancier et le débiteur, n'a exigé la signification ou l'acceptation du transport que dans l'intérêt du débiteur, et que, par suite, celui-ci peut par une entente préalable avec son cocontractant, le créancier, renoncer à une règle établie dans son intérêt. Or, tout le monde reconnaîtra avec nous, que ce n'est pas uniquement dans l'intérêt du débiteur que les formalités prescrites par l'art. 1690 ont été établies : c'est aussi, c'est surtout dans l'intérêt des tiers qui pourraient se mettre en rapport d'intérêt avec le créancier, postérieurement à la cession; il ne faut pas qu'ils puissent croire que la créance est restée dans le patrimoine du créancier originaire, alors qu'en réalité elle est passée dans le patrimoine d'un autre, et, pour que cette erreur puisse être évitée, quel plus sûr moyen pour eux que d'aller s'en informer auprès du débiteur? Mais pour que celui-ci n'ait pas le droit de leur refuser ces renseignements précis et sûrs qu'on lui demande, il faut que lui-même soit averti de ce qui passe, et cela non pas indirectement, non pas vaguement, mais par la voie officielle d'un acte extra-judicaire! Voilà le fondement de l'art. 1690. Cela étant, qui ne voit qu'il ne peut être au pouvoir des parties contractantes de stipuler, par une clause du contrat originaire, le non-accomplissement de formalités établies dans l'intérêt de personnes qui n'ont pas été parties à ce contrat? Qu'on ne vienne donc pas nous reprocher de porter atteinte au principe de la liberté des conventions, lorsque nous nous bornons à revendiquer pour les droits des tiers le respect qui doit leur appartenir. Ce respect, il ne suffirait pas d'une clause insérée dans un contrat pour nous en affranchir; il faudrait une disposition formelle de la loi.

Pareille disposition existe en certaines matières, mais là où nous la trouvons, nous devons l'interpréter et l'appliquer limitativement, parce que c'est une disposition exceptionnelle qui porte échec à un des principes du droit les plus respectés. Ce principe est abandonné en matière de lettre de change et de billet à ordre, aux termes des art. 136 et 187 du Code de commerce; en matières d'actions de sociétés (art. 36 et 37 du même Code), de prêt à la grosse (art. 313), de connaissement (art. 281) : autant d'exceptions, autant de textes formels de la loi pour les établir! Donc, tant qu'il n'y aura pas un texte formel qui dispense les polices d'assurance sur la vie des formalités prescrites par l'art. 1690, cet article leur doit être déclaré applicable.

Si l'on venait nous objecter que la jurisprudence avait bien pris sur elle, dans le silence de la loi, d'admettre la négociabilité de la lettre de voiture, de la police d'assurance maritime, du warrant et du chèque, nous pourrions répondre d'une façon générale qu'il s'agit là d'autant d'effets de commerce, et qu'il est, au moins implicitement, reconnu par l'art. 313 du Code de commerce que la négociabilité est la règle en matière d'effets de commerce [1]. Mais pour préciser davantage, nous dirons en ce qui concerne la lettre de voiture, que non-seulement elle se prête facilement à une assimilation avec le connaissement, mais que, là où il s'agira d'un transport par eau, l'identité sera complète ; en ce qui touche la police d'assurance maritime, que si la négociabilité n'est pas écrite dans un article de loi, elle était néanmoins à coup sûr dans la pensée du législateur, car c'était là, dans notre ancienne jurisprudence et sous l'empire des ordonnances de 1673 et 1681, muettes sur la question, un point de droit universellement reçu.

Quant aux chèques et aux warrants, il eût été difficile de méconnaître leur négociabilité, puisqu'en dernière analyse, avant les récentes lois qui rendent à présent toute controverse impossible, le chèque n'était autre chose qu'une modalité de la lettre de change, et le warrant qu'une variété du billet à ordre.

En résumé, en ce qui concerne la lettre de voiture, le chèque et le warrant, la jurisprudence n'a fait, on peut le dire, qu'appliquer purement et simplement une disposition formellement consignée dans le Code.

Quant à l'assurance maritime, je veux bien qu'il y ait eu là quelque chose de plus qu'une interpré-

---

[1] Voici les termes de cet article :
« Tout acte de prêt à la grosse peut être négocié par la voie de « l'endossement, s'il est à ordre ; en ce cas, la négociation de cet « acte a les mêmes effets et produit les mêmes actions en garantie « que celle des autres effets de commerce. »

tation littérale de la loi : mais on n'a fait, du moins, que suppléer à l'intention certaine, incontestable du législateur, en se conformant à son esprit. Si l'on cherche à nier qu'il n'y ait eu là rien autre chose qu'une interprétation toute simple et toute naturelle de la part de la jurisprudence, il nous est facile de rétorquer l'objection, et de faire remarquer à ceux qui nous l'opposent, qu'il est au moins étrange qu'ils viennent argumenter contre nous de ce que la question de là négociabilité, en matière d'assurance maritime, pouvait faire plus de doute que nous ne semblons le croire : si la question pouvait faire doute pour l'assurance maritime, elle ne pourrait pas même faire doute un seul instant pour l'assurance sur la vie, car toute la force du système de nos adversaires consiste à raisonner par analogie de la première espèce d'assurance à la seconde. Or, un argument d'analogie dont le point de départ est lui-même en question, ressemble fort à un cercle vicieux!

C'est donc en vain qu'on essaie d'échapper ici à l'application de l'art. 1690. En supposant même que la jurisprudence n'ait fait, en matière d'assurance maritime, que créer dans la loi une exception qui n'y était pas écrite, ce ne serait pas une raison pour en faire autant dans notre matière. Ici nous ne sommes plus en présence d'un instrument de crédit, d'un effet de commerce, d'un titre, en un mot, dont la première qualité est de se prêter à une facile circulation. Le caractère de l'opération entre l'assureur et l'assuré est essen-

tiellement civil : la nature de la police répugne à
la négociabilité, c'est tout au contraire, si je puis
m'exprimer ainsi, l'immobilisation qui lui convient! Ce dernier point me paraît tellement incontestable que je comprends à peine qu'on ait
jamais conçu la pensée de parler ici de commercialité de l'obligation; il peut y avoir commercialité, oui, mais commercialité du côté de l'assureur seulement, commercialité unilatérale, ce qui
ne suffit pas pour faire de la police un effet négociable. C'est entre les assureurs, dans leurs rapports internes, que la commercialité est pleine,
entière et synallagmatique, et que, par conséquent, il peut y avoir émission de titres susceptibles, soit de transfert, soit de clause à ordre,
soit de clause au porteur; c'est donc établir une
équivoque, une confusion entre les polices d'assurances, et d'autre part les actions ou obligations des sociétés d'assurances, que d'invoquer
tci la commercialité de l'opération; que l'on me
pardonne la comparaison, c'est comme si l'on
confondait les actions ou obligations des Compagnies de chemins de fer avec les billets ou cartes
de parcours que délivrent les mêmes Compagnies :
les actions ou obligations de chemins de fer constituent des valeurs négociables; les billets ou
cartes de parcours sont, au contraire, essentiellement personnels; imaginerait-on jamais de les
rendre transmissibles de la main à la main ou par
voie d'ordre?

Il en est de même de l'assurance sur la vie : la
police qui la constate est personnelle à l'assuré,

absolument comme un billet de chemin de fer, et, poursuivant notre comparaison, si nous supposons un voyageur qui prend dans une gare à un même guichet deux billets, l'un de voyage, l'autre d'assurance sur la vie (comme cela se pratique en Angleterre) et que, un accident étant arrivé à un autre voyageur du même train, celui-ci ou ses héritiers (en cas de mort) colludent avec le premier afin qu'il leur transmette son billet d'assurance et leur procure ainsi le moyen de réclamer frauduleusement à la Compagnie d'assurance une somme qu'en réalité elle ne doit pas [1], le délit sera le même que s'il y avait eu du premier voyageur au second emprunt d'un billet de voyage ou d'une carte d'abonnement, afin de frustrer la Compagnie de chemin de fer du prix d'une place ou dē la perception à laquelle elle a droit sur un excédant de bagage.

Sans prétendre, toutefois, établir une assimilation complète entre ce billet de chemin de fer ou ce billet d'assurance contre les accidents de chemin de fer, et les polices d'assurance sur la vie ordinaire, nous pensons qu'il y a jusqu'à un certain point même raison de décider. Que la police d'assurance sur la vie soit transmissible dans les termes du droit commun, nous ne nous y opposons pas; mais que cette transmissibilité soit par trop facile, voilà ce que nous n'admettons pas, voilà ce que nous trouvons contraire à la fois aux lois

---

[1] Pour prévenir de pareilles collusions, le voyageur qui a pris le billet est tenu d'y écrire, de sa propre main, son nom, afin qu'en cas d'accident il puisse être établi que c'est bien lui, victime de l'accident, qui est propriétaire légitime de cette petite police d'assurance d'un genre particulier.

existantes et aux conditions que doit rationnelle-
ment remplir le contrat d'assurance sur la vie.

Ainsi donc l'endossement, même accompagné
d'un avis communiqué à la Compagnie d'assurance, doit être nul en droit; mais, bien entendu,
il ne sera pas nul entre les parties; c'est seulement envers les tiers qu'il sera nul; c'est seulement, comme disent à ce sujet les jurisconsultes
anglais, pour faire naître au profit du cessionnaire un droit *in rem*, que l'acceptation authentique ou la signification de l'art. 1690 est nécessaire.

Mais quels sont les tiers? La réponse à cette
question ayant donné lieu à controverse parmi les
interprètes les plus distingués, je n'ai pas la prétention de faire une énumération complète des
personnes qui peuvent être considérées comme
tiers vis-à-vis du cessionnaire; voici cependant
quelles sont celles qui me semblent devoir être
comprises sous cette dénomination de tiers : d'a-
bord, les créanciers du cédant. Ainsi il pourrait
se faire que, celui-ci tombant en faillite, les syn-
dics revendiquassent la police d'assurance, et
l'hypothèse s'est déjà présentée devant les tribunaux anglais (aff. *West* v. *Skip*) [1] ou bien,
abstraction faite du cas de faillite, on peut supposer qu'un ou plusieurs des créanciers, considérant la police d'assurance comme le plus clair
de l'avoir de leur débiteur, voulussent s'opposer à
ce que la Compagnie payât le montant de l'assu-

---

[1] I, Vesey Senior, 243.

rance en d'autres mains qu'en les leurs, en autres termes voulussent faire saisie-arrêt sur les deniers dus en vertu de la police. Eh bien! aussi longtemps qu'un transport n'aura pas été notifié ou accepté, comme il est dit dans l'art. 1690, ils pourront faire saisie-arrêt au préjudice de tout cessionnaire, même antérieur. — Puis les autres cessionnaires du cédant, ou ceux auxquels la police aurait été remise en nantissement [1]; c'est dans l'ordre des notifications ou des acceptations authentiques qu'on règlera leurs droits respectifs. — Quant à la Compagnie d'assurance, elle est bien aussi un tiers en ce sens qu'elle ne figure pas au contrat intervenu entre le cédant et le cessionnaire; néanmoins je n'hésite pas à reconnaître qu'à son égard un simple avis suffira pour accomplir la consommation de la cession; car je pense, avec M. Valette, qu'à l'égard du cédé une acceptation par acte sous seing privé est suffisante : s'il est tiers vis-à-vis de la cession, il était partie contractante dans le contrat originaire.

La cession pourra se faire dans les termes du Code civil.

Nous repoussons donc, jusqu'à ce qu'une disposition formelle de loi vienne innover en cette matière, l'idée qu'une assurance sur la vie puisse être stipulée soit payable au porteur, soit à ordre. Nous admettons seulement le cessibilité du droit

---

[1] Comment pourrait s'effectuer un pareil nantissement? Il faudrait, je crois, y observer les formalités des articles 2074 et 2075 du Code Napoléon, bien que l'arrêt du 12 février 1857 (suivi d'ailleurs d'une décision conforme de la chambre des requêtes, à la date du 11 août de la même année) l'en ait dispensé, en se fondant sur ce que, dans l'espèce, l'opération constituait un nantissement commercial. Or, l'art 2084 déclare non applicables aux matières de commerce les art. 2074, 2075 et suivants.

commun [1]. C'est à dessein que, dans les chapitres précédents, nous n'avons envisagé le contrat qu'à sa naissance, nous bornant à déterminer les conditions qu'il doit remplir *ab initio*, et nous réservant d'examiner plus tard ce qu'il pourrait devenir *ex post facto*.

Nous avons dit qu'une stipulation de somme payable, à un décès, à d'autres qu'à l'assuré lui-même ou à ses ayants-cause, était illégale. Ce n'est pas à dire qu'il soit impossible que le bénéficiaire de l'opération soit, en définitive, un autre que l'assuré ou ses ayants-cause : le bénéfice du contrat pourra être ultérieurement transporté par cession soit à un acheteur, soit à un légataire par une disposition testamentaire ; mais cette cession sera réglée par les principes du droit civil, et les résultats n'en seront pas du tout les mêmes que ceux de la doctrine exorbitante admise par la jurisprudence, et, disons-le aussi, par tous les rares jurisconsultes qui se sont occupés chez nous de l'Assurance sur la vie (en ce sens, un article du savant et regrettable M. de Caqueray, *Revue pratique*, XVI, 196) : dans la doctrine « *Bouvard* » et « *Schneider* », le bénéfice de la police échappera aux créanciers de l'assuré, c'est-à-dire du stipulant, soit que l'assurance soit souscrite au profit d'un certain créancier que le débiteur veut favoriser, soit même qu'elle le soit au profit d'une personne qui lui est chère et qu'il a voulu grati-

Par le moyen d'une cession, le bénéficiaire pourra se trouver, ex post facto, être un autre que le stipulant.

---

[1] La loi de 1868 sur les assurances en cas de décès n'admet même pas cette cessibilité du droit commun. Le législateur a cru prudent de déclarer, au moins en partie, incessibles et insaisissables les petites polices d'assurance dont s'occupe cette loi.

fier : c'est l'économie de notre loi toute boule-
versée dans sa base. Dans notre système, les
créanciers pourront jouir de leur droit ordinaire,
et critiquer la cession si elle est faite en fraude
de leurs droits, article 1167, et même, si elle
présente le caractère d'une libéralité, la faire ré-
voquer le cas échéant, conformément à l'article 1166; c'est l'application pure et simple des
principes. Enfin, s'il apparaissait que la cession
ne fût autre chose qu'un moyen détourné pour
donner à une assurance contractée au mépris des
principes les apparences de la légalité, toute personne pécuniairement intéressée à la nullité du
contrat pourrait s'en plaindre, c'est-à-dire, l'assureur, les créanciers de l'assuré et ses ayants-
droit, etc.

Si la police était l'objet d'un legs, ce legs ne
recevrait d'exécution qu'après le paiement intégral des dettes de la succession (*sic* Jurisprudence anglaise).

Si la cession de la police avait pour cause des
conventions matrimoniales, et figurait dans le contrat de mariage comme apport, il faudrait la traiter
comme étant faite à titre onéreux, et non pas
à titre gratuit : ce qui est fort intéressant, soit
à l'égard des héritiers, soit et surtout en cas de
faillite, à l'égard des créanciers ; la jurisprudence
anglaise décide ainsi ; elle voit dans le mariage
une « *valuable consideration ;* » notre jurisprudence pourrait sans inconvénient adopter cette
décision, car elle se trouverait en parfait accord
avec l'interprétation de l'art. 446 du Code de

commerce, dont les rigueurs ne sont pas étendues au cas de constitution de dot. Je reconnais toutefois que cette doctrine, renouvelée du droit romain (lois 14, *in fine*, et 25, 1, au Digeste, *quæ in fraudem creditorum* [1]) est loin d'être universellement admise.

J'ai dit encore qu'une stipulation d'une somme payable au décès d'une personne à la vie de laquelle le stipulant n'a pas d'intérêt est illégale. Ce n'est pas à dire qu'il soit impossible que le montant de l'assurance soit jamais touché par quelqu'un qui n'aurait pas d'intérêt à la conservation de la vie assurée. La police peut être, en effet, cédée à un tiers qui n'a rien à perdre à la réalisation du sinistre : j'exige pour la validité de la cession que toutes les conditions du droit civil soient accomplies; mais je n'exige rien de plus. Je pense donc comme M. Merger, comme la jurisprudence anglaise, comme la jurisprudence française (s'il m'est permis d'invoquer son autorité en une matière qu'elle a si peu approfondie), je pense, contrairement à MM. Grün et Joliat (nº 381), dont la doctrine se retrouve dans Dalloz (nº 324 [2]) et dans l'Encyclopédie du droit, nº 387, — que la cession peut avoir lieu bien que le cessionnaire n'ait aucun intérêt légal à la conservation de l'existence de la tête assurée.

Mais ici encore, comme tout à l'heure, je m'empresse d'ajouter que, si la cession couvrait une collusion frauduleuse dans le but d'échapper aux

---

[1] Livre XLII, titre VIII, Dig.
[2] Rép. alph., au mot Assurances terrestres.

ment sur une tête, à la conservation de laquelle le bénéficiaire n'a pas intérêt, elle pourrait être annulée.

principes du droit civil, l'opération devrait être annulée : c'est ce que la jurisprudence anglaise a eu occasion de reconnaître, dans l'espèce *Wainwright* v. *Bland*, en 1835 (I, *Moody and Robinson*, 481) : et c'est la seule raison de droit que j'aurais cherchée pour annuler les contrats faits sur la tête de Mme Pauw, dans l'affaire La Pommerais : en effet, l'assurance souscrite par la victime, sur sa propre vie, avec la cession qui la suivit bientôt, n'était autre chose au fond qu'une assurance faite indirectement sur la vie à la conservation de laquelle le stipulant n'avait pas intérêt [1].

Voilà donc la cession d'une police d'assurance sur la vie réglementée en tous points d'après le droit civil.

Compétence.

J'en dirai autant de la compétence. A moins que l'on ne fasse ici application de la théorie de l'accessoire, on ne peut pas admettre que l'assuré

---

[1] Le ministère public, dans ses conclusions, et le tribunal, dans son jugement, ont bien été, comme nous, au fond des choses. Ils ont déclaré que, derrière ce contrat d'assurance souscrit par Mme de Pauw a son propre profit et suivi d'une cession à La Pommerais, il n'y avait autre chose qu'un contrat d'assurance fait directement au profit de La Pommerais. Mais ils n'ont pas aperçu que cette déclaration suffisait pour annuler l'opération, et s'ils ont prononcé l'annulation, ils ne l'ont pas motivée sur ce qu'elle constituait une assurance sur la vie faite sans intérêt, mais sur ce « qu'ayant donné la mort à ce « tiers, le bénéficiaire est, *aux termes des polices*, déchu de tous « droits au bénéfice de l'assurance. » Voilà qui est au moins singulier ! Si le contrat est nul aux yeux des honorables magistrats du tribunal de la Seine, ce n'est pas parce qu'il manque d'un élément essentiel à tous les contrats, la cause licite dans l'obligation (article 1108); ce n'est pas non plus parce que l'ordre public et les bonnes mœurs y sont intéressés (art. 6); ce n'est pas même parce que La Pommerais a assassiné Mme de Pauw : tout cela ne suffirait pas pour ébranler la validité de l'opération. C'est en vertu d'une clause de la police : si cette clause n'eût pas existé, on ne se serait pas donné la peine de la suppléer. (Voir ci-dessus, pages 160 et 161.)

puisse jamais être poursuivi, en raison de son assurance, devant une autre juridiction que celle des tribunaux civils.

Ce que je dis de la transmission de la police en propriété, je le dis également de la dation en nantissement, contrairement à la disposition déjà mentionnée de l'arrêt du 12 février 1857 : il faut s'en tenir aux dispositions du Code civil ; du reste, en ce qui concerne les polices d'associations tontinières, improprement appelées Assurances mutuelles sur la vie, la jurisprudence n'admet pas la validité d'un nantissement fait dans les termes du Code de commerce ; c'est ce qui résulte d'un arrêt de la Cour impériale de Paris, en date du 25 janvier 1862 (3e ch., Perrot de Chezelle, prés. ; — Barbier, av. gén., conc. conf. [1]).

De même, s'il y a eu perte de la police, je n'appliquerai pas la disposition de l'art. 152 du Code de commerce, d'après lequel, en ce cas, on peut demander le paiement de l'effet perdu « et l'obtenir par l'ordonnance du juge en justifiant de sa propriété par les livres et en donnant caution » ; cet article, en effet, ne peut s'appliquer qu'à des effets qui seraient, sinon toujours, au moins la plupart du temps commerciaux ; car il suppose qu'il y a des livres de commerce. Cette doctrine est contraire au jugement du tribunal de commerce de la Seine du 2 décembre 1850, mais elle a pour elle l'autorité de la Cour de Paris, en date du 13 décembre 1851.

[1] *Journal de l'Assureur et de l'Assuré*, tome XV, p. 130 et suiv.

Prescription

De même encore, pour la prescription, je rappelle qu'il faut ici le délai commun de trente ans et qu'il ne faut pas appliquer celui de cinq ans édicté par l'art. 432 du Code de commerce pour la police d'assurance maritime : ainsi pense M. Alauzet, Traité des Assurances maritimes, t. II, 568. Ainsi a décidé la Cour de cassation le 22 janvier 1849, et la Cour impériale de Paris, 12 décembre 1857 : ce dernier arrêt a décidé qu'en cas de perte de la police la somme ne peut être réclamée qu'après trente ans; toutefois, il autorise, moyennant caution fournie pour cinq années, à retenir les intérêts de cette somme, qui serait alors déposée à la caisse des consignations : je souscris volontiers à cette doctrine.

Faillite de l'assuré.

Si l'on suppose que l'assuré soit un commerçant et qu'il vienne à être déclaré en faillite, il faut admettre avec tous les auteurs, notamment avec M. Pouget (Journal des Assurances, année 1865, 61) et avec la jurisprudence, que l'assureur peut résilier ou demander une caution pour le paiement des primes [1].

---

[1] Néanmoins on reconnaît généralement que ce n'est pas une libre option donnée à l'assureur, mais que ce n'est qu'à défaut d'obtenir caution qu'il peut faire résoudre le contrat. En ce sens, MM. Grün et Joliat (nos 330 et 332); Boudousquié, nos 371 et 372; Quesnault (nos 387 et 388); E. Persil (no 225); Dalloz, Rép. alph , Assurances terrestres, no 285.

CHAPITRE X

Des Assurances sur la vie dans leur rapport avec le droit commercial (suite et fin)

———

Du côté de l'assuré nous avons vu que l'assurance est un placement de famille, un acte de conservation, absolument incompatible avec l'idée d'aucun bénéfice à faire : l'assuré contracte « de damno vitando »; l'assureur, au contraire, fait une opération « de lucro captando », un placement de spéculation : il y a là un acte unilatéralement commercial. C'est précisément le côté commercial qui nous reste à envisager.

L'assureur spécule, l'assureur fait acte de commerce ; ce n'est pas à dire cependant qu'il soit nécessairement un commerçant, par cela seul qu'il fait un contrat isolé de cette nature : il faut, pour lui donner cette qualité, qu'il y ait là une suite continue d'opérations suffisamment caractérisque (*sic* Bunyon). Quand plusieurs personnes se constituent en société d'assurance, la commercialite devient évidente, sous le bénéfice toutefois des observations qui vont suivre.

Si nous supposons que l'assureur et l'assuré sont deux personnes parfaitement distinctes, dont l'une a contracté en vue de la spéculation, tandis que l'autre a contracté en vue de la conservation, de sorte que nous nous trouvons en présence d'un négociant qui assure, et d'un père de famille qui s'assure, l'opération nous offre tous les caractères d'un acte à la fois commercial et civil : commercial d'un côté, civil de l'autre. Mais si nous nous plaçons dans l'hypothèse où c'est une seule et même personne qui joue les deux rôles, où le même individu est à la fois assureur et assuré, où l'équivalent, donné en retour de la garantie de ses risques, consiste à se porter garant des risques qu'un autre peut courir, de sorte que chacun assure celui-là même qui l'assure, nous ne voyons plus là de négoce, ni d'un côté ni de l'autre : tous contractent *de damno vitando*, et le bénéfice que chacun pourra tirer de l'opération se résume uniquement en la réparation d'une perte. Ici la qualité d'assureur s'absorbant dans celle d'assuré, le contrat devient bilatéralement civil; c'est de part et d'autre un contrat d'indemnité qui n'offre plus rien absolument de commercial. C'est une sorte de mise en commun des risques respectifs de chacun.

Ceci nous amène tout naturellement à examiner les divers modes de constitution des Compagnies d'assurances sur la vie.

On distingue dans la pratique des sociétés mu-

tuelles et des sociétés à primes — j'ajoute à primes
« fixes ». Dans les premières, le rôle de l'assureur
et celui de l'assuré se confondent, il n'y a pas d'autre capital que la masse des primes versées par les
sociétaires, plus un fonds de réserve et un capital de
garantie ; dans les secondes, au contraire, il y a des
capitalistes, des actionnaires, en face de l'assuré ;
celui-ci paie une prime irrévocablement déterminée à l'avance, et s'il se trouve qu'en définitive
la somme des primes versées par l'ensemble des
assurés dépasse le montant des sinistres à couvrir, tout l'excédant forme le bénéfice des actionnaires ; — si, au contraire, les sinistres font plus
qu'absorber le total des versements, ce sont les
actionnaires qui supportent le surplus sur le capital social. Dans l'assurance mutuelle, l'excédant
de l'actif sur le passif se reporte sur les divers
assurés selon une certaine proportion : quant à
l'excédant du passif sur l'actif, personne n'en est
garant : il devra donc, le cas échéant, se répartir
entre les différents assurés par la réduction du
montant de leur police, lors de la réalisation des
risques.

Chacune de ces constitutions différentes présente ses avantages et ses inconvénients :

Dans l'assurance à primes fixes (en anglais
« *non participating scale* ») la prime est nécessairement plus élevée, mais l'assuré ne court pas
le risque de subir une réduction dans ses indemnités ;

Dans l'assurance en mutualité (*participating
scale*) l'assuré n'a pas la garantie d'être indem-

nisé intégralement, mais il ne paie que la prime rigoureusement nécessaire; il n'y a pas là un assureur qui spécule sur l'excédant de ses versements.

Constitution mixte. Frappé de ces avantages et de ces inconvénients, la « *Provident Life Office* »[1] eut la première l'idée de combiner les deux systèmes, dès 1806, « d'allier la garantie du capital invariable et permanent (en outre du capital de roulement formé par les primes) avec l'avantage qui résulte pour les sociétaires des répartitions à époques fixes de l'excédant des primes annuelles sur le montant des sinistres et des frais de gestion ».(Traduit du prospectus de cette Compagnie.)

Ce mélange des deux principes fut bientôt adopté par d'autres Compagnies en Angleterre, et c'est dans cette forme que la Compagnie d'Assurances Générales, qui a la première introduit en France la pratique des assurances sur la vie, en 1819, les a présentées au public.

Dans les trois modes d'assurance, il y a toujours une prime; j'ajoute même que cette prime est toujours fixe, c'est-à-dire que pour s'assurer une certaine somme lors de tel décès, l'assuré est toujours tenu de débourser une certaine prime parfaitement déterminée à l'avance; seulement, dans l'assurance « sans participation », cette prime est à jamais perdue dans son intégralité pour le stipulant; tandis que dans l'assurance en mutualité la totalité des bénéfices, et dans l'assu-

---

[1] C'est, parmi les nombreuses Compagnies qui fonctionnent actuellement en Angleterre, la sixième par ordre d'ancienneté.

rance mélangée, une partie de ces bénéfices (50 0/0 en France, 80 0/0 en Angleterre) est attribuée aux assurés afin de leur rembourser tout ce qu'ils ont versé au-delà de ce qui était strictement indispenasble pour que la Compagnie fît face aux sinistres.

Voilà pourquoi je préfère de beaucoup, à notre terminologie, celle des Anglais, qui distinguent les Sociétés d'assurances sur la vie en trois classes :

Mutual offices (Compagnies en mutualité).

Proprietary offices (Compagnies avec actionnaires).

Mixed offices (Compagnies mixtes).

Et je suis sûr qu'un jurisconsulte anglais qui entendrait parler d'une assurance sur la vie « à primes » (*with premiums*) ou même « à primes fixes » (*with fixed premiums*) aurait de la peine à concevoir qu'il pût y avoir des assurances sans primes, ou même sans primes « fixes ». M. Le Hir (année 1867, page 148) critique comme nous ces locutions vicieuses.

Les *Mutual offices* sont assez répandues en Angleterre : qu'il me suffise de citer le *Clergy mutual*, établi en 1829; le *Standard*, 1825; le *Aberdeen mutual*, 1831; le *Mutual*, 1834; le *Hand in Hand*, établi comme Compagnie d'assurance sur la vie en 1836, mais existant comme Compagnie d'assurance contre l'incendie depuis 1696; le *Church of England;* le *Reliance;* le *United kingdom temperance*, en 1840; le *Scottish national*, en 1841; le *British Empire,* en 1847 ; le *Great Britain*, en 1844 ; le *London Equitable* et le *National mutual*, en 1855. En France, nous avons aussi un certain nombre de Compagnies dites Compagnies d'assurances mutuelles sur la vie : nous examinerons bientôt quelle en est la véritable nature. A mes yeux, la Compagnie en mutualité, comme elle est pratiquée en Angleterre, est le mode qui semble à la fois le plus moral et le plus avantageux : le plus moral, car on n'y a pas le spectacle de capitalistes spéculant sur la vie humaine ; le plus avantageux, car la prime y est la moins élevée. Je ne veux pas dire que, dans les tarifs de ces *Mutual offices*, le taux des versements soit *à priori* moins élevé que dans les tarifs des autres Compagnies ; c'est tout le contraire qui a lieu ; en effet, comme ici tout le capital se compose de la masse des versements, il faut autant que possible que ces versements forment, *ab initio*, un total considérable pour faire face aux éventualités les plus désastreuses qui pourraient se réaliser : on exige donc de chaque sociétaire un déboursé immédiat plus important que dans les sociétés à actionnaires, où le capital formé par l'addition des primes est déjà grossi à l'avance de tout le capital de garantie. Mais cette élévation du taux des primes dans le présent est plus que compensé par la chance que court chaque sociétaire de recouvrer l'excédant, soit par l'abaissement des primes qu'il aura à payer dans l'avenir, soit enfin par addition au capital de la somme qu'il s'est assurée selon les clauses des polices et les conventions —

particulières des parties. — J'ai dit que la répartition de cet excédant s'opère selon une certaine proportion : quelle est-elle ? Il y a deux systèmes en présence : je les ai exposés plus haut[1]; le procédé de « tontine » et le procédé de répartition d'égalité proportionnelle : c'est ce dernier qui me semble le plus équitable, c'est aussi celui qui a presque unanimement prévalu dans les « Mutual offices » de nos voisins d'outre-Manche. Voici ce que dit à cet égard le célèbre professeur Babbage : « Le taux élevé des primes demandées par les Sociétés d'assurances mutuelles, en fondant la solidité de ces établissements, n'a en comparaison qu'un bien faible désavantage pour le public, puisque, par la division des bénéfices entre les sociétaires, l'argent qu'ils ont déboursé au-delà de ce qui était nécessaire pour couvrir les risques et les frais de gestion, leur est restitué avec tout ce dont il s'est accru.

« Une répartition annuelle des bénéfices est le mode de distribution qui offre le plus de régularité et de justice. »

Ce passage nous fait en même temps ressortir les raisons qui militent en faveur du système de la mutualité.

Les mêmes idées ont été parfaitement développées, en ce qui concerne les assurances maritimes, par M. Leveillé, à son Cours de droit commercial maritime, ci-dessus cité. Ces idées je les partage.

---

[1] Pages 58 et suiv.

Assurances non mutuelles sur la vie.

Cependant l'assurance mutuelle est loin de jouir de toute la popularité qu'elle me paraît mériter. Les *proprietary offices* sont plus nombreuses et plus prospères que les Compagnies en mutualité : elles présentent cet avantage incontestable, aux yeux de l'assuré, qu'il sait exactement d'avance à quoi s'en tenir : il sait qu'il paiera une certaine somme susceptible ni de diminution, ni d'addition, et qu'il lui sera payé en retour une certaine autre somme absolument invariable, — rien de plus, rien de moins. Il n'y a plus là pour lui aucune espèce d'aléa.

Assurances mixtes, les plus répandues de toutes.

Toutefois les *proprietary offices* ne fonctionnent guère à l'état pur : je ne sais pas s'il est aujourd'hui une seule Compagnie qui n'offre pas au public la faculté de souscrire des polices avec participation dans les bénéfices, en le laissant libre, s'il le préfère, de s'en tenir à la prime invariable. La prime étant ainsi aléatoire dans les Compagnies mixtes comme dans les Compagnies mutuelles, je ne sais guère quels avantages elles peuvent présenter sur ces dernières : il y a là, dit-on, un capital de garantie ! C'est vrai : mais n'y en a-t-il pas aussi un dans les Compagnies en mutualité, celui formé par le surplus des primes ? Je ne comprends donc, pas que ce système de Compagnies n'ait pas trouvé parmi nous plus de prosélytes. Le plus clair pour moi, c'est que, une Compagnie mutuelle bien gérée et munie de sages statuts ne présentant pas moins de solidité qu'une Compagnie par actionnaires, toute la différence se résume en ce que, dans la première, tout le surplus des primes revient aux sociétaires seuls, tandis que dans la seconde il se divise entre eux et les actionnaires (ou tous autres bailleurs de fonds [1]).

Nous connaissons maintenant les différentes formes que peut affecter la constitution d'une Société d'assurance sur la vie, et nous pouvons déterminer quelles sont celles qui sont commerciales, quelles sont celles qui sont civiles.

Les Compagnies en mutualité sont civiles : c'est ce qui a été reconnu par notre jurisprudence pour les assurances contre l'incendie, contre la grêle, contre les faillites, pour celles dites « assurances mutuelles sur la vie », mais quant à ces dernières, ce ne sont pas des assurances sur la vie proprement dites, ce sont des assurances de capitaux différés, et non des « Mutual life Offices »; on ne connaît pas en France l'assurance en cas de décès en mutualité, c'est seulement à l'assurance en cas de vie (qui, pour moi, n'est pas une assurance sur la vie) que l'on a appliqué chez nous le principe de la répartition intégrale du surplus des primes entre les assurés; ce sont des associations tontinières. Mais, si nous avions, comme les Anglais, des Sociétés mutuelles d'assurances sur la vie proprement dites, il y aurait évidemment même raison de les considérer comme des Sociétés civiles.

Les Compagnies en mutualité sont civiles.

[1] Ce que je dis là ne saurait porter ombrage à nos Compagnies françaises dites à primes fixes, puisque, comme je vais le dire plus bas, le public, dans l'état actuel des choses, n'a pas de choix à faire, les véritables Compagnies en mutualité n'existant pas chez nous pour l'assurance sur la vie.

Les Compagnies non en mutualité sont commerciales.

1° Assurances mutuelles.

Pour les assurances mutuelles, la compétence civile est la règle.

Toutefois, les gérants, étant agents d'affaires, peuvent être poursuivis devant la juridiction commerciale.

Les Compagnies avec bailleurs de fonds, au contraire, soit que la totalité des bénéfices (ce qui est rare aujourd'hui) leur soit attribuée, soit qu'une partie en soit affectée à l'allégement des primes, sont des Sociétés commerciales.

Passons maintenant à l'examen de la jurisprudence en cette matière.

Pour les sociétés d'assurances mutuelles sur la vie, improprement appelées de ce nom (mais je rappelle que les mêmes principes devraient nécessairement s'appliquer à ces Sociétés proprement dites, si elles étaient pratiquées en France, comme elles le sont en Angleterre), des arrêts de Besançon, 4 février 1854, de Paris du 27 janvier 1854, du 5 décembre de la même année, et du 11 juin 1855, ont déclaré la juridiction commerciale incompétente.

Cela toutefois ne doit s'entendre que des actions dirigées par les sociétaires contre la Société prise en masse.

Quant aux actions qui pourraient être dirigées contre le directeur en personne, pour lui demander compte de sa gestion, je pense qu'elles pourront être intentées devant le tribunal de commerce : les Compagnies mutuelles étant, en effet, pour ceux qui les gèrent, de véritables agences de placement, je pense, avec M. Alauzet (tome II, 496 et s.), qu'il faudra faire application de l'article 632 du Code de commerce [1].

C'est ainsi que la Cour de Caen, par un arrêt

[1] Cet article répute acte de commerce toute entreprise d'agence et tous bureaux d'affaires.

du 24 novembre 1846, déclara que les directeurs
d'assurances mutuelles sont des agents d'affaires,
justiciables du tribunal de commerce, à l'égard
des engagements pris par eux, et notamment de
l'association d'un tiers aux opérations et bénéfices
de leur direction. C'est ainsi encore que le tribunal
de commerce de la Seine s'est déclaré compétent
dans une affaire de cession de direction, en ces
termes : « Attendu que Lavallée avait verbale-
ment cédé à Merger son emploi de directeur des
Compagnies *la Paternelle* et *la Caisse paternelle*, assurances sur la vie ; que cette cession
comprenait les avantages résultant de l'exploi-
tation de ces Compagnies au profit de la direction dont Lavallée était chargé ; qu'il s'agissait,
dans l'espèce, de la vente d'une agence d'affaires,
ce qui constitue une opération commerciale, etc. »
Je sais bien que ce jugement a été infirmé, à tort
selon moi, devant la Cour de Paris, par un arrêt
du 24 mars 1849 [1]; mais cet arrêt fut rendu contrairement aux conclusions du ministère public,
M. Thévenin, substitut du procureur général.
Notre doctrine a d'ailleurs été consacrée par un
arrêt de la Cour de Lyon, 22 mars 1851, lequel
a déclaré commerçant un agent qui se charge,
moyennant une commission, de tous frais d'établissement et de gestion d'une Société d'assurances
mutuelles, et par un arrêt de la chambre des
requêtes de la Cour de cassation, du 11 février 1854, lequel a déclaré contraignables par

---

[1] Dalloz, Pér., 1849, 2ᵉ partie, p. 175 et suiv.

corps, relativement au directeur, les agents chargés par la Compagnie de toucher et d'encaisser. Dn arrêt de la Cour impériale de Paris reconnaît, *à contrario*, que la vente de la gérance d'associations tontinières peut donner lieu à la contrainte par corps, tout en décidant que, dans l'espèce, la contrainte par corps n'est pas applicable (en date du 4 août 1862, 4ᵉ ch.).

De même, et bien qu'un jugement du tribunal de la Seine du 24 mars 1847 ait établi qu'un pareil directeur n'est pas tenu de se munir d'une patente, le conseil d'État, jugeant au contentieux, à l'audience du 20 avril 1866 (approbation impériale du 31 mai [1]) dans l'affaire de MM. Thouret, Gaignaux, Handricks et Guesney, tous directeurs de Compagnies d'assurances mutuelles, a déclaré, au contraire, que le Conseil de préfecture de la Seine avait eu tort de les décharger de leurs droits de patente.

Tout cela cadre bien avec ce que nous disions out à l'heure, à savoir qu'en ce qui concerne les actions dirigées contre le directeur d'une association mutuelle, la juridiction commerciale peut en être légitimement saisie.

Compétence ratione materiæ.

Mais quant aux actions dirigées par les sociétaires contre la Société elle-même, c'est le tribunal civil qui les jugera. Mais quel tribunal civil?

Compétence ratione personæ.

Est-ce uniquement le tribunal du siége de la Compagnie?

Il a été jugé à deux reprises par le tribunal de

---

[1] Dalloz, Pér., '867; 5ᵉ partie, col. 303 et 304.

commerce de la Seine que l'agent d'une Compagnie d'assurances sur la vie, assigné à raison de l'inexécution de son mandat, était tenu de procéder devant le tribunal de commerce du siége de la Compagnie, ce tribunal étant compétent soit à raison de la matière, soit à raison du domicile, en vertu de l'art. 634 du Code de commerce et de l'art. 63 du Code de procédure (3 mai 1852 et 4 août 1852).

Mais dans notre hypothèse, où il s'agit pour les sociétaires d'attaquer, non plus tel agent en particulier, mais la Société en masse, je crois, avec M. Dubroca (tome I, 153 et 178) que le tribunal du siége de l'agence ou de la succursale est la juridiction compétente. A la vérité, le tribunal de commerce de la Seine par un jugement du 16 août 1842, et la Cour de Paris par arrêts des 11, 23 février et 24 novembre 1843, avaient soutenu le contraire quant à la succursale; mais il est aujourd'hui constant en jurisprudence que la Compagnie peut être assignée devant le tribunal de l'arrondissement duquel elle a établi une succursale et où les souscriptions ont été faites et les annuités payées : en ce dernier sens, nous avons des arrêts de la Cour de Rennes, du 26 février 1852; de la Cour de Bordeaux, du 24 juin de la même année; un jugement du tribunal de Bordeaux, du 22 août 1852, et des arrêts de la Cour de Lyon, du 27 décembre 1854, et de la Cour de Paris, 5ᵉ ch., en date du 17 mars 1855. J'ajoute que s'il y avait élection de domicile dans la police d'assurance, j'admettrais avec M. Le Hir (année

1867, page 18, note), la validité d'une pareille clause comme attributive de juridiction : c'est ce qu'a reconnu ledit jugement du tribunal de Bordeaux, en date du 23 août 1853.

La nouvelle loi sur les Sociétés du 24 juillet 1867, s'est occupée, dans son cinquième et dernier titre, des associations d'assurances mutuelles, bien qu'elles ne soient pas des Sociétés commerciales, ni même, à proprement parler, des Sociétés de quelque espèce que ce soit. L'art. 66 porte l'empreinte d'une bien grande légèreté apportée au travail de la rédaction, car je n'ose pas attribuer à l'ignorance du législateur les confusions de mots et d'idées que cet article renferme. Voici ce que nous y lisons :

« Les associations de la nature des tontines et
« les sociétés d'assurances sur la vie, mutuelles
« et à primes, restent soumises à l'autorisation et
« à la surveillance du gouvernement. »

Confusion de mots !

Qu'est-ce que le rédacteur entend par assurances mutuelles sur la vie ? Entend-il par là ce qui est ainsi désigné dans le langage vulgaire de la pratique, c'est-à-dire les associations tontinières ? Mais alors pourquoi parler des « associations de la nature des tontines ? » Evidemment, s'il en est ainsi, c'est la désignation d'une même chose sous deux noms différents. Non, le rédacteur, en employant ces mots « Assurances mutuelles sur la vie » a voulu désigner autre chose que les tontines, puisqu'il les a déjà désignées dans le premier membre de phrase ! Est-ce à dire qu'il entende par là les associations auxquelles seules nous reconnaissons la qualité d'assurances mutuelles sur la vie, dans l'acception juridique du mot, celles, en un mot, que les Anglais appellent « Mutual offices? » Mais cela est impossible, par l'excellente raison que, dans ce sens, il n'y a jamais eu chez nous d'assurances mutuelles sur la vie, le procédé de la mutualité n'ayant encore été adapté en France qu'aux assurances en cas de vie ou assurances de capitaux et rentes différées. Dès lors, comment le rédacteur pourrait-il déclarer que des associations, qui n'ont jamais existé, qui n'ont jamais été connues par personne en France, *restent* soumises aux conditions précédemment établies !

Il faut croire que le rédacteur, ayant rencontré ces deux expressions « d'Associations tontinières » et « d'Assurances mutuelles sur la vie », employées toutes deux indifféremment par les Compagnies, ne s'est pas aperçu qu'elles désignaient une seule et même chose dans le langage vicieux de la pratique. Que les Compagnies aient improprement rendu synonymes l'une de l'autre deux locutions qui pour un jurisconsulte doivent désigner deux opérations parfaitement distinctes, c'est regrettable : il pourra en résulter que les Compagnies courent le risque de ne pas bien se faire entendre : mais ici, il y a plus : le législateur, avec tout le respect que je lui dois, me semble ne pas s'être entendu lui-même !

Voilà la confusion de mots; passons à la confusion d'idées.

proprement dites étaient soumises, sous l'empire de l'ancienne loi, au même régime que les tontines.

Laissant en dehors les « Assurances sur la vie en mutualité » dans leur sens propre, que le législateur ne pouvait pas avoir en vue, l'art. 66 parle :

1° Des Tontines ;

2° Des Assurances sur la vie à primes fixes.

Et il porte que toutes deux restent soumises à l'autorisation et à la surveillance du gouvernement.

Il semblerait résulter de là que, antérieurement à la loi nouvelle, ces deux espèces différentes d'opérations viagères étaient déjà soumises à « l'auto-« risation et à la surveillance du gouvernement » et au même genre « d'autorisation et de surveil-« lance. » C'est incontestablement l'idée que se ferait de l'état de notre législation antérieure celui qui, sans l'avoir étudiée, lirait le texte de cet art. 66 ; c'est aussi probablement celle qui s'était emparée de l'esprit du législateur lui-même quand il a rédigé la loi nouvelle ; quoi qu'il en soit, cette idée est, selon moi, complètement fausse.

D'abord il n'est pas vrai que les associations d'Assurances sur la vie à primes fixes fussent, comme les associations tontinières, toujours soumises à la nécessité de l'autorisation et de la surveillance du gouvernement.

Ainsi une Société d'assurances mutuelles sur la vie en nom collectif et en commandite, ou même, depuis la loi du 17 juillet 1856, une pareille Société en commandite par actions, et depuis la loi du 23 mai 1863, une société à responsabilité limitée aurait pu se former sans l'autorisation du gouvernement; tandis que la tontine est « *juris et de jure* » soumise à la condition d'une autorisation spéciale, donnée dans la forme des règlements d'administration publique, d'après l'avis du conseil d'Etat du 1ᵉʳ avril 1809.

En outre, à supposer une Société d'assurances à primes sur la vie soumise à la condition de l'autorisation préalable, je dis que ce n'était pas du tout le même genre d'autorisation et de surveillance que celui applicable aux tontines.

La tontine, bien qu'elle ne fût pas une société commerciale, puisqu'elle n'a jamais été regardée que comme une simple association civile [1] est toujours et sans distinction soumise à la nécessité de l'approbation royale, en tant que Compagnie d'assurances intéressant l'ordre public ; ainsi s'exprime l'avis du conseil d'Etat du 15 octobre 1809.

L'assurance sur la vie proprement dite, au contraire, n'était soumise à cette même condition que si elle formait une société commerciale de la nature de celles soumises au préalable de l'autorisation, et, en fait, c'était toujours ainsi qu'elle apparaissait au public, c'est-à-dire, sous la forme anonyme, la seule qui restât soumise au préalable à l'autorisation gouvernementale depuis les dernières lois sur les Sociétés. En droit, je maintiens que sous la forme de Société, soit en nom collectif, soit en commandite, soit à responsabi-

---

[1] C'est là un point constant en jurisprudence; en ce sens, arrêts de la Cour de Besançon, 4 février 1854, et de la Cour de Paris, en date des 27 janvier, 3 décembre 1854 et 11 juin 1855.

lité limitée, une Société d'assurance sur la vie aurait été dispensée de ce préalable. Qu'on ne m'objecte pas ce même avis du conseil d'Etat du 1er avril 1809, car il n'a trait qu'aux associations tontinières, ni celui du 15 octobre 1809, puisque ce dernier, non inséré au Bulletin des lois pendant la durée de l'Empire et sur lequel l'Empereur n'avait pas exercé son droit de censure, a été considéré par plusieurs monuments de jurisprudence, comme n'ayant pas la force d'un acte législatif.

Cet avis du conseil d'état prouverait au besoin qu'on ne peut pas confondre les Compagnies d'assurances avec des Établissements tontiniers déjà réglementés, puisque le législateur a senti la nécessité de deux dispositions distinctes, et ne s'est pas référé à l'avis du 1er août précédent. C'est ainsi que l'avis du 15 octobre a été traité par des arrêts de la Cour de Douai, 15 novembre 1851 et 29 mars 1855, et de la Cour de Caen du 6 mai 1856. Il est vrai que la Cour de cassation, par un rejet du 13 mai 1857, la Cour de Paris, en date du 1er février 1858, puis un second rejet de la Cour suprême, du 9 novembre 1858 et enfin la Cour impériale d'Orléans, par deux arrêts, le premier du 21 juillet 1859 et le second du 20 décembre 1860, reconnaissent la force obligatoire de l'avis du 15 octobre 1809. Je dois dire que MM. Delangle (v. 77), Duvergier (Sociétés civiles n° 42), Pardessus (n° 970) et Boudousquié (n° 80), avaient aussi reconnu la nécessité d'une autorisation; mais, en supposant même qu'il en soit ainsi, je ne vois pas qu'il soit démontré que cet avis du conseil d'Etat comprenne nécessairement dans ses termes les assurances sur la vie, c'est-à-dire en cas de décès : il parle, en termes généraux, de Compagnies d'assurances intéressant l'ordre public : et ce qui prouve qu'il ne faut pas donner à ces expressions vagues une interprétation trop étendue, c'est qu'il a été considéré que les entreprises ayant pour objet le remplacement des jeunes gens n'y étaient pas comprises, et une ordonnance fut, conséquemment, jugée nécessaire, pour soumettre ces entreprises à la nécessité de l'autorisation (ord. royale du 14 novembre 1821). C'est ainsi encore qu'il a été jugé par la Cour de cassation, le 8 décembre 1862, qu'une association entre bateliers contre les risques de la navigation ne tombait pas sous le coup de cette nécessité d'autorisation (ch. civile).

Je me crois donc en droit de dire que si, avant la nouvelle loi sur les Sociétés, les Compagnies d'assurance sur la vie étaient toujours soumises en fait à la même condition d'autorisation que les tontines, c'était par une raison toute différente. La tontine, en vertu d'une disposition réglementaire toute spéciale; l'assurance sur la vie, par application pure et simple des règles du Code de commerce. Ainsi, d'un côté droit commun, de l'autre dérogation aux principes généraux; ici la règle, là l'exception. Confondre cela dans une même rédaction, je me le demande, est-ce bien conforme à la vérité historique?

Voilà pour la partie narrative de l'art. 66 de la

me règle sera appli-
cab'e aux unes et aux
autres.

nouvelle loi : en résumé, je crois qu'il eût été plus prudent pour le législateur de s'abstenir de cette sorte d'exposé de l'état de la question sous la législation antérieure. Il aurait dû se borner à la partie dispositive de sa rédaction : là-dessus, en effet, pas de controverse possible : la loi est claire, nette, précise.

A l'avenir les Compagnies d'assurances sur la vie comme les associations tontinières, seront toutes soumises à la nécessité de l'autorisation gouvernementale, quelque forme qu'elles affectent : Sociétés en nom collectif et en commandite, tout aussi bien que celles formées par actions, avec ou sans commandite, — Sociétés en mutualité, à supposer que l'usage des « *Life mutual offices* » s'introduise en France, aussi bien que les Sociétés à primes fixes.

Désormais donc, plus de distinction : c'est là un système simple, que je me garderai bien de critiquer au point de vue législatif, car je crois salutaire, en semblable matière, le contrôle de l'administration !

2° *Assurances non
mutue.les.*
Pour celles - ci,
commercialité du cô-
té de l'assureur.

Si nous nous tournons maintenant plus spécialement du côté des Sociétés dites à primes fixes, le caractère en est commercial, nous l'avons déjà dit : ici d'abord il y a une véritable société : on ne peut plus dire comme pour l'association en mutualité qu' « il n'y a pas en elle l'élément essentiel de la société, car le capital mis en commun est invariable, aucune collaboration ne tend à le faire fructifier » (Expression textuelles de M. Delangle, Traité des Sociétés, 1, 5). De plus, il y a société commerciale (*sic* Alauzet, T. II, 496).

Nous appliquons donc ici tous les principes des Sociétés commerciales ordinaires, sous la restriction de ce qui est porté en l'art. 66 de la dernière loi sur les Sociétés, article qui est à mes yeux, non pas purement déclaratif du droit préexistant, mais bien introductif d'un droit nouveau, quoique l'innovation ait pu échapper à ceux là mêmes qui l'ont créée [1].

Je trouve une application des principes généraux en matière de Société commerciale dans un arrêt de la Cour Impériale de Rouen du 17 février 1859, lequel à déclaré nul un contrat d'assurance sur la vie passé avec un directeur d'une Société anonyme, alors qu'il avait été stipulé dans les statuts que la Société ne serait engagée que par une délibération de son conseil d'administration.

Je trouve encore l'application du droit commun dans le cas de faillite de l'assureur; il a été

---

[1] M. Forcade de la Roquette, prenant sur lui de trancher d'un mot les controverses qui avaient eu lieu sur la question de savoir si les Sociétés d'assurances sur la vie avaient pu se fonder librement et sans autorisation, sous la forme de la responsabilité limitée, en vertu de la loi de 1863, prononça dans la discussion les paroles suivantes : « Ces sociétés rencontreront de la part du gouvernement toutes les « facilités qu'elles pourront désirer pour rentrer dans la bonne voie. « Il n'ira certainement pas soulever des questions de droit délicates « pour examiner jusqu'à quel point ces sociétés sont plus ou moins « régulièrement constituées » (Séance du 13 juin).
Ce ton de protection de M. le ministre du commerce, promettant indulgence à des Compagnies qui s'appuient sur un droit, contestable sans doute, mais non pas plus que celui qu'on leur oppose, nous semble d'un goût plus que douteux. Que les législateurs fassent des lois pour l'avenir, rien de mieux; mais qu'ils usurpent dans le passé un droit d'interprétation qui ne leur appartient pas et fassent si bon marché des hésitations de la jurisprudence, c'est à la fois un procédé fort irrespectueux pour le pouvoir judiciaire et un empiétement sur ses attributions!

jugé, en effet, que l'assuré dans ce cas, aura le choix entre résilier et demander caution, comme dans le cas où lui-même serait en faillite, l'assureur l'aurait à son tour à son égard. Un arrêt de Colmar du 12 mars 1860, en matière d'assurance terrestre, autorise la preuve testimoniale contre l'assureur, considérant, quant à lui, le contrat comme de plein droit commercial, à raison de sa qualité de commerçant ; du reste il reconnaît avec une jurisprudence constante, approuvée par tous les auteurs, que contre l'assuré lui-même la preuve testimoniale est admissible, mais suivant les conditions réglées au Code Napoléon.

Quant à la compétence, nous avons vu que c'est devant le tribunal civil seulement qu'une Compagnie en mutualité peut être poursuivie par ses assurés. La Compagnie dite « à primes fixes » peut, au contraire, être actionnée par eux devant la juridiction commerciale.

Je dis qu'elle « peut », je ne dis pas qu'elle « doive » être actionnée devant cette juridiction. C'est qu'en effet nous sommes en présence d'un contrat qui n'est qu'unilatéralement commercial : or je ne doute pas qu'en pareille matière, contrairement à un seul arrêt, qui est de la Cour d'Orléans en date du 5 mars 1842, et conformément à une jurisprudence aujourd'hui constante, il faille laisser à celle des parties qui n'a pas fait acte de commerce, la faculté d'actionner l'autre, à son choix, devant le tribunal de commerce, ou devant le tribunal civil. Toutefois une clause stipulant de l'assuré renonciation à cette faculté d'option serait parfaitement valable : pareille clause, insérée dans l'art. 17 de la police de la Compagnie l'Impériale a été reconnue légale par un jugement du 23 octobre 1862[1], déjà cité, du tribunal de commerce de la Seine. Mais en dehors de cette hypothèse, l'assuré peut à son gré actionner la Compagnie, soit devant le tribunal civil, — nous en trouvons des exemples dans plusieurs espèces que nous avons eu l'occasion de citer précédemment, comme l'affaire *Deluen* c. *Caisse des Ecoles*, 25 juillet 1854 ; l'affaire *Swensson* c. la *Paternelle*, 25 novembre 1858 ; l'aff. *Cherrier* c. l'*Union*, 17 juin 1862, — soit, au contraire, devant le tribunal de commerce, et notamment dans l'affaire *Maire* c. *Assurances générales*, 14 décembre 1854, et l'affaire *Beaumont* c. *Internationale*, 26 novembre 1862.

En effet, d'une part, l'assureur, qui a fait acte de commerce, ne peut pas se plaindre qu'on le traduise devant ses juges naturels, les juges de commerce, en vertu de la maxime « *actor sequitur forum rei* », et en même temps il est juste que l'assuré, qui n'a fait, lui, qu'un acte purement civil, ne perde pas le bénéfice de la compétence des tribunaux civils qui seraient seuls en droit de le juger s'il était défendeur.

---

[1] Ci-dessus, page 246.

CHAPITRE XI

Des Assurances sur la vie dans leur rapport avec les lois de l'Enregistrement

Passons maintenant à l'examen des assurances sur la vie dans leur rapport avec la loi fiscale.

Nous examinerons d'abord ce qui a trait au timbre; bien que ça ne soit pas là, à proprement parler, un impôt d'enregistrement, comme néanmoins la perception en est confiée à la même administration que celle des droits d'enregistrement, je ne vois pas qu'il y ait d'inconvénient à comprendre ce qui le concerne sous la rubrique générale des « lois de l'enregistrement ».

Nous considérerons ensuite ce qui touche plus spécialement à l'enregistrement proprement dit.

La loi du 5 juin 1850, titre III, section I, sous cette rubrique :

« Des polices d'assurances autres que les assu-
« rances maritimes », porte :

Article 33. — « A compter du 1er octobre 1850[1],

[1] Cet article est-il introductif de droit nouveau ou simplement récognitif d'un état préexistant? La question peut être controversée,

« tout contrat d'assurance, ainsi que toute con-
« vention postérieure contenant prolongation
« d'assurance, augmentation dans les primes
« ou le capital assuré, sera rédigé sur papier
« d'un timbre de dimension, sous peine de cin-
« quante francs d'amende contre l'assureur, sans
« aucun recours contre l'assuré. Si l'assuré en
« fait l'avance, il aura un recours contre l'assu-
« reur, etc. »

Sur cet article je ferai deux observations.

La première, c'est qu'au point de vue du droit civil, un contrat d'assurance constaté par une police non timbrée, ou même passé sans aucune espèce de police, n'en serait pas moins valable, comme je l'ai fait déjà remarquer plus haut, et comme l'enseignent tous les auteurs, MM. Pardessus (n° 792); Favard de Langlade (Rép., v° Assurances); Locré (Esprit du Code de comm., t. III, p. 322); Grün et Joliat (Assureur, n° 197); Massé (Droit commercial, t. II, n° 401); Dalloz (Rép., v° Assurances terrestres, n° 147), en par-

mais ce qu'il y a de sûr, c'est que, s'il est simplement récognitif de droit ancien, il est récognitif d'un droit ancien fort douteux, fort incertain. Aussi le rapporteur de la Commission, M. Émile Leroux, me paraît-il s'être exprimé avec la même témérité que je reprochais tout à l'heure aux défenseurs de la dernière loi sur les sociétés, lorsqu'il disait au titre IV, § I de son rapport, sous cette rubrique, *Des Polices d'assurances autres que les assurances maritimes :*

« La vigilance de l'administration n'a pas été plus active à l'égard des Compagnies d'assurances que pour les Sociétés de commerce. Cependant *il n'y avait pas d'incertitude sur le texte des lois.* Ce texte est très positif : les polices d'assurances sont formellement astreintes à la formalité du timbre de dimension par la loi du 9 vend. an VI et par le décret du 13 janvier 1809. »

Ce texte, qui semblait si positif à M. le rapporteur, avait cependant donné lieu à bien des difficultés sur la question de savoir s'il devait s'appliquer aux assurances terrestres, et comment il devait s'y appliquer.

faite conformité, d'ailleurs, avec la jurisprudence, Cour de cassation (Ch. civile, 15 juin 1857 et 29 mars 1859) et Cour impériale de Colmar (12 mars 1861).

La seconde observation, c'est que, contrairement à la règle posée par l'art. 33, on pourrait convenir que l'assureur, qui aurait payé le droit de timbre, conservât un recours contre l'assuré, et que réciproquement celui-ci, s'il avait payé, n'eût pas recours contre l'assureur. Rien de plus légal qu'une pareille stipulation, en vertu du principe de la liberté des conventions !

Article 34. — « Les Sociétés d'assurances mu-
« tuelles, les Compagnies d'assurances à primes
« ou autres, sous quelque dénomination que ce
« soit, et tous assureurs, à prime ou autres, se-
« ront tenus de faire, au bureau d'enregistrement
« du lieu où ils auront le siége de leur principal
« établissement, une déclaration constatant la
« nature des opérations et les noms du directeur
« de la Société ou de l'établissement, etc. »

Simple correction de terminologie : le rédacteur donne aux associations mutuelles le nom de « Sociétés », et il réserve aux entreprises d'assurances non mutuelles la désignation de Compagnies. C'est tout le contraire qu'il aurait dû faire : le nom seul de Compagnies convient aux associations mutuelles, et les entreprises non mutuelles seules méritent le nom de Sociétés.

Article 35. — « Les Sociétés, Compagnies et
« assureurs seront tenus d'avoir au siége de l'é-
« tablissement un répertoire sommaire en un ou

« plusieurs volumes, non sujet au timbre, mais
« coté, paraphé et visé, soit par un des juges du
« tribunal de commerce, soit par le juge de paix,
« sur lequel ils porteront, par ordre de numéros,
« et dans les six mois de leur date, toutes les
« assurances faites, soit directement, soit par
« leurs agents, ainsi que les conventions qui pro-
« longeront l'assurance, augmenteront la prime
« ou le capital assuré. »

Art. 36. — « Chaque contravention aux dispositions de l'article précédent sera passible d'une
amende de dix francs. »

Art. 37. — « Les Compagnies et tous assureurs
sur la vie... pourront s'affranchir de l'obligation
imposée par l'article 33, en contractant avec l'Etat
un abonnement annuel de deux francs par mille du
total des versements faits chaque année aux Compagnies et aux assureurs. L'abonnement de l'année
courante se calculera sur le chiffre total des opérations de l'année précédente. Le paiement du
droit sera fait par moitié et par semestre, au bureau de l'enregistrement du lieu où se trouve le
siége de l'établissement. »

L'interprétation de cet article ayant donné lieu
à des difficultés, il a été décidé par un jugement
du tribunal de la Seine, daté du 16 mars 1852, et
suivi du rejet en Cour de cassation du 23 mai 1853,
que :

« L'abonnement au moyen duquel les Compagnies d'assurances peuvent s'affranchir de l'obligation de payer le droit de timbre sur chaque
police, et qui se calcule, aux termes de l'article 35

de la loi du 5 juin 1850, sur le chiffre total des opérations de l'année précédente, doit être déterminé d'après le total des recettes, et, par conséquent, non-seulement d'après les versements faits sur les polices contractées pendant l'année, mais encore sur les versements faits en vertu des polices contractées pendant les années antérieures. » Cette doctrine me semble conforme à la raison, et j'en dis autant d'un second point, tranché par le même jugement :

« Cet abonnement doit être calculé sur la totalité de la somme versée par chaque assuré, sans distinction entre la portion de cette somme attribuée aux agents ou directeurs de la Compagnie pour frais de gestion, et la portion qui entre dans la caisse de la Compagnie. »

Art. 38. — « Les Sociétés, Compagnies ou Assureurs qui, après avoir contracté un abonnement, voudront y renoncer, seront tenus de payer un droit de 35 centimes par chaque police en cours d'exécution, quelle que soit la dimension du papier et le nombre des doubles. »

Art. 39. — « Le pouvoir exécutif déterminera la forme du timbre qui, en cas d'abonnement, sera apposé sans frais sur le papier destiné aux polices d'assurances et aux feuilles de collectes. »

Un décret du 27 juillet 1850 a été rendu en exécution de cet article 39.

On remarquera qu'en matière de timbre la loi traite sur le même pied les Compagnies d'assurances en mutualité et les Compagnies à capital fixe. Nous verrons tout à l'heure s'il en est de même en matière d'enregistrement proprement dit.

Second point.
Droit d'enregistre-
ment.

Au point de vue de l'enregistrement, les assurances sur la vie doivent-elles être considérées comme des actes d'obligation ou de translation de propriété entre vifs, comme ceux dont parle l'article 31 de la loi du 22 frimaire an VII, ou doivent-elles être considérées au contraire comme des mutations par décès, comme celles dont parle l'article 32 de la même loi?

Il y a bien contrat créateur d'un droit d'obligation au profit de l'assuré, mais ce droit, actuel dans son existence, n'est jamais actuel dans sa réalisation; et comme cette réalisation est toujours suspendue par la *condition* d'un décès, bien que l'opération soit en elle-même, et *ab initio*, un acte emportant obligation, ne pourrait-on pas dire que le résultat de l'opération n'est autre chose qu'une mutation par décès? (article 32).

Non, l'assurance sur la vie répond à la définition de l'article 31, et non pas à celle contenue en l'article 32, car le contrat n'emporte jamais par lui-même de transmission par décès; il emporte, ce qui est tout différent, une transmission entre vifs, dont la *condition* est un décès. En effet, l'assuré stipule pour lui-même, il ne stipule pas pour telle personne (fût-ce même son héritier) après sa mort, — il stipule pour lui-même et pour quiconque sera son ayant-cause après sa mort, — il stipule, en un mot, pour son patrimoine. Il est vrai que la condition de la transmission stipulée est un décès, mais ce décès n'est pas la cause de cette transmission : l'assurance sur la vie n'est pas une institution contractuelle, une donation à cause de mort ; la cause de la transmission, c'est l'obligation de l'assureur. Il s'opère donc une transmission de *propriété* ENTRE VIFS, *au moment du décès*, de l'assureur à l'assuré (ou à ses héritiers), et non pas une transmission par décès de l'assureur à l'assuré. Cela est évident ; rien, en effet, n'implique qu'il y ait nécessairement décès de l'assureur, j'ajoute que rien non plus n'implique qu'il y ait nécessairement décès de l'assuré ; en effet, nous avons montré qu'il ne faut pas confondre celui qui s'assure (l'assuré), et celui dont la tête est assurée ; le premier peut être vivant au moment de la transmission, — le second sera mort. Si l'assuré n'est pas celui dont la tête est assurée, il est parfaitement possible que ce soit lui-même qui recueille le bénéfice de l'opération ; s'il est en même temps celui dont la tête est assurée, la possibilité n'existe plus en fait, mais en droit rien n'est changé, la condition *cum morieris* [1], en se réalisant, est censée se réaliser du vivant du moribond ; il ne faut pas rire de la subtilité des jurisconsultes romains à cet égard, car si l'on ne peut pas dire, en ce cas, que la condition se soit réalisée avant que le stipulant fût mort, on ne peut pas dire non plus qu'elle se soit réalisée après.

Ainsi, l'assurance sur la vie, entendue comme nous proposons de le faire, est bien un contrat qui a pour effet d'opérer une translation entre

---

[1] Voir ce que nous avons déjà dit à ce sujet, ci-dessus page 10.

vifs de l'assureur à l'assuré ; maintenant, à côté
de cela, il se peut qu'il y ait, *ex post facto*, transmission par décès de l'assuré à ses héritiers ou
autres ayants-cause ; le montant de l'assurance
étant une fois dans la succession de l'assuré, ceux
qui prétendront droit à la masse héréditaire, héritiers, successeurs irréguliers, créanciers, légataires, devront naturellement acquitter les droits
de mutation par décès qui se calculent sur le total
de l'actif de cette masse héréditaire, mais c'est là
une question toute distincte de celle qui a trait
au droit d'enregistrement perçu en raison de l'assurance elle-même ; c'est un droit qui ne sera pas
dû lorsque, l'assurance ayant été faite sur la tête
d'un tiers, le stipulant se trouvera avoir survécu
à celui qu'il avait assuré, et qui sera dû, au contraire, même à supposer une assurance faite sur
la tête d'un tiers, si, le stipulant étant décédé avant
celui-ci, ce sont ses ayants-droit qui viennent réclamer le bénéfice de l'assurance.

Tout cela doit nécessairement être fort obscur
dans l'esprit de nos auteurs et de nos magistrats,
qui ne se font pas de l'assurance sur la vie une
idée bien nette, qui confondent « l'assuré » avec
la « vie assurée », qui ne voient pas que la
stipulation ne peut directement profiter qu'aux
ayants-droits du stipulant, qui laissent l'opération
flotter à l'aventure et négligent de la rattacher
aux principes nets et précis du droit civil. Tout
cela, au contraire, a été parfaitement saisi par
nos voisins d'outre-Manche, chez qui le contrat
d'assurance sur la vie est un contrat comme un

autre, soumis aux règles du droit commun, dont le bénéfice ne peut, par conséquent, aller ailleurs que dans la masse du patrimoine de l'assuré. C'est ce que je trouve parfaitement exprimé dans une loi de 1853 sur les droits de mutation par décès. Le « *Succession duty act* » (XVI et XVII Victoria, C. 51). Voici ce que j'y lis :

« Les polices d'assurance sur la vie de qui que ce soit ne créeront jamais aucune relation d'auteur à successeur entre les assureurs et l'assuré, ni entre les assureurs et le cessionnaire de l'assuré;... mais, toutefois, toute disposition ou dévolution des deniers payables en vertu de ces polices,... si, d'ailleurs, elle est par elle-même de nature à constituer une transmission par succession rentrant dans les prévisions de la présente loi, sera considérée comme opérant une transmission par décès. »

Ainsi, en résumé, de l'assureur au bénéficiaire de l'assurance, jamais autre chose qu'un droit d'obligation (article 31 de la loi de frimaire chez nous, — *Stamp duty* en Angleterre); mais de l'assuré à celui qui se trouvera être, en définitive, le bénéficiaire de la police (si ce n'est pas l'assuré lui-même en personne), il pourra y avoir lieu à paiement du droit de mutation par décès dont il est parlé dans l'article 32 de la loi de frimaire, comme le *succession duty* en Angleterre.

Droit dû sur le contrat lui-même.

Parlons d'abord du droit dû sur l'assurance considérée *ab initio*, c'est-à-dire comme acte emportant obligation. Quelques mots suffiront en ce qui concerne le droit auquel pourra donner lieu, comme étant l'objet, *ex post facto*, d'une transmission par décès, la police d'assurance.

Le droit dû sur le contrat d'assurance en lui-même est incontestablement un droit de la nature de ceux dont il est parlé dans l'article 31 de la loi du 22 frimaire an VII; nous pouvons donc dire à l'avance qu'il sera supporté « par les débiteurs ou nouveaux possesseurs », ou enfin « par la partie à laquelle l'acte profitera, lorsqu'il n'aura pas été stipulé dans l'acte de dispositions contraires ». Mais quelle est la quotité du droit et quand sera-t-il perçu? Voilà ce qui peut être discuté.

Dans la législation anglaïse, toute police d'assurance est soumise à un droit parfaitement déterminé (Statut de 1865); c'est le *Stamp and insurance duty* ; c'est un droit proportionnel, le taux en est fixé sur le montant de la somme à payer par l'assureur ; ce taux est de 6 pence pour 50 livres ; toute police sur laquelle le timbre n'a pas été apposé, soit antérieurement, soit postérieurement à la confection de l'acte, ne peut pas être reçue en justice, mais elle n'en est pas moins valable au fond, puisqu'il est toujours temps d'y apposer le timbre, moyennant le paiement d'une amende en addition du droit lui-même.

Sous notre loi, au contraire, tous ces points : proportionnalité du droit, base de la perception, quotité, sanction, font l'objet de vives controverses.

Il est évident que l'on ne peut pas appliquer à l'assurance sur la vie la théorie adoptée en matière

Est-ce le droit perçu sur les contrats conditionnels?

d'enregistrement pour les contrats conditionnels;
en effet, dans un contrat conditionnel, c'est l'existence même de la convention qui est en suspens;
dans l'assurance sur la vie, la convention est parfaitement certaine dans son existence, c'est seulement l'obligation de l'une des parties qui est
incertaine dans sa réalisation; quant à l'autre,
celle de l'assuré, elle n'est nullement incertaine
dans sa réalisation; le contrat est aléatoire et non
pas incertain, c'est-à-dire que ce qu'il y a d'incertain en lui, ce n'est pas son existence même,
c'est le résultat, onéreux, avantageux ou indifférent, qu'il donnera aux parties contractantes.
« Un contrat est aléatoire ou hasardeux, dit l'article 1769 du Code de la Louisiane, fait par un
savant jurisconsulte, lorsque l'exécution de *l'une*
des choses qui en fait l'objet dépend d'un événement incertain. » Si de ce même événement dépend l'exécution de *l'une et l'autre* des choses
qui font l'objet du contrat, le contrat est conditionnel; il ne faut donc pas raisonner par analogie
du contrat conditionnel au contrat aléatoire d'assurance sur la vie.

Est-ce le droit perçu sur les contrats d'assurances maritimes?

Il faut donc chercher une autre assimilation.
La loi du 22 frimaire an VII s'occupe des assurances, mais des assurances maritimes uniquement, comme cela est unanimement reconnu;
faut-il appliquer aux assurances sur la vie ce que
cette loi dit des assurances maritimes?

S'il en était ainsi, il faudrait dire avec
MM. Boudousquié (n° 375), Persil (n° 82) et Dalloz (*Répertoire de législation*, v° Enregistre-

ment, n° 1572) que l'assurance sur la vie donne lieu à la perception d'un droit proportionnel, semblable à l' « *Insurance duty* » des Anglais; c'est-à-dire qu'il faudrait appliquer l'art. 69, II, 2° de la loi du 22 frimaire an VII, modifié par l'art. 51 de la loi du 28 avril 1816 [1] : voilà pour la question de proportionnalité.

Quant à la quotité du droit, elle serait de cinquante centimes pour cent francs, d'après la loi du 22 frimaire en VII, et d'un franc pour cent francs depuis la loi du 28 avril 1816.

En ce qui touche la base de la perception, le « droit devrait être perçu sur la valeur de la prime » à la différence de ce qui a lieu dans la loi anglaise, où l'insurance duty se perçoit sur le montant de la somme assurée : même art. 51 de la loi du 28 avril 1816.

Enfin quant à la portée de l'obligation de faire enregistrer la police d'assurance, il faudrait appliquer l'art. 5 de la loi du 16 juin 1824 [2], c'est-à-dire que toute sanction de cette obligation consisterait en ce que la police ne pourrait pas être produite en justice avant d'avoir été enregistrée.

---

[1] Voici le texte de cet article 51 :

« Seront sujets au droit d'un franc pour cent francs :

« 1° Les abandonnements pour fait d'assurance ou passe aventure : le droit sera perçu sur la valeur des objets abandonnés. — En temps de guerre. il n sera dû qu'un demi-droit;

« 2° Les actes et contrats d'assurance. — Le droit sera perçu sur la valeur de la prime; — en temps de guerre il n'y aura lieu qu'au demi-droit. ».. .. e'c.

[2] Cet article est ainsi conçu :

« Les polices d'assurances maritimes ne seront assujéties qu'au droit fixe d'un franc pour enregistrement. Le paiement du droit proportionnel, fixé par l'art. 51 de la loi du 28 avr 1 1816, sera perçu seulement lorsqu'il sera fait usage de ces actes en justice. »

Je sais bien que cet art. 5 de la loi du 16 juin 1824 ne parle que des assurances maritimes, qu'il désigne expressément, à la différence de la loi du 22 frimaire en VII qui parle d'assurances, sans aucune qualification spéciale. Mais je ne crois pas qu'il puisse être permis d'invoquer une analogie aussi longtemps que les conséquences en sont rigoureuses, et de la rejeter dès qu'elle se trouve être en notre faveur. C'est cependant là ce qui est admis dans le Répertoire de législation de Dalloz, *ibidem*. Mais la pratique constante de la régie et la doctrine de la jurisprudence s'accordent avec la plupart des auteurs pour décider que, pas plus en matières d'assurances terrestres qu'en matières d'assurances maritimes, il n'y a lieu à percevoir de droit, tant qu'il n'est pas fait usage de ces actes en justice. Il est encore un autre point sur lequel on a voulu refuser à l'assurance sur la vie le bénéfice de cette même analogie qu'on s'était empressé d'invoquer contre elle, c'est en ce qui concerne la base de la perception : dans les premières années de l'introduction de cette opération en France, la prétention fut émise de faire payer le droit sur la valeur de l'objet assuré et non sur les primes. Dans ce système il y aurait eu cela de singulier que le droit d'enregistrement à percevoir chez nous en cette matière serait en concordance parfaite, sauf en ce qui concerne la quotité, avec celui dit « *Insurance duty* » qui se perçoit en Angleterre. En effet, nous aurions de part et d'autre :

Un droit proportionnel,

Un droit calculé sur le montant de la somme stipulée,

Un droit payable seulement en cas de production en justice.

Mais cette identité qu'il faudrait attribuer au hasard, une instruction générale du 14 juin 1821 (n° 983) est venue lui porter une atteinte grave en déclarant que le droit devait être perçu sur le montant des primes et non pas sur la valeur de l'objet assuré. J'irai plus loin et je tâcherai de démontrer qu'il ne doit rien subsister de cette identité fortuite.

C'est qu'en effet, ni la loi du 22 frimaire an VII, ni celle de 1816, ne pouvaient avoir en vue autre chose que l'assurance maritime. Je ne veux pas dire qu'aucune autre espèce d'assurance que celle-là ne fût connue aux rédacteurs de ces lois : j'ai montré précédemment que dans des monuments législatifs quelque peu antérieurs même à la Révolution de 1789, il était formellement parlé d'assurances sur la vie, mais il n'en est pas moins vrai que, ces opérations n'ayant été introduites dans la pratique française qu'en l'année 1819, le législateur, qui ne les connaissait que par le bruit qu'elles avaient fait à l'étranger, n'avait pas à s'en occuper dans une loi française : je dis donc qu'il ne s'en est pas occupé, et les termes mêmes de la loi de l'an VII et de celle de 1816 le montrent à l'évidence. Je me demande, en effet, ce que pourrait signifier, appliquée à l'assurance sur la vie, la disposition qui se retrouve dans chacune de ces deux lois et qui porte qu' « en temps de guerre il n'y a lieu qu'au demi-droit? » L'idée de la loi, c'est qu'en temps de guerre le risque augmentant dans une proportion égale pour tous les navires indistinctement qui tiendraient la mer, et la prime s'élevant alors en proportion du risque, il était équitable d'abaisser en ce cas, dans une certaine mesure, le taux du droit d'enregistrement qui se calcule sur le montant intégral de la prime en temps ordinaire. Pour être logique, il faudrait prendre en entier cet art. 69, II, 2° de la loi de frimaire, modifié par l'art. 51 de celle de 1816 ; mais alors la disposition de la loi ne se comprendrait plus, car la guerre ne peut avoir pour effet d'accroître les chances de mortalité pour toutes les personnes assurées : cette augmentation de risque a lieu, sans doute, mais elle ne se répartit pas également entre toutes les classes de la société, elle pèse uniquement sur l'effectif des armées; pour la plus grande partie de la population, pour les vieillards, pour les femmes, pour les enfants, pour quiconque n'est pas soldat, les conditions de contrat restent les mêmes!

J'ajoute que la loi du 16 juin 1824, dans son art. 5, qui vise l'art. 51 de la loi de 1816, désigne et désigne uniquement les polices d'assurances maritimes. Dira-t-on, comme M. Dalloz, que cette loi a eu précisément pour objet d'établir la distinction, dont j'ai parlé plus haut, entre les assurances maritimes et les assurances terrestres qui auraient toutes deux été comprises et réglementées dans une même disposition par la législation précédente. Je réponds que le législateur de 1824 qui, lui, voyait fonctionner sous ses yeux l'assurance sur la vie, n'a eu précisément d'autre intention que de montrer à tout le monde, par cette qualification devenue nécessaire depuis l'introduction en France de la pratique des assurances sur la vie, qu'il n'entendait pas réglementer les assurances non maritimes. Le législateur de 1824 distingue entre les assurances maritimes et les assurances terrestres : mais il ne distingue pas pour exclure celles-ci de la participation à un bénéfice qu'il accorde aux autres; il distingue plus radicalement : il distingue pour établir que sa loi, pas plus que celles de l'an VII et de 1816, ne doit s'appliquer aux assurances non maritimes. Comme il faut, en matière fiscale, un texte formel pour autoriser la perception d'un droit, nous dirons donc que le droit perçu à l'occasion d'une assurance maritime n'est pas dû en matière d'assurance sur la vie. Je crois avec MM. Grün et Joliat (n° 202) qu'il n'y a lieu en notre matière qu'à un simple droit fixe et non pas à un droit proportionnel. Je viens de montrer qu'au point de vue de l'interprétation de notre loi positive, il n'y a rien qui nous autorise à assimiler les deux contrats; je dis, de plus, qu'au point de vue législatif on peut comprendre que cette assimilation n'existe pas : je me contenterai de citer l'exemple de la législation anglaise : dans cette législation le contrat d'assurances maritimes et celui d'assurances sur la vie sont bien soumis les uns et les autres à un droit proportionnel : mais il y a cette différence considérable que, pour les premiers, l'acquittement du droit est une condition *sine quâ non* de la validité de l'opération, tandis que, pour les seconds, ce n'est qu'une condition de la production en justice. Nous avons vu que nos adversaires voudraient ériger une distinction .exactement inverse, chez nous, en se fondant sur l'art. 5 de la loi du 16 juin 1824 : cette distinction, nous l'avons repoussée, mais le fait seul qu'elle a été proposée prouve suffisamment que, même dans la doctrine contraire à la nôtre, on ne voit pas qu'il y ait indispensable nécessité à ce que le contrat d'assurance sur la vie soit traité exactement sur le même pied que celui d'assurance maritime en matière d'enregistrement.

Ainsi donc, droit fixe, et quel droit fixe? En matière fiscale, comme il faut renoncer à présenter à l'appui de son opinion les conseils de la raison, on doit s'en tenir à ce principe, qui n'est pas celui de la régie, mais qui est celui de la doctrine et qui devrait être celui de la jurisprudence, que les textes de lois ne doivent pas s'élargir par voie d'analogie dans leur application. Ce n'est donc pas une analogie qu'il nous faut, c'est une identité parfaite.

Cette identité, je crois qu'on l'a trouvée dans l'art. 69, § 1, 37° de la loi de frimaire an VII, lequel parle de promesses d'indemnité. Or, nous avons montré que l'assurance sur la vie, comme tout contrat d'assurance, est un contrat d'indemnité : Émerigon le définissait « un contrat par lequel on promet indemnité! » Seulement je sais bien qu'on pourrait nous objecter que cet article ne parle que de promesses d'indemnités « indéterminées et non susceptibles d'estimation », tandis que dans notre contrat ce qui est stipulé, c'est une indemnité parfaitement déterminée à l'avance ; une certaine somme fixe : je réponds que, néanmoins, il n'est pas vrai de dire que l'indemnité soit absolument susceptible d'estimation ; car, cette somme fixe qui est stipulée, dans l'assurance sur la vie, elle sera payée plus tôt ou plus tard suivant que le décès sera plus ou moins tardif : or, entre une même somme d'argent payable à telle époque et celle payable quelques années plus tard, il y a une différence pécuniaire mathématiquement et juridiquement appréciable : il y a toute la différence de l'*interusurium*.

Je me crois donc en droit de faire au contrat d'assurance sur la vie application de cet article de la loi de frimaire, reproduit et modifié par l'article 43, 18° de la loi du 28 avril 1816. De sorte que nous avons :

Un droit fixe,

Un droit de deux francs,

Un droit qui n'est dû qu'autant qu'il en est fait usage en justice.

Sur ce dernier point, que le droit (fixe ou proportionnel, peu importe) n'est dû que si l'on veut en faire usage en justice, je suis d'accord avec la jurisprudence. Mais que faut-il entendre par usage fait en justice ? Bien que l'article 5 de la loi du 16 juin 1824 ne parle que de « l'usage fait en justice, » il faut entendre ces expressions comme une locution incomplète dont s'est servi le législateur *brevitatis causa*, qui équivaut à l'énonciation de la règle contenue en l'article 23 et en l'article 42 [1] de la loi de l'an VII, c'est-à-dire que cela doit s'entendre non-seulement de l'usage en justice proprement dit, mais de l'usage par acte public ou devant toute autorité constituée. C'est en ce sens que la jurisprudence est aujourd'hui parfaitement fixée ; il y a eu cependant quelques hésitations. Le tribunal de Compiègne (27 septembre 1828), les Cours de Rennes (12 juin 1853) et de Douai (11 août 1837), et les tribunaux de Toul (21 mars 1839) et de la Seine (12 mai 1840 et 14 juillet 1841), avaient en effet décidé que le notaire n'est pas tenu de faire enregistrer les polices contenues dans des actes d'emprunt ou quittances ; mais la Cour de cassation (7 janvier 1851 et 14 février 1853) a pensé le contraire. De même, le tribunal de la Seine avait jugé (à la date du 9 avril 1849), qu'un huissier qui donne des citations en paiement de primes d'assurances n'est pas tenu de faire enregistrer préalablement les polices ; la Cour de cassation, ici même, a déclaré les articles 23 et 42 de la loi du 22 frimaire an VII applicables (12 février 1851). Cette doctrine a été plus récemment consacrée par un arrêt de la même Cour de cassation à la date du 5 juillet

---

[1] Art. 42 :

« Aucun notaire, huissier, greffier, secrétaire ou autre officier public, ne pourra faire ou rédiger un acte en vertu d'un acte sous signature privée ou passé en pays étranger, l'annexer à ses minutes, ni le recevoir en dépôt, ni en délivrer extrait, copie ou expédition, s'il n'a été préalablement enregistré, à peine de 50 francs d'amende et de répondre personnellement du droit... »

1859. (De Marnas, pr. av. g. Concl. conformes.)

Le droit sera à la charge de celui qui en aura causé la perception, par exemple, s'il s'agit d'un procès, à la charge du perdant.

Tout ce qui précède est conforme à l'opinion de MM. Grün et Joliat, dont j'adopte tout le système en matière d'enregistrement. M. Merger propose une sorte de transaction entre la doctrine de MM. Grün et Joliat et celle de l'administration, transaction entre le droit fixe et le droit proportionnel.

Cette transaction se fonde sur une distinction suggérée par la lecture de l' 8° de l'article 67, § 2 de la loi du 22 frimaire an VII.

L'assurance sur la vie, comme contrat contenant une promesse d'indemnité, ne doit bien donner lieu qu'à la perception d'un droit fixe, M. Merger le reconnaît ; mais ce n'est qu'autant qu'il n'y a là rien de plus qu'un contrat contenant une promesse d'indemnité ; si, au contraire, cette simple promesse d'indemnité s'est transformée en indemnité actuelle, c'est-à-dire s'il s'agit de faire usage judiciaire ou extraordinaire de cette opération, non plus avant la réalisation du décès qui forme la *condition* de la promesse de l'assureur, mais après cette réalisation, nous ne sommes plus (selon lui), dans les termes de l'article 68, II, 8°. En effet, cet article soumet les indemnités mobilières à un droit proportionnel de 50 centimes pour cent francs.

Cette transaction inspirée, comme toute transaction, par les sentiments les plus louables, comme toute transaction aussi me semble nécessairement contraire à la vérité, non pas qu'il y ait en matière fiscale une vérité absolue, mais il y a au moins une vérité relative : or ici, cette vérité relative ne peut être que dans le système du droit proportionnel exigé par la régie, ou dans le système du droit fixe dans tous les cas. Il faut opter ; il ne faut pas compromettre !

En effet, que signifierait cette distinction qu'il faudrait faire entre le cas où il serait fait usage de l'assurance avant, et celui où il en serait fait usage après le décès de celui qui fait l'objet du contrat ? D'ailleurs, s'il arrivait que la même assurance vînt à donner lieu soit à la confection d'un acte public, soit à production en justice, pendant la vie et après le décès, faudrait-il donc percevoir un double droit, droit fixe d'abord, droit proportionnel ensuite ? Enfin, j'ajoute que l' 8° de l'article 69, § 2, ne correspond en aucune façon à l'idée qu'on doit se faire d'une assurance : je vois bien que l'assurance est une promesse d'indemnité, mais quand on veut me la faire reconnaître sous la désignation « d'indemnité » tout court, mon intelligence ne s'y prête qu'à grand'peine.

Je crois donc qu'il faut s'en tenir au système du simple droit fixe, et si cette interprétation pouvait prévaloir, à défaut de loi, dans la pratique, je crois que ce n'est pas seulement l'intérêt des particuliers qui y gagnerait, je crois que ce serait aussi l'État tout entier, l'intérêt public, l'intérêt social ! L'assurance sur la vie (comme l'a fort bien

montré M. Batbie dans une récente conférence à
l'Asile de Vincennes) est, en effet, une des institutions modernes qui méritent le plus d'être en-
couragées, favorisées par la loi; la société tout
entière est intéressée à ce que le patrimoine héréditaire se crée dans toutes les familles, à ce que la
propriété ne soit plus le privilége du petit nombre,
à ce que tous y participent. Le citoyen qui s'im-
pose à lui-même une abnégation de tous les instants pour constituer au profit de ses enfants ce
patrimoine héréditaire qui lui manque, celui-là a
bien mérité de tous; il a, pendant de longues années, prélevé sur ses ressources une contribution
quotidienne ; est-il juste que la société vienne pré-
lever à son tour une contribution par trop onéreuse
sur le résultat de ces épargnes de toute une existence? Si la loi était à faire, je proposerais de
suivre l'exemple des Anglais, qui ont affranchi de
l'impôt sur le revenu les sommes payées à titre
de primes d'assurance sur la vie (c'est-à-dire que
la liquidation de l'*Income tax* s'opère sur le
montant total du revenu annuel, déduction faite
de toute la partie de ce revenu qui a été employée
à acquitter les primes). Que l'on ne m'objecte pas
que l'assurance sur la vie est bien soumise, en
Angleterre, à un droit proportionnel comme elle
l'est en France dans le système de la régie; cela
est vrai, mais je ferai remarquer que cela est lar-
gement compensé par le second impôt qui pèse en
France sur les polices d'assurances, l'impôt du
timbre donnant lieu à la perception d'un simple
droit fixe, à la vérité, mais droit fixe qui doit être

payé abstraction faite de tout usage fait en justice ou par acte public [1]. En Angleterre, il n'y a qu'un seul droit, droit proportionnel, il est vrai, mais ne donnant lieu à perception qu'autant que la police est produite en justice, le *Stamp duty*, droit minime, d'ailleurs, puisqu'il n'est que d'un cinquième 0/0. En attendant que l'on introduise en France, en faveur des assurances sur la vie, une immunité du genre de celle qui existe chez nos voisins en matière d'impôt sur le revenu, je crois qu'il est du devoir de tous d'interpréter la loi actuelle avec la plus stricte réserve, et voilà pourquoi je combats l'opinion de ceux qui veulent faire application d'un droit proportionnel, quelles qu'en soient l'étendue et la quotité.

Droit perçu à l'occasion de la transmission du bénéfice du contrat.

En ce qui concerne le droit qui pourra être perçu s'il arrive que le bénéfice du contrat soit transmis à des personnes qui n'étaient pas les stipulants originaires, demandons-nous quel droit appliquer.

Transmission par décès.

S'il s'agit d'une transmission par décès, c'est-à-dire si le stipulant vient à mourir, que l'assurance ait été faite sur sa propre tête ou sur celle d'un autre, il y aura purement et simplement lieu d'appliquer les principes généraux. Celui qui, en recueillant la succession du défunt, recueillera le bénéfice de cette assurance, paiera sur la police, comme sur toute autre valeur, le droit de mutation

---

[1] Ce droit fixe devient proportionnel dans le cas d'abonnement : nous aurions alors le spectacle de deux droits proportionnels cumulatifs, si nous admettions le système de la portionnalité du droit d'enregistrement en cette matière.

par décès ; ici le droit sera proportionnel, la quotité en variera suivant le degré de parenté ; la base de la perception sera, non plus le montant des primes, mais le total des deniers provenant du contrat, et enfin le droit sera dû abstraction faite de toute production en justice et de toute mention dans un acte public.

Je ne vois pas qu'il soit possible d'échapper à l'application de ces principes généraux ; le bénéfice de l'assurance ne peut pas, en effet, passer directement aux héritiers du stipulant ; il faut qu'il ait passé préalablement, ne fût-ce qu'un instant de raison, par le patrimoine du défunt ; du reste, ce résultat rigoureux ne se produira nécessairement que lorsque l'assuré aura fait assurer sa propre vie. Quand il s'agira, au contraire, d'une assurance de la vie d'autrui, il n'y aura lieu à la perception du droit que si l'assuré prédécède à celui dont la vie fait l'objet de l'assurance. Cette doctrine n'est pas favorable à l'assurance sur la vie, je l'accorde ; mais sous quel prétexte la dispenser d'un impôt qui frappe toutes les valeurs héréditaires sans distinction ? Ne rentre-t-elle pas, en effet, sous la dénomination de *biens meubles* dont parle la loi de l'an VII ? Si l'on trouve qu'il y a une raison spéciale d'introduire ici une pareille dispense, qu'on fasse une loi à ce sujet sur le modèle de celle qui a été faite en Angleterre en ce qui concerne l'impôt sur le revenu. Pour ma part, j'y applaudirai de toutes mes forces. Mais tant qu'une pareille exception n'a pas été législativement consacrée, je ne me reconnais pas le droit de la créer par l'interprétation. D'ailleurs, ne voyons-nous pas qu'en Angleterre, où toute cette matière est réglementée par des lois pleines de clarté, malgré toute la faveur dont le législateur entoure cette institution, il n'a pas jugé convenable de la dispenser du droit de mutation par décès, puisque, au contraire, à la différence de l'*income tax*, il a fait un statut tout exprès pour déclarer que le *succession duty* devait s'appliquer à toutes transmissions par décès résultant de contrats d'assurance sur la vie.

Transmission entre vifs. Si nous passons à l'hypothèse d'une transmission entre vifs, nous nous trouvons en présence d'une assez grave difficulté.

D'abord, dans l'opinion de ceux qui admettent la négociabilité de la police d'assurance sur la vie, de quel droit frapper soit le transfert (si le mode de cession consiste en une mention sur les registres de la Compagnie), soit l'endossement (si nous supposons clause à ordre), soit enfin la simple transmission de la main à la main (si la police a été stipulée payable au porteur) ? D'une part on ne pourra guère appliquer ici le droit de 50 centimes pour 100 francs qui, aux termes de l'art. 69, § 2 ; 6° de la loi du 22 frimaire an VII, frappe *tous effets négociables de particuliers ou de Compagnies*, car évidemment cette loi n'avait pas en vue des titres qui n'existaient pas encore dans la pratique à l'époque de sa confection, et, en matière fiscale, on ne doit jamais dépasser l'intention du législateur ; d'autre part, on peut encore moins penser à appliquer le droit proportionnel de timbre dont la loi du 5 juin 1850 frappe tous effets de commerce, toutes actions dans les sociétés, toutes obligations négociables des Compagnies, en considération de ce que la cession de ces titres est affranchie de la formalité de l'enregistrement, car cette même loi, en consacrant un titre spécial aux polices d'assurance, montre bien par là qu'elle n'entend pas les soumettre aux dispositions des chapitres précédents. En présence de cette difficulté, je crois qu'il faudrait, à supposer la négociabilité des polices admise, refuser de voir dans de pareilles négociations une cession véritable, du moins au point de vue des lois de l'enregistrement, et décider, en conséquence, comme cela a été reconnu par la régie, en 1830 (solution du 20 septembre [1]), en matière d'assurance maritime, qu'il y a là simple procuration, simple pouvoir pour toucher le montant de l'assurance, et non pas transport réel; d'où il suit que le droit proportionnel de 1 p. 100 perçu sur les endossements, ne serait pas dû; il n'y aurait lieu qu'au droit fixe de 1 fr.

Dans notre opinion, la question se pose différemment, et néanmoins c'est encore à la même solution que nous arrivons.

Pour nous, la police d'assurance n'est pas négociable : la transmission ne peut s'en opérer que sous les conditions prescrites par l'art. 1690 : c'est donc le droit de cession de créance qui doit s'appliquer à cette transmission. Mais ce droit de

---

[1] Dalloz, Alph., au mot Enregistrement, n° 1754.

cession de créance, où le trouvons-nous? Ce n'est pas dans l'art. 69, § 3, 3° de la loi de frimaire, où il n'est parlé que de transports, cessions et délégations de créances *à terme*, car ici nous sommes en présence d'une créance *sous condition*, et non pas d'une créance à terme : or, il n'est pas permis d'étendre par analogie d'un cas à un autre une disposition fiscale aussi rigoureuse que celle-là, puisqu'elle établit un droit proportionnel de 1 p. 100. Ce n'est pas non plus dans le § 5, 1°, de ce même article 69 [1] où nous rencontrons une disposition encore plus rigoureuse, un droit proportionnel de 2 p. 100 : malgré la généralité des termes de ce paragraphe, il semble bien résulter de sa structure générale qu'on n'entend y parler que des transports d'objets mobiliers, corporels, et non pas de simples droits, objets incorporels ; et la preuve en est dans le paragraphe suivant, le 2°, où on a pris la peine de dire (ce qui serait une vaine répétition si le paragraphe précédent s'appliquait même aux cessions de meubles incorporels) que le même droit frapperait aussi les cessions, transports et délégations à titre onéreux de rentes soit perpétuelles, soit viagères et de pensions : cependant les pensions, les rentes viagères et les rentes perpétuelles constituées (sauf certaines coutumes contraires dans notre ancien

---

[1] Voici les termes de ce paragraphe :
« Les adjudications, ventes, cessions, rétrocessions, marchés, traités, et tous autres actes, soit civils soit judiciaires, translatifs de propriété, à titre onéreux, de meubles, récoltes de l'année sur pied, coupes de bois taillis et de haute futaie, et *autres objets mobiliers généralement quelconques..*, etc. »

droit), et même les rentes perpétuelles foncières depuis 1789 ou, tout au moins, depuis la loi du 11 brumaire an VII, sont bien des meubles ; mais ce sont des meubles incorporels.

Ainsi donc ni le droit de 1 p. 100, ni celui de 2 p. 100, ne frappant, dans notre opinion, les cessions de polices d'assurances sur la vie, il n'y aura lieu qu'au droit fixe d'un franc, dont parle l'article 68, § 1er, 51° [1]. Néanmoins nous supposons la cession faite à titre onéreux ; s'il en était autrement, il serait difficile d'échapper au droit qui frappe les donations entre vifs de meubles, droit qui varie suivant les degrés de parenté : quelle raison y aurait-il, en effet, pour que la transmission à titre gratuit entre vifs ne fût pas frappée, comme la transmission par décès, du droit proportionnel de mutation ? Ici la loi ne distingue pas entre meubles corporels et meubles incorporels, entre créances à terme et autres que celles à termes : sa disposition est générale.

[1] Voici comment il s'exprime : « Et généralement tous actes civils, judiciaires ou extra-judiciaires qui ne se trouvent dénommés dans aucun des paragraphes suivants, ni dans aucun autre article de la présente loi, et qui ne peuvent donner lieu au droit proportionnel »

CHAPITRE XII

L'Assurance sur la vie dans l'avenir

Nous avons cherché à établir que dans l'état
actuel de notre législation, c'est-à-dire dans le silence des textes, l'assurance sur la vie doit être
régie en tous points chez nous conformément aux
principes généraux du droit commun.

L'assurance sur la vie, dans notre opinion, ne
comprend ni le contrat de rente viagère, ni l'assurance différée en cas de vie qui se rapproche
plus de la rente viagère que de l'assurance sur la
vie proprement dite (*sic* M. Merger).

C'est un contrat dans lequel on ne peut stipuler
pour autrui qu'au nom d'autrui, dans lequel le
stipulant doit avoir nécessairement un intérêt à la
conservation de la vie assurée : voilà pour le droit
civil.

En ce qui concerne le droit commercial, nous
n'avons pas admis que le bénéfice de l'assurance

sur la vie puisse être transféré à un tiers par les voies abrégées des effets négociables.

Enfin, en ce qui a trait au droit d'enregistrement, à défaut de texte formel qui vise l'asssurance sur la vie comme l'assurance maritime, nous avons tâché encore de faire l'application des principes qui régissent les contrats d'indemnité en général.

Voilà, selon nous, le *statu quo* à l'heure actuelle. Mais faut-il s'en tenir à ce *statu quo?*

En autres termes, si le législateur venait à s'occuper chez nous, comme cela a déjà eu lieu dans la plupart des législations étrangères, de l'assurance sur la vie en particulier, devrait-il consacrer purement et simplement ce qui existe déjà tacitement selon nous, ou ne devrait-il pas, au contraire, introduire telle ou telle innovation qui dérogeât au droit antérieur?

D'abord quant à la signification du mot Assurance sur la vie, je crois, pour des raisons précédemment exposées, que l'on devrait bien se garder d'adopter celle qui est aujourd'hui dans les habitudes de la pratique, et qui a pour résultat de confondre dans une dénomination commune des opérations qui diffèrent entre elles par la base, par le but, et par la moralité [1].

---

[1] La loi du 15 juillet 1868, que nous avons déjà eu occasion de citer en note, adopte une terminologie claire et certaine : elle consacre législativement l'expression « *Assurance en cas de mort,* » qui a l'avantage de ne pas présenter la même amphibologie que l'expression « *Assurance sur la vie.* » Rien de mieux ! Le législateur est le maître de créer telles dénominations qu'il lui plaît d'imaginer, et même d'adopter en les détournant de leur sens originaire celles qui existaient déjà auparavant. Seulement, si notre législateur ne juge pas à propos d'appeler assurances sur la vie celles qu'il désigne sous

Le législateur devrait-il au moins faire à la pratique cette concession d'établir en France, en faveur de l'assurance sur la vie, une exception à la règle *nemo alteri stipulari*, c'est-à-dire, consacrer dans notre droit la légalité des polices en faveur d'un bénéficiaire, dites en anglais « *nominee policies* ». Admise avec toute l'étendue que notre jurisprudence donne à cette exception, c'est-à-dire emportant le droit de souscrire au profit d'une personne *quelconque* une police dont le bénéfice échapperait à la succession du stipulant, je n'hésite pas à déclarer que le législateur devrait la repousser. Mais, restreinte à des proportions plus raisonnables, je comprends que la question puisse être l'objet d'une controverse. Voici comment elle se poserait :

Ne pourrait-on pas porter à la règle *nemo alteri* ce tempérament, qu'au profit de sa femme, de ses enfants, ou de ses père et mère, mais à leur profit seulement, l'assuré pourrait stipuler une somme qui leur appartiendrait, au lieu d'aller se confondre dans la masse du patrimoine héréditaire [1]?

le nom d'assurances en cas de décès, je me demande à quelles opérations il croit que cette dénomination d'assurances sur la vie serait applicable !

[1] Ici la loi du 15 juillet 1858 nous donne pleine raison, puisque si, d'une part, elle porte au principe *nemo alteri* une dérogation, en ce qui concerne les assurances contre les accidents, ce n'est (comme l'ont fait les lois anglaises qui régissent l'assurance par l'Etat) qu'en faveur de certaines personnes, comme la veuve, les enfants, le père ou la mère de l'assuré, et, d'autre part, en ce qui concerne les assurances en cas de décès, elle a maintenu le vieux principe dans toute sa rigueur, en ne permettant pas à l'assuré de stipuler au profit d'autres que ses ayants-droit.

S'il pouvait y avoir quelques doutes sur le sens que le législateur entendait donner à ces mots « *ayants-droit*, » il suffirait, pour les dissiper, de se reporter à l'incident suivant qui se produisit dans la

Pour l'affirmative, on peut dire avec M. l'avocat général Onofrio dans une affaire précédemment citée [1], avec M. *A. Scratchley* dans son *Handy Book on life assurance law*, 1854, que c'est faire manquer son but à l'assurance sur la vie, que d'en faire tomber le bénéfice aux mains des créanciers du stipulant; qu'il faut bien plutôt préférer la veuve et l'orphelin du défunt à ses créanciers; qu'en conséquence il faut que la somme stipulée, soit comme une sorte de *delibatio hereditatis*, enlevée à l'actif de la succession, pour être attribuée aux enfants ou à la veuve du *de cujus*.

Pour la négative on peut répondre (et je ne fais ici que reproduire les objections qui ont été soulevées à ce sujet en Angleterre) :

D'abord qu'il n'est pas vrai qu'une assurance

discussion, à la séance du 29 mai, et que nous empruntons au *Moniteur* :

« *M. le baron de Beauverger*, rapporteur. — M. Joliot ajoute en ce qui concerne un bénéficiaire dont les relations avec le constituant ont changé de nature : Comment fera-t-on? L'honorable membre perd ici de vue que l'assurance ne peut être faite sur la tête d'un tiers : l'assurance est faite sur la tête de l'assuré, c'est à dire *au profit de ceux qui le représenteront à son décès, au profit de ses héritiers ou de ses légataires*. Par conséquent vous ne vous trouvez pas en présence d'un homme enchaîné par des dispositions irrévocables; l'assuré a la faculté de modifier ses premières intentions, de discontinuer même son assurance ; et si j'ai bien établi ce point, il semble que la question de l'honorable M. Joliot a sa réponse dans la loi. »

« *M. Joliot.* — [Voici ce que disait hier M. le Rapporteur : « Remarquez qu'il y a dans la formule de la loi le terme d'ayants-droit, qui permet à une personne de s'assurer au bénéfice d'une autre personne, quelles que soient les relations qui les unissent l'une à l'autre. »

« *M. le Rapporteur.* — Ce que j'ai l'honneur de vous dire aujourd'hui n'est nullement en contradiction avec ce que je disais hier; il s'agissait, je crois, d'enfants naturels et je disais que la personne qui aurait contracté une assurance était libre de la léguer à tel ayant-droit que bon lui semblait. Mais cette combinaison n'est nullement en contradiction avec le principe que j'affirme avec la commission et MM. les commissaires du gouvernement, avec ce principe que l'assurance par l'Etat a pour caractère particulier de ne pouvoir pas être faite sur la tête d'un tiers. »

[1] Aff. Bouvard c. Bouvard, pages 113 et suiv.

dont tout le bénéfice aura eu pour résultat de désintéresser les créanciers héréditaitres manque absolument son but : car c'est toujours autant de moins que la veuve ou les enfants auront à payer à ces créanciers ; ils en profiteront donc au moins négativement ; puis que, si la veuve et l'orphelin de celui qui s'est fait assurer sur la vie sont dignes de faveur, la veuve et l'orphelin du créancier qui se trouverait ainsi frustré dans ses plus légitimes espérances n'en sont pas moins dignes eux-mêmes ; voilà pour l'argument de sentiment.

Quoi qu'il en soit, aux Etats-Unis, dans l'Etat de New-York, par un acte du 1er avril 1840, en Nouvelle Galles du Sud au mois de décembre 1862, en Angleterre même pour les *Friendly Societies*, les *nominee policies* ont été reconnues valables, et en ce moment même, comme je l'ai rapporté plus haut, il est question de généraliser en Angleterre cette exception au principe *nemo alteri...* en faveur de la veuve et de l'orphelin pour toute Société d'assurance, même autre que les *Friendly Societies ;* une pétition ayant été à cet effet présentée au Parlement par M. Hibbert, un bill a été préparé en conséquence, et présenté devant la chambre : mais jusqu'à présent il n'a pas eu de suite.

Que ce bill doive ou non aboutir devant le Parlement britannique, n'est pas précisément la question que nous avons à examiner. Nous nous demandons si une loi du même genre devrait être faite en France. Eh bien! sur cette question je laisse à de plus sages que moi la responsabilité d'un parti à prendre. Ce qui me fait hésiter, c'est qu'une pareille innovation me semblerait le renversement de tous les principes connus en matière d'obligation : à savoir que celui qui s'oblige oblige toute la masse de son patrimoine présent et à venir (2093)!

Je dois dire cependant qu'un pareil renversement des idées reçues ne serait pas sans exemple dans d'autres législations, ainsi la *donatio propter nuptias* de Justinien; ainsi le *postnuptial settlement* des Anglais, par le moyen d'un *Trust deed*. Chez nous même, il y a quelque chose d'analogue dans le caractère d'insaisissabilité qui s'attache à certaines rentes ou pensions et dans l'inaliénabilité du fonds dotal.

Passons maintenant à un autre point.

Serait-il à souhaiter que le législateur consacrât par un texte formel de loi, la doctrine hardie, doctrine illégale selon nous, de la jurisprudence française, qui admet la validité d'une assurance sur la vie, lors même qu'elle n'est qu'une opération de la nature du jeu ou du pari?

Dans ces termes je réponds sans hésiter : Non.

Mais voici où il peut y avoir place au doute, et où je me garderai bien encore de prendre parti : est-il à souhaiter qu'il soit reconnu par la loi qu'une pareille assurance doit être reconnue valable par cela seul qu'il y a eu *ab initio* un intérêt à la conservation de la vie assurée, que cet intérêt ait ou non duré jusqu'au bout; en un mot, est-ce, au point de vue législatif, la vieille doctrine « *Godsall* v. *Boldero* » qui doit triompher, ou est-ce, au contraire, la nouvelle doctrine de la jurisprudence anglaise ?

En faveur de la doctrine *Godsall Boldero*, on peut faire observer que c'est la seule qui assure que l'on ne souscrira pas de polices sous le vain prétexte de créances qui, en réalité, n'existeraient pas, car elle donne droit à l'assureur d'exiger la preuve que le prétendu débiteur est mort insolvable, et de se faire subroger contre lui aux droits de l'assuré ; ce qui rend impossible toute feinte et tout accord entre l'assuré et le tiers dont la vie serait assurée. En sens contraire, on peut dire que dans notre hypothèse le stipulant a pour objet non pas d'assurer la solvabilité du débiteur, ce qui serait confondre l'assurance sur la vie avec l'assurance de solvabilité, mais de s'assurer contre l'augmentation de risque qu'entraînerait pour lui la mort de son débiteur ; en d'autres termes, le risque contre lequel il s'assure est non pas la réalisation d'un danger, mais la naissance même du danger. Cette idée, par son excès de subtilité, ne nous semble pas pouvoir être raisonnablement admise.

Au point de vue du droit commercial, je ne crois pas qu'il soit désirable que la police d'assurance sur la vie soit transformée en un effet de commerce : j'ai contre moi l'autorité de la grande majorité de nos arrêts, contre moi encore le même projet de bill, dont j'ai parlé tout à l'heure ; néanmoins je crois, avec M. Bunyon dont j'ai cité l'autorité dans le corps de mon travail, que rendre le bénéfice d'un pareil contrat transmissible par la voie de l'endossement, ce serait aller directement contre l'intention de ceux qui ont imaginé l'assurance sur la vie ; ce serait en effet lui ôter tout l'avantage qu'elle a sur l'épargne pure et simple[1] :

« Sans doute (lisons-nous dans un prospectus d'une des plus anciennes Compagnies de Londres, cité par M. de Courcy, page 130 *opere citato*), sans doute il y a plaisir à économiser année par année, petit à petit, et à voir les épargnes de la jeunesse et de l'âge mûr s'accumuler successivement, jusqu'à devenir dans la vieillesse des sommes importantes ; mais c'est, on doit le reconnaître, un plaisir exposé à bien des hasards. Il faudra une grande fermeté de résolution pour que, dans toutes les circonstances et quelles que soient les tentations de dépense, on s'interdise de toucher à ce fonds sacré. » Il faut donc se garder de toucher à cette garantie d'une quasi-inaliénabilité[2] !

---

[1] Jusqu'au statut 30 et 31 Vict., c. 144, la police d'assurance, comme tout autre droit de créance non négociable, était absolument incessible en droit strict : ce n'étaient que les cours d'équité qui avaient le droit de reconnaître la validité d'une cession, à supposer qu'elle remplît certaines conditions exigées par le droit consuétudinaire. Ce dernier statut (20 août 1867) n'a fait que rendre les polices d'assurance sur la vie cessibles à peu près comme le sont chez nous les créances civiles aux termes de l'article 1690 : désormais même les cours de droit rigoureux, Courts of Law, devront reconnaître comme parfaitement valables pareils transports de police, soit par mention sur la police elle-même, soit par acte séparé, si ce transport a été suivi d'une notification faite à la Compagnie en son siége social. Ce n'est pas là un endossement ; c'est tout au plus si on peut y voir une sorte de transfert ; pour nous, ce n'est qu'une simple cessibilité civile.

[2] Cette idée a frappé les rédacteurs de la loi du 15 juillet 1868, qui ont déclaré en conséquence incessibles, au moins jusqu'à concurrence de moitié, les polices d'assurance souscrites en exécution de ses dispositions.

Arrivant enfin à ce qui a trait à la loi fiscale, je dirai que c'est ici surtout qu'il me semble indispensable qu'un texte de loi, clair et précis, intervienne pour faire cesser toute incertitude en matière d'enregistrement des polices d'assurances sur la vie et des cessions de ces mêmes polices. Si cette loi, aussi nécessaire que l'était la loi de 1850 sur le timbre, doit être rendue, nous souhaitons, qu'à la différence de cette dernière, elle ne se borne pas à donner à la pratique de la régie une consécration légale, mais qu'elle entre dans la voie de l'innovation et, qu'à l'exemple de l'Angleterre, elle se montre libérale à l'égard d'une institution où tout l'ordre social est intéressé.

Demandons-nous, en terminant, ce qu'il faut penser d'une idée qui a eu ses jours de vogue, mais que tous les esprits graves semblent avoir à présent reléguée au rang des chimères, je veux dire de l'assurance sur la vie ; je pourrais dire en général de l'assurance par l'État !

Il faut se défier des utopies, c'est-à-dire de tout ce qui n'est pas système *à priori*, non vérifié par l'expérience ; mais il est une utopie, fort en faveur de nos jours, dont il faut se défier par-dessus toutes les autres, c'est celle qui consiste à déclarer, *à priori*, et sans en faire l'expérience, que tout ce qui n'a pas été admis par une pratique constante est irréalisable. Entre l'utopie qui s'enthousiasme à l'avance et celle qui condamne avant l'examen, il y a la raison qui délibère et qui surseoit à prononcer plutôt que de décider à l'aventure. Il serait présomptueux à moi de vouloir trancher une question aussi importante, je veux seulement montrer que, spécialement en matière d'assurance sur la vie, l'idée d'assurance par l'État est quelque chose de plus qu'une chimère, qu'une utopie de socialistes! C'est une réalité incontestable. Personne n'ignore, en effet, que l'État, en Angleterre, quelle que soit la répugnance de nos voisins pour tout ce qui n'est pas *self government*, pour tout ce qui est législation compulsoire,—l'Etat, dis-je, s'est fait assureur (sur la vie). En Allemagne, on sait qu'il en est de même. A la vérité, dans la plupart des Etats de l'Allemagne, où s'est introduite la pratique de l'assurance par le gouvernement, cette innovation a bientôt été l'objet de la défaveur populaire, mais cette circonstance ne détruit en rien le fait que nous voulons seulement constater.

Enfin (et voici un trait qui semblera à certains esprits du socialisme tout pur) la Compagnie d'assurances anglaises « *Church of England,* » où tous les plus hauts dignitaires de l'Eglise anglicane font assurer leur vie, forme, d'une partie de ses bénéfices, un fonds commun qui est employé chaque année à une répartition sur les polices des membres pauvres du clergé anglican, c'est-à-dire qu'à l'instar des vieilles Ghildes saxonnes et des Trades' Unions actuelles, l'égalité absolue dans les dividendes tend à s'y substituer à l'égalité proportionnelle, calculée en raison du montant des versements de chacun.

Il y a donc sur la question des motifs sérieux

de douter, qui commandent la plus grande réserve et qui suffisent pour qu'il ne soit pas permis de ranger dans la classe des utopies une idée dont il serait faux de dire qu'elle n'existe *nulle part* à l'état de fait : οὐ τοπία[1].

Toujours est-il que l'assurance sur la vie, sous quelque forme d'entreprise que ce soit, entreprise du gouvernement ou entreprise des particuliers, est digne d'attirer l'attention de nos législateurs plus qu'elle ne l'a fait jusqu'à présent. La négligence dont ils se sont rendus coupables à cet égard n'a peut-être pas été complètement étrangère à la lenteur des progrès accomplis par l'institution de l'assurance sur la vie en France : comment, en effet, pourra-t-elle se concilier chez nous les sympathies et la confiance qu'elle mérite du public, aussi longtemps que le silence de la loi permettra à la jurisprudence de donner à ce contrat une interprétation qui, si elle n'était pas foncièrement erronée, justifierait tous les reproches dont Émerigon le flétrissait, lorsqu'il s'é-

---

[1] Depuis l'époque où ce travail fut écrit, cette idée a fait bien du chemin en France : l'Etat chez nous, comme chez nos voisins d'Angleterre et d'Allemagne, s'est fait assureur sur la vie : par la loi du 15 juillet 1868 il est en effet créé une caisse d'assurance en cas de décès, délivrant, sous la garantie de l'État, les polices dont le montant ne peut pas toutefois dépasser le chiffre de 3,000 fr.

Disons à ce propos que presque toutes les questions que nous avons eu à examiner dans notre travail ont été formellement tranchées, soit par cette loi elle-même, soit par la discussion qui l'a précédée, dans le sens que nous proposions : sans doute, cette loi ne peut avoir force obligatoire qu'en ce qui concerne les assurances faites par la Caisse créée sous la garantie de l'État, et, par conséquent, les dispositions qu'elle porte et leur commentaire ne peuvent servir que d'arguments d'analogie à l'égard des assurances faites par les Compagnies : néanmoins il y a là, sinon force de loi, du moins une puissance de force morale qui nous permet de considérer le succès de notre système comme a peu près assuré désormais.

criait : « La vie de l'homme n'est pas un objet de
« commerce. Il est odieux que sa mort devienne
« l'objet d'une spéculation mercantile, *nefas est*
« *ejusmodi casus expectatio* (*De contr. empt.*,
« 34, § 2; — 85, § 5. *De verb. obl.*, et 30
« *C. de pactis*) et, comme l'observe Grivet, ces
« espèces de gageure sont de *triste augure* et
« PEUVENT OCCASIONNER DES CRIMES. »

Si véritablement l'assurance sur la vie présentait de pareils dangers, et elle les présente en
effet dans l'interprétation actuelle de la jurisprudence, comment reconnaître, sous des couleurs si
sombres, une institution éminemment salutaire et
bienfaisante? Dégageons donc l'assurance sur la
vie de ces éléments adultérins qui en font une
opération de la nature d'une des plus lugubres
gageures! Si nous la rétablissons ainsi dans son
véritable caractère, elle nous apparaît comme une
des plus simples et en même temps des plus su-
blimes conceptions du génie de l'homme, comme
un des moyens les plus infaillibles et les moins
violents de réaliser dans l'avenir cette idée de la
démocratie moderne, la constitution du patrimoine dans toutes les familles et la disparition du
prolétariat!

FIN.

SOMMAIRE

CHAPITRE PRÉLIMINAIRE

PREMIÈRE PARTIE

GÉNÉRALITÉS. — DÉFINITION. — DIVERSES COMBINAISONS DE L'ASSURANCE SUR LA VIE.

CHAPITRE PREMIER

Opérations improprement dites Assurances sur la vie.

L'Assurance sur la vie n'est qu'une des branches de la théorie générale des opérations viagères. — Dans cette théorie générale des opérations viagères entrent, au même titre que l'Assurance sur la vie, d'une part le contrat de rente viagère et d'autre part l'assurance d'un capital différé. — Cette analyse a été faite dans plus d'un ouvrage sur la matière. — Pourtant les prospectus des Compagnies confondent, sous la dénomination d'Assurances sur la vie, et des assurances sur la vie proprement dites, et des contrats de rente viagère et des Assurances de capitaux différés.

CHAPITRE II

Opérations improprement dites Assurances sur la vie (suite et fin).

DEUXIÈME PARTIE

—

CHAPITRE V

Si l'on peut, dans l'Assurance sur la vie, stipuler en son propre nom dans l'intérêt d'autrui.

PRINCIPES GÉNÉRAUX. — La règle c'est que « nemo alteri stipulari potest. » — Toutefois à cette règle, deux restrictions. — 1re RESTRICTION : On peut au nom d'autrui stipuler pour autrui. — 2e RESTRICTION : On peut stipuler pour ses ayants-droit. — Quid ? dans la matière spéciale de l'assurance sur la vie? — Je réponds qu'il ne doit pas en être autrement. — C'est ce qui est exprimé dans la définition que j'ai donnée du contrat d'assurance sur la vie. — Pourtant le contraire prévaut dans la pratique, dans la jurisprudence et dans la doctrine française.

I. *Exposé et discussion de notre jurisprudence sur cette question.* — Affaires Duchesnoy et Semen. — Affaire Cherrier contre l'*Union.* — Dans ce jugement la doctrine est admise sans même être examinée. — Affaire Lelaydier contre Valette. — Réfutation sommaire des motifs de l'arrêt. — Affaire Bouvard contre Bouvard. — Jugement du tribunal de Lyon. — Réfutation des considérants du jugement. — Appel. — Conclusions de M. le premier avocat général près la Cour impériale de Lyon. — Réponse à l'argumentation de M. le premier avocat général. — Subdivision en deux points. — Premier point : Examinons le contrat sous son point de vue de contrat à titre onéreux. — L'article 1973 (Code Nap.) est vainement invoqué, et cela pour deux raisons. — 1re RAISON : On n'est pas en droit de raisonner ici par analogie. — En effet, le principe « nemo alteri stipulari » est on ne peut plus nettement formulé dans l'article 1119 de notre Code. — Ce principe de l'article 1119 est absolu. — Sauf l'exception de l'article 1121. — A supposer que l'article 1973 contienne une seconde exception à la règle, il ne faut pas l'étendre hors de ses termes

— Il y a, d'ailleurs, plus d'une raison de distinguer entre le cas de la rente viagère et celui de l'assurance sur la vie. — D'abord on peut dire qu'une pareille assurance faite au profit d'un tiers tomberait sous le coup de l'article 1130 du Code. — De plus elle violerait le principe de l'irrévocabilité des donations. — Enfin elle produirait un résultat bizarre. — Si l'on est en droit de raisonner par analogie, c'est bien plutôt de l'assurance en général à l'assurance sur la vie. — 2ᵉ Raison : En admettant l'analogie, il n'est pas sûr que l'argument tiré de l'article 1973 soit concluant. — On peut ne voir dans cet article que l'application pure et simple des principes généraux. — S'il en est ainsi, l'article 1973 peut s'appliquer sans inconvénient à l'assurance sur la vie. Nous aurons alors une assurance sur la vie contractée au profit d'un tiers, mais au nom de ce tiers. — Ce qui est tout différent d'une même assurance contractée au profit d'un tiers, mais au nom du stipulant. — Second point : Examinons maintenant le contrat sous son point de vue de contrat à titre onéreux. — D'abord une libéralité ne peut pas résulter d'un contrat à titre onéreux qui n'esᵗ pas valide. — De plus, la libéralité par elle-même pécherait, comme nous l'avons dit plus haut, contre le principe de l'irrévocabilité des donations. — Comment faut-il concevoir l'opération pour qu'elle soit valable ? — Arrêt conforme aux conclusions ci-dessus rapportées. — Nouveaux arrêts dans le même sens. — Nouvel argument tiré de l'article 1121, mais insoutenable à la seule lecture du texte. — La jurisprudence peut méconnaître le principe, mais elle ne peut pas faire qu'à l'heure actuelle il n'existe pas.

CHAPITRE VI

Si l'on peut, dans l'Assurance sur la vie, stipuler valablement, même à défaut

d'intérêt.

Comment la question doit être posée. — C'est avec la loterie que l'assurance pourrait être confondue. — Différence entre l'assurance et la loterie. — Principes généraux. — Faut-il renoncer à appliquer ces principes généraux à l'Assurance sur la vie ? — Faut-il s'arrêter à cette objection que la notion de l'Assurance sur la vie est tout autre que celle des Assurances en général ? — Non. — En effet, la notion des Assurances en général n'est pas incompatible avec la garantie d'un bénéfice espéré. — L'objection tombe donc. — Puisque l'Assurance sur la vie est bien une assurance comme une autre, il faut qu'elle soit un con-

CHAPITRE VII

Différents points de droit civil. — Terminologie. — Conditions essentielles.

CHAPITRE VIII

Différents points de droit civil (suite et fin). — Effets du contrat.

TROISIÈME PARTIE

DES ASSURANCES SUR LA VIE DANS LEUR RAPPORT AVEC LE DROIT COMMERCIAL ET LES LOIS
DE L'ENREGISTREMENT.

CHAPITRE IX

Des assurances sur la vie dans leur rapport avec le droit commercial.

CHAPITRE X

Des Assurances sur la vie dans leur rapport avec le droit commercial (suite et fin).

Second point : En ce qui concerne l'assureur. — En principe, l'assureur fait

CHAPITRE XI

Des Assurances sur la vie dans leur rapport avec les lois de l'Enregistrement.

CHAPITRE XII ET DERNIER

L'Assurance sur la vie dans l'avenir.

TABLE DES MATIÈRES

TYPOGRAPHIE ALCAN-LÉVY, BOULEVARD CLICHY, 62, PARIS

L'Esclavage à Cuba et la Révolution d'Espagne, par José Antonio SACO, traduction et préface de L.-A. de MONTLUC. — *Deuxième édition.* — *PARIS* : DENTU. — *LIVERPOOL* : ROCKLIFF BROTHERS. — *BAYONNE* : Librairie E. LASERRE.

Cette brochure, dont les principaux organes de la presse française et étrangère ont entretenu leurs lecteurs, a été partout l'objet des appréciations les plus bienveillantes, ainsi qu'on en jugera par les quelques extraits qui suivent :

— On lit dans *le Sémaphore de Marseille*, jeudi 18 mars 1869 :

Il s'est formé, depuis plusieurs années, à Cuba, un parti ardent, passionné, qui réclame avec une infatigable persistance l'abolition de l'esclavage. Ce parti a ses chefs, ses orateurs, ses écrivains qui se livrent sur divers points de l'île à une active propagande depuis surtout que les derniers événements d'Amérique sont venus donner à leurs théories une éclatante consécration. Dans le principe, le gouvernement a pu considérer comme chimères et utopies les revendications des abolitionistes; aujourd'hui que la grande République américaine ne connaît plus d'esclaves, les hommes d'État de Madrid doivent aviser et aborder résolûment la question. Non pas qu'il faille, d'un trait de plume, affranchir, du jour au lendemain, les trois cent cinquante mille noirs répandus dans l'île ; le remède serait pire que le mal, mais il importe de rechercher les meilleurs moyens de rendre successivement à la liberté toutes ces pauvres créatures qui gémissent sous le fouet du planteur. Décréter sans transition et sans indemnité préalable un affranchissement général, ce serait commettre une flagrante injustice et exposer les colons à de terribles dangers.

Un des écrivains les plus distingués de Cuba, M. José-Antonio Saco, vient de publier sur ce grave sujet une brochure élégamment traduite par M. Adrien de Montluc, avocat à la Cour impériale de Paris. Le publiciste cubain n'est pas ennemi de l'émancipation, tant s'en faut, mais il démontre les inconvénients qui résulteraient d'un affranchissement immédiat et sans indemnité. « L'esclavage, dit-il, est contemporain de la conquête. Nous avons vécu avec lui plus de trois siècles et demi, et tous les intérêts de Cuba s'étant entièrement confondus et identifiés avec cette fatale institution, il n'est pas permis de rompre tout à coup avec elle sans précipiter Cuba dans l'Océan qui l'entoure. L'émancipation en masse désorganiserait à l'instant et partout le travail, car la plupart des esclaves abandonneraient les plantations pour jouir, à leur brutale manière, du don de la liberté. Et alors, comment combler sans retard le vide immense que laisseraient tous ces bras enlevés subitement à l'agriculture et à toutes les branches de la production cubaine ? S'imaginer que les esclaves resteraient dans ces champs, tristes témoins de leurs souffrances, serait de la démence. L'homme ne se transforme pas en un jour, et quels que soient les prodiges qu'opère la liberté, son magique pouvoir n'atteint pas à la hauteur d'une si soudaine transformation. » Du reste, l'Angleterre, le Danemark, la Suède, la Hollande, tous les États européens, en un mot, qui ont aboli l'esclavage dans leurs colonies, ont eu même temps décrété l'indemnisation des colons, afin de fournir aux anciens propriétaires les moyens de payer le salaire des travailleurs libres. De plus, chacun de ces États a pris des mesures pour arriver progressivement, sans transition trop brusque, à l'affranchissement complet, et l'on sait quels malheurs la France a eu à déplorer à la Martinique, à la Guadeloupe, à la Guyane pour avoir négligé ces sages précautions. L'Angleterre, avant de délivrer ses esclaves, employa près de dix-sept années à préparer leur affranchissement, et ce ne fut qu'au mois d'août 1833 qu'elle promulgua la loi qui soumettait désormais les nègres à un apprentissage de sept ans.

Le moment est venu pour l'Espagne d'imiter la conduite des autres États européens. Il serait indigne des hommes généreux qui ont délivré la Péninsule de maintenir à Cuba l'odieuse institution de l'esclavage. Il ne s'agit pas d'une suppression immédiate et radicale, qui aurait les plus désastreux effets, mais d'une série de mesures préparatoires ayant pour but de conduire doucement et par degrés insensibles les nègres à la liberté. — ALEX. DARTIGUE.

— On lit dans *The Liverpool Leader*, March 13, 1869.

SLAVERY IN CUBA

A revolution in Spain has been followed by a revolution in the last stronghold of the slave trade, and the first difficulty which has come in the way of popular Government in the Peninsula is the Cuban one. The Spaniards have seldom felt their possession of Cuba very strong, but, with the tenacity of a proud race, have been loth to part with it. Yet, nationally, it gives no power and no profit. It costs them an army to foster Cuban loyalty, or to preserve Cuba from brother Jonathan's fraternal attentions. Its separation from Spain is only a question of time, and the expulsion of the Bourbons has materially shortened the period of the connection. The revolution now progressing in Cuba may be suppressed ; another will probably come, or, if it does not, the United States will assuredly annex the island before many years have elapsed. In either eventuality a social crisis will come for the Cubans. They must settle the question of slavery for themselves. Here in Europe we can hardly imagine the perplexity with which the subject presents itself to the Cuban mind. Of the interior life of Cuba we learn little, except when a literary traveller like Mr. Trollope finds his profit in telling what he has seen and learnt. In the little work wich calls for this notice we get a peep at public opinion in the island. The author is Senor Saco, himself a Cuban, and his object is to enlighten Europeans on the actual state of the slave question in his country. Senor Saco is an abolitionist, and detests the institution of slavery with as holy a detestation as ever Wilberforce did. He desires to abolish the foul thing altogether, but the manner of abolition is the difficulty which he confesses himself almost unable to resolve. If it could be safely done he would abolish the system at once. This is impossible, because the slaves are numerous and uneducated, and because some compensation should be paid to the owners. True enough that the slaves were numerous in the Southern States, but the proximity of the Northern States was a guarantee that no danger could arise. The Cubans have no strong neighbours to protect them and Spain and Cuba united could not raise the money necessary to compensate the slave-owners. In the face of this difficulty, Senor Saco proposes a gradual manumission, which would enable the State to buy the liberty of the slaves by degrees, and which would compel the slaves to pay a portion of the price themselves. The details of his proposal are given with great cleverness, and the whole question is stated with a power and eloquence that carry conviction. The work is, however, more valuable for the insight to Cuban politics which it gives, and is therefore specially interesting at the present period. European readers are indebted to M. Montluc for his translation of the original Spanish version into French. He has done his share of the work well, and, in a capitally-written and exhaustive preface, supplements Senor Saco's work with much valuable information and practical suggestion.